U0853173

治安管理学概要

主编　谢川豫

中国人民大学出版社
·北京·

前言

20世纪八十年代中期，中国人民公安大学治安学院（当时称为治保系）在全国率先开设了治安管理学这一专业基础课程。目前，在中国人民公安大学所设各专业的教学计划中，都将治安管理学列为必修课程，使其成为全校普遍开设的主干课程，全国其他本科院校的公安类专业，也都采用这一模式，可见治安管理学在整个公安学历教育中的基础地位。

在开设治安管理学课程初期，并没有专门教材，而以在职干警自考教材《治安管理教程》为替代。在长期的教学过程中，治安学专业教师对课程内容反复研究、探讨，并根据治安形势和公安工作改革的要求，多次修订教学大纲和授课内容。1992年，由王虹桥主编的第一本治安管理学教材《治安管理学概要》由中国人民公安大学出版社出版；2004年，中国人民公安大学出版社又出版了第二本治安管理学本科学历教育教材《治安管理学概论》，由熊一新、李健和任主编，该教材在《治安管理学概要》基础上进行了大幅度的更新、补充和扩充，其2007年修订版被评为北京市高等教育精品教材；本教材为第三代教材，既是中国人民公安大学非治安学专业开设的必修课程“治安管理学”的指定教材，也是治安学专业硕士研究生专业复试的指定参考书。

相比前两部教材，本教材的特点如下：一是从内容上，本教材体现了治安管理学理论研究的最新发展，如关于治安管理的原则、任务，治安管理基本措施的相关内容，都将理论研究的最新成果经讨论后纳入本教材；再如，本教材将参与人数众多、需要专门进行治安维护的大型活动、集会、游行、示威等活动统称为群体活动而划归一章。二是从篇幅上，本教材进行了较大幅度的压缩，舍弃了以往教材中课堂授课不能完成的章节，最后成稿的九章既是治安学专业各主干课程的浓缩，也是治安管理实践部门各主干业务的浓缩。在具体章节如第四章特种行业管理、第五章公共复杂场所管理中，也对涉及相同或类似管理方法的具体业务进行了整合，避免了重复。三是从体例上，采用了新颖的编写形式，每章均由案例导入主体内容，在主体内容之后对导入的案例进行评析，并增加了延展阅读、本章小结、关键术语、推荐阅读与学习资源等环节，增加了教材的可读性和延伸性。四是为适应和推进治安学对外学术交流的需要，方便学生查阅外文文献，本教材新增了治安管理学术语的英文翻译，力求所有的翻译“让英语国家相关业内人士看得懂”，避免出现“中式英语”或者不符合英美警务和司法实际的翻译。例如，我国业内对逮捕的“权威”翻译为 arrest，但实际上，英美国家 arrest 与我国逮捕所对应的法律程序有实质性差别，这样的翻译使英语国家的人并不能理解我国逮捕的真实内涵；又如，业内普遍将特种行业翻译为 special industry 或 special trade，但这种字译既不能表达特种行业的内涵，又对查阅外文文献和对外学术交流毫无帮助。经主编反复审定后，最终将教材中出现的一百四十余个术语进行贴合实际的翻译，附在书后。

本教材由谢川豫任主编，陈慧君、张小兵、王宏君任副主编，李健和为特邀顾问。由主编拟定教材大纲后，经全体撰稿人员集体商议、审定教材大纲后进行分工。在一年多的编写过程中，每章稿件都经过了多次的讨论和修改，形成终稿。《治安管理学概要》共分为九章，分工如下：

主编：谢川豫

副主编：陈慧君　张小兵　王宏君

第一章：陈天本

第二章：谢川豫

第三章：伍先江

谢川豫（第四节）

第四章：周陆涵

第五章：王树民

第六章：张金菊

第七章：陈慧君

第八章：张小兵

第九章：戴锐

中英文关键词整理及翻译：谢川豫、陈九阳

参编人员介绍：

谢川豫：中国人民公安大学治安学院教授，治安学学科带头人，博士研究生导师。

陈慧君：中国人民公安大学治安学院副教授，治安学骨干教师，硕士研究生导师。

张小兵：中国人民公安大学治安学院教授，硕士研究生导师。

王宏君：中国人民公安大学治安学院副教授，硕士研究生导师。

陈天本：中国人民公安大学治安学院副教授，治安学骨干教师，硕士研究生导师。

伍先江：中国人民公安大学治安学院教授，硕士研究生导师。

周陆涵：中国人民公安大学治安学院讲师。

王树民：中国人民公安大学治安学院副教授，治安学骨干教师，硕士研究生导师。

张金菊：中国人民公安大学治安学院讲师。

戴锐：中国人民公安大学治安学院副教授。

陈九阳：中国人民公安大学2014级治安学专业硕士研究生。

限于我们的研究能力和认识水平，书中难免存在疏漏和不妥之处，敬请读者指正。

目 录

第一章 导论

【学习目标】

理解治安、治安管理的含义及与相关概念的联系和区别；掌握治安和治安管理学的概念，掌握我国治安管理的任务，掌握治安管理原则的含义和主要内容；了解治安管理机构的含义和种类，了解治安管理的依据。

【导入案例】

2015 年 12 月 2 日，某市公安局举行“向人民报告工作”专项活动。市党代表、人大代表、政协委员和新闻媒体、群众代表、企业代表、警风警纪监督员共计 200 余人参加活动。市政府副市长兼市公安局局长作主题报告。局长从维护稳定、治安整治、防控保障、改革创新、队伍建设五个方面全面回顾了 2015 年全市公安工作情况，客观分析了当前公安工作存在的不足，初步规划了 2016 年公安工作。局长说，2015 年，全市公安工作在市委、市政府和省公安厅的坚强领导下，在全市广大人民群众鼎力支持下，取得了可喜的成绩。在肯定成绩的同时，全市公安机关也清醒地看到工作中的不足。今后，全市公安机关将以民意为导向，着力抓好以下三个方面的工作：一是提升人民群众安全感。进一步严密社会面管控，进一步灵通情报信息，认真抓好矛盾纠纷和涉法涉诉信访的排查化解工作，及时预警、快速反应、稳妥处置各类突发事件。充分发挥公安机关严打违法犯罪、管理社会治安、维护公共安全主力军的作用，全力确保全市社会政治稳定和治安大局平稳。二是提升人民群众满意度。进一步夯实警务工作根基，壮大基层基础工作根系；做强做大单列式责任区刑侦中队，提高护卫人民群众生命财产安全能力；改革警务模式，在指挥体系建设、警务运行机制、信息化和巡防机制建设方面，深入改革并取得实效；加强农村警力资源整合，确保布局更合理、工作更高效。全面推进法治公安建设，提升公安执法公信力。三是提升公安队伍形象。以宗旨教育为重点，开展日常性思想政治工作，突出抓好“三严三实”专题教育，抓好队伍突出问题整治，深化作风建设，提升公安干警形象；建立健全以绩效考核为主体的队伍管理长效机制，提升队伍正规化管理水平能力。

“听了局长的报告，我们对公安工作有了更全面的了解，也对以后的社会治安更加有信心了，举办这样的活动非常有意义。”报告会上，2015 年全市公安工作和此项活动的举办获得参会代表的一致好评。代表们纷纷表示，在今后的生活中将更加理解、配合、支持公安工作，并通过调查表向公安机关提出了中肯的建议。报告会结束后，参会代表统一到广场观看反映 2015 年某市公安工作成效的图文展板。在展板前，参会人员纷纷驻足观看，认真听取解说人员介绍。同时，市公安局还组织刑侦支队、经侦支队、交警支队、治安支队、禁毒支队、消防支队等部门在广场设置了咨询点，现场解答群众疑问及发放防诈骗、辨别假冒伪劣产品和辨识毒品等相关宣传资料。据统计，当天发放宣传资料近5万份。“通过图片，让我更直观地了解了公安工作；通过宣传资料和实物展示，让我学到了许多防范措施和辨别假冒伪劣产品的方法。”正在阅读防诈骗宣传资料的市民刘先生说，“这一年我感觉我市的治安比较好。以前听说的一些盗窃案件，今天警察同志告诉我都已经及时抓获了罪犯，让我觉得更有安全感了。”据介绍，活动结束后，市公安局还将利用网络媒体，如微博、微信公众平台，定期、不定期发布消息，并积极组织县（区）民警及广大网民参与评论，以增强人民群众对公安工作的了解支持，更广泛地征集人民群众对公安工作的意见和建议，进一步促进公安工作良性发展。

问题：案例中，先后出现6次“治安”，根据案例，这些“治安”的含义是什么？从“治安管理原则”的角度谈谈如何理解“向人民报告工作”专项活动。

第一节　治安管理学的研究对象

一、治安的含义

（一）“治”和“安”的字义

“治安”一词，由“治”和“安”构成。在我国古代，“治”与“安”多分别使用。“治”相对于“乱”而言，是治理和管理的意思，史书常将天下太平、人民安居乐业的社会状况称为“治”，例如“成康之治”、“汉景之治”、“贞观之治”等；“安”相对于“危”而言，是安全、安宁的意思。据《说文解字》：治，从水从台，意谓水从台前流过，井然有序；安，从屋从女，即居家而安。另据《易·系辞下》记载：“黄帝尧舜垂衣裳而天下治”；“君子安而不忘危”。

（二）古代“治安”的含义

将“治”和“安”连起来作为一个词使用并加以阐述，始见于公元前230年先秦时期著名的政治家、思想家韩非子的论述。[①] 韩非子在《韩非子·显学篇》中写道：“今上急耕田垦草以厚民产也，而以上为酷；修刑重罚以为禁邪也，而以上为严；征赋钱粟以实仓库，且以救饥谨、备军旅也，而以上为贪；境内必知介而无私解，并力疾斗所以禽虏也，而以上为暴。此四者所以治安也，而民不知悦也。”

专门对治安进行阐述者为西汉文帝时期著名的文学家、政治家贾谊，贾谊针对豪强兼并、地方势力日益猖獗、政令不行的国内局势，感觉到治安形势严峻，因此上书（《陈政事疏》，即《治安策》）汉文帝，曰：“臣以为事势可谓痛哭流涕长太息，而进言者曰天下已安已治，非愚则谀。因陈治安之策。”“欲天下之治安，莫若众建诸侯而少其力。”

---

① 另有学者研究，在韩非子之前的管仲和孔子都使用过“治安”这个词（参见万川：《“治安”词义源流考》，载《北京人民警察学院学报》，2004（4））。但本文认为：《孔子家语》一书的作者是三国时期魏国的王肃，并非孔子本人；《管子》一书的作者至今并无共识。尽管在《孔子家语》和《管子》中，都出现过“治安”一词，但不能证明孔子和管仲本人使用过“治安”一词。

比贾谊稍后时期的司马迁在《史记》中也有关于治安的叙述。但司马迁的治安的含义与前述又有所区别，指王朝政权的延续。《史记·孝文本纪元年》中记载："古者殷周有国，治安皆千余岁。"

综上所述，本书认为，古代"治安"一词包含的内容十分丰富，所有统治国家，管理社会，治理民众，使国家政权巩固、政治清明、社会安定的活动都是治安活动，同时治安也表示国家长治久安、人民安居乐业的良好社会状况。

（三）现代"治安"的含义

在现代，国家职能不断地分工、细化和调整，治安一词的含义较之古代要窄，但是含义并不确定，在不同的场合，有不同的含义。概括地说，现代治安有两方面含义：一为治安状况；另一为治安活动。

治安状况，属于社会状况的一种，是指基于人类活动而发生的主要由法律规则所规定和调整的直接关系到国家和社会稳定、公共安全、他人的生命和财产安全内容的社会状况。作为治安状况，首先指的是人类活动所形成的一种状况，没有人类的活动，也就没有所谓的治安状况；其次，治安状况既可以描述一种有条理、不紊乱的人类社会活动状况，即治安秩序，也可以描述一种无条理、紊乱的人类社会活动状况，即治安乱序；再次，治安状况需要由法律规则加以规定和调整；最后，治安状况是那些直接关系到国家和社会稳定、公共安全、他人的生命和财产安全内容的社会状况。

治安活动，包括治安工作和治安问题两类。治安工作是积极的治安活动，有广义和狭义之分。从广义上说，一切维护治安秩序的行为都可以称为治安工作，包括国家专门机关从事的治安工作和其他国家机关以及非国家机关的治安工作；狭义的治安工作就是治安管理，是指国家专门机关即公安机关依法进行的治安行政管理。治安问题是消极的治安活动，是指侵犯了治安方面的法律规范，危害或可能危害治安秩序的行为的总称。

二、治安管理的概念和特征

（一）治安管理的概念

治安管理，是指公安机关为了维护社会治安秩序和公共安全以保障社会生活的正常进行而依法进行的治安行政管理。对治安管理的概念，应当从如下四个方面来理解：

第一，治安管理属于国家行政管理活动的范畴。现代国家的全部活动可以概括为立法、行政和司法活动三个方面。治安管理属于其中行政活动的范畴。

第二，治安管理主要是维护治安秩序的行政活动。根据行政活动的目的和内容的不同，国家行政活动可以划分为国防行政管理、外交行政管理、教育行政管理、司法行政管理、经济行政管理、文化行政管理、民政行政管理、治安行政管理等。国家的每一类行政活动都有其特定的活动目的和活动内容。治安管理的目的和内容主要在于维护社会治安秩序和公共安全，以保障社会生活的正常进行。

第三，治安管理是由公安机关实施的行政管理活动。现代，国家将不同的事务分别交不同的机构来专司相应的职能。在诸多国家和社会事务中，关系到公共安全和公共秩序，关系到公民人身和生命、财产安全的事务，国家专门设立警察部门对其进行管理。

第四，治安管理方式主要是依法公开实施管理。依法行使权力是现代法治的要求，是防止权力滥用的重要保障。公安机关人民警察进行治安管理的权力来源于法律的授权。公安民警应当在法律规定的范围内，依照法律规定的方式行使权力。公开管理，既是法治的要求，也是实现法治的重要方式。公开管理可以让人民群众获悉管理活动相关的信息，参与到治安管理活动中来，从而对治安管理活动实施有效的监督。

（二）治安管理与刑事侦查的关系

治安管理与刑事侦查的联系在于：（1）二者都是我国公安机关的职能活动，共同担负着我国公安机关的“民主、专政、管理、服务”四项职能。（2）治安管理为刑事侦查提供诸多基础性信息，如嫌疑人、被害人的人口基本信息等，没有治安管理，就不可能有效地进行刑事侦查。

治安管理与刑事侦查的区别在于：（1）二者的职能分工不同。治安管理属于国家行政管理的一部分，公安机关主要依照行政管理的法律、法规行使行政管理职能，行使警察权力；而刑事侦查属于国家刑事司法活动的一部分，侦查部门依照刑事司法法律、法规进行侦查活动，行使警察权力。（2）二者的功能不同。治安管理具有预防违法犯罪的功能，它的预防犯罪功能属于一般预防的功能；而刑事侦查具有揭露犯罪、打击犯罪的功能，刑事侦查也能起到预防犯罪的功能，但属于特殊预防的范畴。[①]（3）二者的主体不尽相同。在我国，虽然治安管理的主体和刑事侦查的主体都属于公安机关，但是在公安机关内，二者又各自由独立的部门来履行相应的职能，并且除公安机关外，国家安全机关、海关和司法机关也都具有刑事侦查职能。此外，二者在工作的对象、依据的法律、运用的手段等方面都存在明显的区别。

（三）治安管理的基本特征

治安管理是国家的一类行政管理活动，与社会组织的活动以及国家的立法、司法活动都有显著的区别。即使同属于国家行政管理活动，治安管理与其他行政管理也存在明显的区别，具有自己的特征。下面将治安管理与其他行政管理进行比较，说明治安管理所具有的基本特征。

1. 治安管理主体的武装性

由具有武装性质的公安机关主管治安工作，是治安管理区别于一般行政管理的显著特点之一。公安机关在实施治安管理的过程中，担负着平息群体性事件、处置暴力案件，搜捕嫌疑人，以及同手持武器、凶器或爆炸物品的犯罪分子作斗争的任务，这种斗争表现为暴力对抗。因此，为了维护治安秩序，保障公共安全和公民人身财产安全，国家法律、法规规定治安管理主体是一支武装行政力量，依法配置警械和武器。其他行政管理活动，由于不具有像治安管理活动这样的危险性和对抗性，这些行政管理主体就是一般的行政力量，不具有武装性。

2. 治安管理内容的广泛性和复杂性

治安管理的内容比任何行政管理的内容都要广泛和复杂得多。治安管理既有对人的管理，又有对物的控制；既有对场所、行业、地域的管理，又有对治安案件、群体性事件、治安事故的预防和查处等。

① 按照犯罪学理论，一般预防，是指预防尚未犯罪的人实施犯罪；特殊预防，是指预防犯罪人重新犯罪。

3. 治安管理措施的强制性

国家为了保证治安管理目的和任务的实现，赋予了治安管理主体一些特殊的行政管理措施。当相对人违反了治安管理的法律、法规或者拒不履行治安管理主体做出的决定、命令，或者出现了危害公共秩序和安全、危害公民的人身和财产安全、危害公共财产安全的情形，治安管理主体可以依法实施这些管理措施，以保证治安管理法律、法规和治安管理决定、命令得到贯彻执行，或者避免危害结果的发生，或者为了避免危害结果的进一步扩大。这些特殊性集中体现在如下三个方面：其一，治安管理措施的种类最多，其中有不少措施是其他行政管理所不具有的，如强行驱散、强行带离现场、实行交通管制和现场管制、使用警械和武器等。其二，治安管理可以采取限制公民人身自由的管理措施，如行政拘留、强制隔离戒毒、强制检查性病等，而其他行政管理活动一般没有这类措施。其三，实施治安管理的人民警察拥有警械和武器，并且在必要时可以依法使用，其他行政管理的工作人员，在执法过程中，不得使用警械和武器。

4. 治安管理活动的社会性

在治安管理中，治安管理部门和治安民警要广泛地组织和发动人民群众参与到治安管理中来，依靠人民群众共同做好各项治安工作。例如，我国城乡普遍建立治安保卫委员会、帮教组织和其他形式的群防群治组织，开展治安协防、看楼护院、治安巡逻、社会帮教、调解纠纷等治安防范活动。这些组织在宣传教育群众增强法制观念和治安防范意识，动员组织群众参加治安防范活动，落实群众性防范措施，配合公安机关预防和打击犯罪、维护治安秩序等方面发挥着不可替代的重要作用。我国治安管理的很多基础性工作，都是在人民群众的支持和配合下完成的，甚至是在公安机关的领导和指导下，由人民群众直接完成的。其他行政管理活动虽然也需要人民群众的支持和配合，但是却没有治安管理这样显著。

三、治安管理学的概念和研究对象

（一）治安管理学的概念

治安管理学是关于治安管理主、客体矛盾运动规律的学说，是研究运用警察力量维护治安秩序的理论、经验、知识、技能的学科体系。对于治安管理学的这个定义，我们要做如下说明：

（1）治安管理学是一门学科。治安管理学是一门研究治安管理活动规律的科学。这与治安管理不同，治安管理是一种国家行政管理活动，属于行政管理的范畴。没有治安管理的实践，也就不会产生治安管理学；并且，只有在治安管理经过长期的实践，积累了一套丰富的经验和制度，治安管理学才可能作为一门学科被提出来。

（2）关于治安管理学的定义，还没有达成共识。治安管理学作为一门学科，在我国诞生的时间还不长，在不同的著述中，关于治安管理学的定义的表述不尽相同。

（3）治安管理学是研究治安管理主、客体矛盾运动规律的科学。之所以这样界定治安管理学的含义，是由治安管理的属性和基于治安管理学的特点决定的。治安管理的对象是涉及治安秩序的人、地、物、事、时空和信息，要运用警察力量组织、指挥、监督、控制和协调它们之间的关系及其与治安管理机关的关系，它们是彼此相互适应、矛盾运动、对立统一的关系和过程。治安管理主、客体的矛盾运动，推动着治安管理过程的发展和治安管理目标的实现。研究它们之间的矛盾运动规律并上升为系统的理论，进而指导治安管理实践，就称为治安管理学。

（二）治安管理学的研究内容

治安管理学的具体研究内容包括：

1. 治安管理的主体

治安管理主体，即治安管理的实施者，是担负治安管理职能的专门机关，在我国主要是各级公安机关的治安管理部门。

2. 治安管理的客体

治安管理客体是治安管理主体作用的对象，有人、地、物、事、时空、信息等。治安管理客体及其相互关系和相互作用，是影响治安秩序的直接因素。治安管理客体活动的规律，是决定治安管理的法律、政策、方针、手段、措施、方法等的基本依据。包括：（1）构成治安管理客体诸要素的活动规律及其相互关系；（2）政治、经济、意识、地理环境、人口等因素影响治安管理的规律和特点；（3）违反治安管理行为、治安事故、群体性事件等治安问题及其影响治安秩序的规律、特点。

3. 治安管理的依据

治安管理的依据，即治安管理的法律和政策，是治安管理主体活动基本理论的具体化，是治安管理主、客体矛盾关系的反映，是实施治安管理行为的直接依据。包括：（1）国家的治安管理法律、法规、规章；（2）党和国家有关治安管理的政策；（3）治安管理的其他依据，如有关的国际条约、协定、惯例等。

4. 治安管理的措施和方法

治安管理的措施和方法，是治安管理实践活动的基本内容，是治安管理主、客体矛盾作用的产物，是实现治安管理任务的条件和保证。包括：（1）法律授权治安管理部门使用的各种措施；（2）治安管理的实施途径、方法或手段，包括技术手段。

5. 治安管理的实践经验

治安管理的实践经验，是治安管理活动的结果，是治安管理学内容的基本来源，从根本上说，也是上述治安管理理论、法律、政策、措施、方法的基本来源。它涉及的内容最广泛、最大量、最丰富。包括：（1）治安管理的历史经验和现实实践经验；（2）外国治安秩序维护的历史经验和现实实践经验。

6. 治安管理学本体

治安管理学本体是有关治安管理学学科自身的问题。包括：（1）治安管理学的定义和研究对象；（2）治安管理学的学科性质和学科地位；（3）治安管理学的学科体系；（4）治安管理学与相关学科的关系；（5）有关自然科学和技术科学在治安管理中的应用，等等。

第二节　治安管理的任务

治安管理的任务，是国家法律、法规规定由治安管理机关及其人员为实现治安管理目标所担负的治安管理责任的总和和概括，是由治安管理的职能所决定的。我国治安管理的任务，集中规定在《中华人民共和国人民警察法》中，在其他一些法律、法规中也有相关的规定。

一、维护社会治安秩序，提供良好的治安环境

维护社会治安秩序，提供良好的治安环境，是为社会主义现代化建设和人民群众安居乐业创造良好的环境的重要保证，是治安管理的一项基础性和经常性的任务，它是治安管理的直接目的之一。我国法律、法规设定了治安管理部门对诸多事项的管理权，包括：公共场所治安秩序管理，特种行业管理，管制物品、危险物品管理，户政管理，道路交通管理，消防监督管理，出入境与外国人管理等。

二、保护公民的合法权益

保护公民的合法权益是人民警察的一项重要任务，也是治安管理机构的一种重要任务。

我国宪法保护公民的基本权利，包括：公民参与政治方面的权利，公民的人身自由和宗教信仰自由，公民的社会经济、教育和文化方面的权利，等等。公民上述权利和自由的实现，需要具体的法律制度和执法予以保障和实现。其中，公安机关依法保护公民的合法权益，惩治违法侵害公民合法权益的行为是实现公民自由和权利的重要保障，要完成这一重要任务，治安民警要做到：(1) 在日常管理工作中，认真履行职责，为公民行使合法权益提供保障；(2) 通过严格执法，保护合法，打击非法；(3) 在调查和抓获违法犯罪嫌疑人员的同时，尊重和保护他们的合法权益。

三、预防、制止和控制违法犯罪活动

预防、制止和控制违法犯罪活动是治安管理重要的、经常性任务。违法犯罪一般都具有违法犯罪的主体、违法犯罪侵害的客体和对象、违法犯罪的环境和条件三个要素。做好预防、发现和控制违法犯罪的工作，可以通过控制上述三个要素来实现。

(1) 预防、发现和控制违法犯罪的主体。治安管理部门在充分依靠和组织群众的基础上，强化户口、居民身份证管理，加强对流动人口、重点人口的管理，认真落实对违法犯罪青少年的帮教措施，严格依法监督考察各类监管对象，以及时发现和控制违法犯罪人员，达到预防、发现和控制违法犯罪活动。

(2) 保护易受违法犯罪侵害的对象。治安管理部门加强对重要领导人员、外宾的保卫，加强校园安全管理，在居民中开展多种形式的法制和安全教育，帮助和指导易受违法犯罪侵害的儿童、妇女和老人进行自我保护，加强对贵重物品和具有特殊性能或特殊用途的物品的保护，加强对那些在政治、经济、文化、外交、军事等领域具有重要地位和影响的建筑、设施和场所的保护等。

(3) 减少和消除滋生违法犯罪的环境和条件。治安管理部门要强化对特种行业、危险物品和公共场所的管理；强化巡逻，治安联防，创建安全社区、安全村镇等治安防范活动；严密各项治安管理制度；严密各项安全防范措施，将人防、物防、技防有机结合起来，堵塞违法犯罪分子的可乘之隙。

四、查处治安案件、治安事故，现场处置和控制突发事件

(一) 查处治安案件

治安案件，是指由调查违反治安管理行为所形成的案件。预防和查处违反治安管理行

为，是治安管理部门实施治安管理的重要措施和基本任务。治安管理部门一方面要广泛开展法制宣传教育，做好各项治安行政管理工作，加强群众性的治安联防，预防违反治安管理行为的发生；另一方面对已经发生的违反治安管理行为，要严格按照法律规定，开展认真地调查研究，在查清案件事实真相的基础上，本着教育与处罚相结合的原则，对违反治安管理的行为人进行处理。

（二）查处治安事故

治安事故是指违反治安管理法规和制度而造成人身伤亡或物质损毁的事故，如火灾、车祸、爆炸、中毒、船只翻沉和挤压踩踏等事故。治安事故是危害社会主义现代化建设和人民生命财产的大敌，其造成的人员伤亡和经济损失往往比刑事犯罪所造成的破坏后果更为严重。预防和查处各种治安事故是治安管理的又一重要任务。为了有效地防止治安事故的发生，治安管理部门必须牢固地树立预防为主的思想，广泛地开展安全宣传教育，提高人民群众的安全责任意识。严格贯彻执行《道路交通安全法》、《消防法》以及《民用爆炸物品管理条例》等有关法律法规，建立健全各项安全管理制度，强化各级管理措施；坚持各项安全大检查，及时督促消除安全隐患，堵塞漏洞。对于已发生的治安事故，要认真查明原因，总结经验教训，采取有效措施，防止类似事故再次发生。对于事故的有关责任人，在查清事实的基础上，按照国家法律和有关规定，会同有关部门严肃处理。

（三）对突发事件进行现场处置和控制

该项任务主要来源于《中华人民共和国突发事件应对法》的规定。突发事件，是指突然发生，造成或者可能造成严重社会危害，需要采取应急处置措施予以应对的自然灾害、事故灾难、公共卫生事件和社会安全事件。现在处置和控制突发事件对于维护公共安全、政治稳定、社会经济秩序，保护公民的人身和财产安全具有重要意义。

五、救助危难，帮助解决纠纷

治安管理部门担负的救助群众危难，帮助解决纠纷的服务，是由我国人民警察全心全意为人民服务的根本宗旨所决定的。治安管理工作与人民群众的接触最多，联系最密切，最能了解人民群众的困难和疾苦。在遇到困难时，相比于其他国家机关，人民群众也最容易想到公安机关。当人民警察遇到公民人身、财产安全受到侵犯或者处于其他危难情形，应当立即救助；对公民提出解决纠纷的要求，应当给予帮助。

第三节　治安管理机构与社会治安防范组织

一、治安管理机构

治安管理机构，是指国家依法设立以维护治安秩序、履行行政管理职能的专门组织，是公安机关的主要业务部门。治安管理是一类重要的国家行政管理活动，任何国家都要依法设立特定的机构来实施这类活动。在我国，这类机构主要包括两大类，一是设立在县级以上各级人民政府内的公安机关中的治安管理部门，二是设立在特定系统和领域内的专门公安机关中的治安管理部门。

（一）政府各级治安管理机构

1. 中央治安管理机构

中华人民共和国中央人民政府即国务院内设公安部，主管全国的公安工作，领导全国的治安管理工作。在公安部内，治安管理局、道路交通管理局、消防局、出入境管理局、边防局等分工管理不同治安管理业务，是中央治安管理机构。

2. 省级治安管理机构

我国在省、自治区和直辖市人民政府内设立公安厅（局），主管相应地区的公安工作，领导该地区的治安管理工作。各省、自治区和直辖市的治安管理机构不尽相同，一般包括：治安管理处（局、治安总队），户政处，经济文化保卫处，技术防范工作办公室，巡警总队（处），交通警察总队（交通管理局），消防监督处，消防总队，出入境管理处等。有的地方设有水上警察总队（处）、旅游保卫处、外来人口管理处等。各处和总队按照业务内容设置若干科（支队）和直接查办违法犯罪案件的行动队。

3. 市、县治安管理机构

我国城市的规模、地位、级别有很大不同，除中央直辖市外，有计划单列市、副省级市、省会市、地级市（省辖市）、县级市（市辖市或地辖市）以及城市的区等。但其所设治安管理机构的基本职能相同或相似。

市、县治安管理机构，是指市、县人民政府公安局内设置的履行治安行政管理职能的有关机构。包括：治安管理处（科、支队），户政处（科），经济文化保卫处（科），技术防范工作办公室，巡警支队（大队），交通管理处（交通警察支队、大队），消防监督处（科），消防支队（大队、中队），出入境管理处（科），外来人口管理办公室，水上警察队等。各处（科）和支队（大队）按照业务内容设置若干科（股），市、县公安机关设置治安拘留所、强制戒毒所、精神病管治院（部分市）等。

（二）专门公安机关治安管理机构

专门公安机关治安管理机构，是指设在专门系统、部门或者特定区域的公安机关管理所辖范围、区域内治安业务的机构，包括铁路治安管理机构、交通治安管理机构、民航治安管理机构、森林治安管理机构等。

1. 铁路治安管理机构

铁路治安管理机构，是设置在铁路运输系统内，维护铁路运输系统治安秩序的各级铁路公安机关治安管理部门。铁路公安机关接受公安部的统一领导，与地方各级公安机关不具有行政隶属关系，是一个相对独立的公安机关，专门负责铁路运输系统的安全与秩序。铁路公安机关内设不同业务机构，其中维护铁路运输系统治安秩序的机构是铁路治安管理机构。其职责包括：维护铁路站场、列车、沿线区段的治安秩序，查处治安案件和治安事故，保障运输和乘客人身、财产安全；保卫铁路重要部门、要害部位，加强安全防范工作；负责党和国家保密物资运输的特运警卫工作；负责铁路单位内部和列车的消防监督管理；负责管理铁路单位内部的户口和重点人口等。

2. 交通治安管理机构

交通治安管理机构，是设置在港口、港区、船舶运输行政管理系统的各级公安机关内的治安管理机构，在行政上接受交通部的领导，在治安管理业务上接受公安机关的指导。

其职责包括：维护港口、港区、船舶运输业的治安秩序，查处治安案件和事故，保障运输和旅客人身、财产的安全；负责港口重要设备、要害部位和进港轮船的安全；加强对交通部门单位内部的安全防范和港区外来人口管理；负责港区内的道路交通管理；负责港口、船舶的消防监督管理等。

3. 民航治安管理机构

民航治安管理机构，是设置在民航行政管理系统的各级公安机关内的治安管理机构，在行政上接受民航行政管理机关的领导，在治安管理业务上接受公安机关的指导。其职责包括：维护机场、飞行运输的治安秩序，查处治安案件和事故，保障运输安全和旅客人身、财产安全；负责机场要害部位的安全保卫；管理机场区域的道路交通管理；负责民航系统的消防监督管理；负责旅客、货物、邮件的安全检查。

4. 森林治安管理机构

森林治安管理机构，是设置在国家森林行政管理系统的各级公安机关内的治安管理机构，在行政上接受国家森林行政管理机关的领导，在治安管理业务上接受公安机关的指导。其职责包括：保护森林资源安全；维护林区治安秩序，查处治安案件和事故，处置山林权属纠纷；保障林业生产安全；负责林区消防监督管理。

（三）治安管理基层组织

治安管理基层组织，是指由县（市）级公安机关设置或者派出的，具体实施基层社区内或者职权范围内的各项治安管理工作的治安管理组织。

治安管理基层组织的范围主要包括以下三类组织：

1. 公安派出所

公安派出所，是县、市公安机关直接领导、管理并派驻本辖区内基层社区，承担治安管理、安全防范、打击犯罪、为民服务等多种职能，在公共安全系统中具有广泛基础性作用的基层警务实体。

公安派出所的设置遵循“工作需要、方便群众、有利工作、布局合理”的原则。派出所设所长、副所长、指导员（教导员、政委）、内勤民警、户籍（社区）民警、治安民警等岗位。派出所实行所长负责制。目前，我国公安派出所大致可以分为两类：一类是地方公安机关派出所，其中又分市、区公安派出所，建制镇公安派出所，乡公安派出所，以及设置于文体娱乐场所、大型商贸区、风景名胜区或者车站码头机场等区域的公安派出所；另一类是专门公安派出所，即铁路、交通、民航、林业、水上、边境等行业或区域的公安机关在其管辖领域内设置的公安派出所。

2. 专业民警队

专业民警队包括：治安民警队（治安行动队）、交通警察队、巡警队等。这些专业民警队都是由县级以上公安机关专门设置的，在相关业务部门直接领导下具体实施某些专项治安管理工作的治安管理基层组织。

3. 专项业务机构

专项业务机构包括：治安拘留所、强制隔离戒毒所、精神病管治院（安康医院）等。治安拘留所，是县级以上公安机关设置的依法执行行政拘留的场所。强制隔离戒毒所是公安机关依法通过行政强制措施为戒毒人员提供科学规范的戒毒治疗、心理治疗、身体康复训练和卫生、道德、法制教育，开展职业技能培训的场所。精神病管治院，又称安康医院，是公安机关对严重危害社会治安或者病情严重、家庭又无力看管的精神病人进行强制管束、治疗的社会福利场所。

二、社会治安防范组织

社会治安防范组织，也称群众性治安保卫组织，它是相对于国家设立的履行政府职能的治安管理机构而言的，是在公安机关的指导下，协助维护社会治安的社会性组织。目前，社会治安防范组织主要包括：企事业单位内部保卫组织、群众自治性治安保卫组织、社会有偿服务保安组织以及其他群众自发形成的治安防范组织。

（一）企事业单位内部保卫组织

企事业单位内部保卫组织，是在所属企事业单位党政或法定代表人领导下，接受公安机关的指导和监督，负责所在单位内部治安保卫工作的组织。根据《企业事业单位内部治安保卫条例》的规定，单位应当根据内部治安保卫工作需要，设置治安保卫机构或者配备专职、兼职治安保卫人员。治安保卫重点单位应当设置与治安保卫任务相适应的治安保卫机构，配备专职治安保卫人员，并将治安保卫机构的设置和人员的配备情况报主管公安机关备案。所谓治安保卫重点单位，是指关系全国或者所在地区国计民生、国家安全和公共安全的单位。治安保卫重点单位由县级以上地方各级人民政府公安机关依法确定。

（二）治安保卫委员会

治安保卫委员会（简称治保会），是根据我国《宪法》和《治安保卫委员会暂行组织条例》的规定，在机关、企业、事业单位及城市居民委员会、农村村民委员会内建立的群众自治性治安防范组织，由所在单位、社区领导和当地公安机关指导，是公安机关的助手和联系广大群众的纽带。

（三）保安服务公司

保安服务公司是为社会提供专业化、有偿安全防范服务的特殊企业，是协助公安机关维护社会治安，预防和减少违法犯罪的重要力量。

保安服务公司与保安人员的具体职责，由保安服务公司与其客户商定。

（四）其他社会治安防范组织

除了上述几种典型的社会治安防范组织外，实践中还存在诸多形式的社会治安防范组织，例如社区邻里巡逻队、护厂队、护校队、护村队、护路队、反扒志愿组织等。这些社会治安防范组织，都有力地协助了治安管理机构的治安管理工作，在维护治安秩序上发挥了重要作用。

第四节　治安管理的原则

一、治安管理原则概述

治安管理原则是治安管理部门的公安民警观察、处理治安问题，实施治安管理活动的准绳或根本规范。我们应当从如下三个方面来理解这一概念：

第一，治安管理原则是一种“基础性规范”。规范依其对社会关系调整的确定性程度和细密程度不同可以划分为规则和原则。规则对社会关系的调整最为确定，最为具体，适用于某项具体的事务，直接规范社会关系；原则对社会关系的调整弹性相对较大，规范较抽象，适用较广泛范围内的事务，一般不用来直接规范社会关系，而是通过规范规则间接规范社会关系。治安管理原则，就属于这种规范治安管理规则的、间接规范治安管理关系的基础性规范。

第二，治安管理原则体现了治安管理的理念和价值取向。治安管理原则指导着治安管理的执法活动。指导必然带有指导者的主观偏好、利害关系权衡，也就必然反映了人们对治安管理的理念和价值取向。治安管理中，如何预防、控制和处理各类治安问题，都深深地打上了人们的主观印记。正是从这个意义上，我们可以说治安管理具有阶级性。

第三，治安管理原则适用于治安管理领域。治安管理属于国家的行政管理活动，治安管理机构及其工作人员在对治安管理事项实施管理时，必须遵循这些基础性规范。社会治安防范组织和其他公民在观察、分析和评价治安管理时，也可能会运用治安管理原则作为评判标准，但这些并不妨碍治安管理原则适用于治安管理领域的性质，它是治安管理原则对治安管理活动的指导作用在治安管理领域外的延伸。

二、治安管理原则的内容

（一）专群结合原则

专群结合原则是专门机关管理与依靠人民群众相结合的原则的简称。专门机关管理，是指治安管理部门在职责范围内进行的各种专业管理工作；依靠人民群众，是指在治安管理工作中贯彻群众路线，发动、组织和依靠群众维护社会治安的具体工作，即公开的群众性的治安保卫工作。专门机关管理与依靠人民群众相结合，就是治安管理既要由专门的管理机关——公安机关的治安管理部门组织实施，又要发动群众、依靠群众来进行。将治安管理部门的职能作用与广大人民群众的积极性、主动性、创造性有机地结合起来，搞好社会治安管理工作。

贯彻专门机关管理与依靠人民群众相结合原则要求：首先，治安民警要明确职责，认真做好职责范围内的专业工作。不得推诿扯皮、放弃职责，更不能把法律赋予治安管理机关的权力擅自“下放”给其他组织和个人。其次，要牢固树立群众观念，努力做好群众工作。治安民警要相信群众，深入细致地做好宣传、发动、组织群众的工作，将群众的分散的力量汇集起来，集中投入到治安工作中去；同时，大胆探索，创造新时期依靠群众维护社会治安的新方法、新经验、新模式。最后，要正确把握专门机关管理与依靠人民群众的关系，避免偏废。专门机关管理与依靠人民群众，在治安管理中不是截然分开的，二者互相依存、互相促进。一方面，如果没有专门机关的管理、组织、指导，而对群众撒手不管，让他们自发地活动，那么，人民群众中的力量就难以集中、智慧难以发挥、积极性难以持久；另一方面，专门机关的管理如果脱离了人民群众，离开了人民群众的配合、支持、协助，就会耳不聪、目不明，治安管理工作的效果就会大打折扣。因此，在治安管理实践中，必须把专门机关管理与依靠人民群众结合起来，既要防止和克服脱离群众的关门主义、孤立主义，又要防止和纠正削弱专门工作的错误倾向和做法。

（二）预防为主、保障安全原则

预防为主、保障安全的原则，反映了治安管理工作的内在规律。预防为主，是指在同违法犯罪行为和治安事故作斗争中，在处理预防和打击两方面的工作关系时，应把预防放在主要的、主导的地位；保障安全，是指各项治安管理业务工作都要从安全出发，通过各种手段达到安全的目的，保障安全是治安管理的出发点和归宿。

贯彻预防为主、保障安全原则要求：首先，治安民警要牢固树立预防为主、保障安全的意识，把预防为主落实到各项工作中。要充分认识到预防为主的必要性和可能性，在指导思想上切实把预防工作放在首要的位置上；在具体工作中，要把主要时间和精力放在预防上，即放在管理和防范方面，毫不放松。其次，要有预见性、能够见微知著。在工作中，要注意发现苗头，把工作做到前头，防患于未然。要周密掌握情况，及时发现问题，堵塞漏洞，避免发生重大事故和案（事）件。再次，要制定、采取有针对性的措施，即具体情况具体对待，从实际出发，因人因事因地因时制宜地采取针对性的措施。最后，要摆正预防与打击二者的位置，防止“重打轻防”的片面做法。预防和打击是治安管理的两个基本手段，它们是相辅相成、互相促进的。在治安管理中，预防是主要的、首要的，打击是辅助的、重要的手段，日常大量的、经常性的、主要的工作是防范性、管理性的工作。因此，在实际工作中，要正确处理预防和打击的关系，将二者有机地结合起来。

（三）严格规范管理与灵活执法相结合原则

严格规范管理与灵活执法相结合原则，是指在治安管理中治安管理机构及其人员严格按照治安管理的法律规范进行管理，严密落实治安管理的措施、方法和制度，严肃认真地处理各种治安问题；灵活执法，是指在治安管理中，治安管理人员在法律授权的范围内，结合当地风土风貌，灵活运用不同执法方式和方法。严格规范管理与灵活执法管理相结合，就是在治安管理中既要实行严格、规范的管理，同时又要体现出执法方式的灵活度和人性化，使治安管理达到最佳效果。

严格规范管理与灵活执法相结合的原则要求：治安民警在治安管理时，严格按照法律、法规、规章的规定实施各项治安管理制度，规范执法行为；同时认真研究更适合当地情况的执法方式，在法律授权的范围内创新执法方式和方法，讲究执法态度，使执法工作更为人性化。

（四）控制适度的原则

控制和调节日常生活是现代警察的主要特征之一，治安管理本质上是一种社会控制方式。但是，治安管理工作并非越严越好，也非越松越好，其中存在一个控制适度的问题：既不能一味地限制或过度控制，也不能控制过松或失控。控制过严则不利于保持社会活力，使人们产生“被剥夺感”，而控制过松则容易造成治安秩序紊乱甚至失控，人们又会产生“不安全感”。控制适度原则要求，治安管理部门要在依法的前提下，在保障社会活力与和谐的情况下适度地进行治安控制。治安管理部门应当不断适应社会治安形势的变化发展，通过制定合理的治安管理规范，灵活使用各种治安管理手段，达到一种宽严适度，动态平衡的管理模式。

（五）教育与处罚相结合原则

教育与处罚相结合，就是在治安管理过程中以及在处理违反治安管理行为时，要同时运用教育与处罚两种手段。教育为主，处罚为辅；教育是目的，处罚是手段，通过处罚达到教育的目的。

教育与处罚相结合原则要求：首先，要正确认识和把握教育与处罚的关系。强调教育，并非否定处罚，反之亦然。教育并非万能，不能替代处罚；同时处罚是为了教育，不能为了处罚而处罚，更不能替代教育。其次，要做好治安管理法律、法规的宣传教育，充分发挥教育的作用，使群众了解、掌握法律法规的有关规定，懂得哪些允许做，哪些不允许做。最后，要及时、认真地做好对违反治安管理行为的处罚工作，在处罚过程中贯彻法制教育工作，并利用处罚违法者教育广大群众，通过处罚达到社会教育的目的。

（六）公开管理与秘密工作相结合原则

公开管理，就是依据治安管理法律、法规，采取法律手段和行政手段进行的管理；秘密工作在治安管理方面，主要是指运用秘密力量，采取秘密措施。公开管理与秘密工作相结合是指在治安管理中，主要进行依法公开管理，同时强化秘密力量建设和手段的运用，二者必须紧密结合。

公开管理与秘密工作相结合原则要求：要因时、因事把公开管理与秘密工作手段结合起来，灵活运用。一方面，要依法实施公开管理，充分发挥公开管理的优势；另一方面，要恰当地使用秘密手段，有效发挥秘密工作的作用，管理好社会治安。在治安管理实践中，我们还要注意，公开是实施治安管理的主要方式，秘密工作是辅助手段，不能颠倒。

三、治安管理原则的运用

（一）各项治安管理原则的统一性

治安管理的各项原则，无论是从其内容、目的还是从其运用和作用来说，都是相互联系的统一整体，它们构成了治安管理的原则体系。在实践中，应当综合运用，而不能相互割裂，孤立对待。

第一，原则内容的系统性。治安管理各项原则虽然各有不同的含义和具体的内容与要求，但它们之间在内容上相互联系，相互补充，共同构成一个完整、统一的系统。“预防为主、保障安全原则”与“严格规范管理与灵活执法相结合原则”反映了治安管理的目的和基本要求；“专群结合原则”、“控制适度”原则和“公开管理与秘密工作相结合原则”是为了保证治安管理目标的实现，而带有策略性和工作方法性的原则。从整体上说，这些原则都是不可缺少的，缺少了其中的任何一个，就不能构成完整的治安管理原则体系。

第二，原则目的的一致性。尽管各项原则可以单独运用，来解决或处理某一方面的治安问题，但是它们总的目的是相同的，都是为了指导治安管理工作的正确有效开展，从而实现治安管理的目标和任务。

第三，原则运用的相关性。在治安管理实践中，就整个治安管理工作来说，治安管理原则的运用往往是共同发挥作用。某一原则的运用，都有赖于其他原则的配合；缺少其他原则的配合，某一原则就难以独立发挥其应有的作用，即使在单项治安管理工作中，治安管理原则的运用也往往不是单一、孤立的。

第四，原则作用的综合性。治安管理各项原则既可以单独发挥相应的作用，更可以发挥综合性作用。在整个治安管理中，治安管理原则发挥着“合力”的指导作用。它们综合性地共同作用于治安管理工作，从而使治安管理按照正确的方向健康地进行，达到统一的目标，获得预期的效果。

（二）正确处理好治安管理原则与治安管理法律规范之间的关系

治安管理原则和治安管理法律规范在本质、目的、任务上是一致的，在内容和作用上相互衔接、相互补充。治安管理原则与治安管理法律规范同属于上层建筑的范畴，都是由经济基础决定并为其服务的，所以它们在本质上是一致的，都体现着国家与人民的意志和利益。而且，它们的目的和任务都是实现治安管理的统一目标和任务。治安管理原则属于"基础性规范"，适用范围宽，对治安管理起着指导性作用；治安管理法律规范属于具体规范，适用于具体事项，是治安管理的直接依据。治安管理原则的实现，需要靠治安管理法律规范的具体适用和推进；治安管理法律规范的正确适用，需要靠治安管理原则的宏观把握和指导。治安管理原则适用的范围宽泛，但不具有直接针对性。在处理具治安管理体事项时，应当直接适用治安管理法律规范而不是直接适用治安管理原则。只有在实践发生重大变化，而治安管理法律规范还没有作相应修改、适用该法律规范会导致危害社会或者损害相对人合法权益或者导致个案的严重不公平时，才可以直接适用治安管理原则，而不宜适用过时的治安管理法律规范。

第五节　治安管理的依据

治安管理在法律属性上说，属于行政执法活动，必须以法律规范为依据。治安管理所依据的法律规范体系，是由各层级不同、法律效力等级不同的法律、法规、规章和规范性文件等规定的法律规范和原则所构成的。包括：

一、宪法

《中华人民共和国宪法》规定，宪法是国家的根本法，具有最高的法律效力。一切法律、行政法规和地方性法规都不得同宪法相抵触。一切国家机关和武装力量、各政党和各社会团体、各企业、事业组织都必须遵守宪法和法律。一切违反宪法和法律的行为，必须予以追究。任何组织或者个人都不得有超越宪法和法律的特权。由此可见，宪法是我国最高位阶的法源。《宪法》中包含的治安管理法律规范有：

1. 关于治安管理活动的基本原则的规范。例如《宪法》关于坚持四项基本原则的规范；关于人民参与国家管理的原则、法制统一的原则、工作责任制原则、民族平等原则、行政首长负责制原则、政府机关工作人员接受人民监督和保障公民权利的原则等基本原则的规范。

2. 关于国家行政机关组织、基本制度和职权的规范。例如，关于国务院的组织、基本工作制度和职权的规范；关于国务院各部委和审计机关的基本职权的规范；关于地方各级人民政府的组织、基本工作制度和基本职权的规范；关于民族自治地方人民政府的组织、基本工作制度和基本职权的规范等。治安管理机构隶属于这些政府组织，这些政府组织的工作制度和职权关系到治安管理机构的工作制度和职权。

3. 关于国家行政区域划分和设立特别行政区的规范。这关系到警察行政管辖权的确定。

4. 关于公民基本权利和义务的规范。例如，关于公民批评权、建议权、申诉权、取得国家赔偿权，言论、出版、集会、结社、游行、示威自由权，非经法定程序不受逮捕、拘留权，劳动权，遵守法律、公共秩序、尊重社会公德的义务等规范。

5. 关于保护外国人合法权益和关于外国人义务的规范。

6. 关于国有经济组织、集体经济组织、外资或合资经济组织、个体经济和私营经济在警察行政法律关系中的权利、义务的规范。例如，关于国有企业在法律规定的范围内享有经营管理自主权的规范；关于集体经济组织在遵守有关法律的前提下，享有独立进行经济活动自主权的规范；关于国家保护私营经济合法权益，对私营经济实行引导、监督和管理的规范等。

7. 关于国家发展教育、科学、医疗卫生、体育、文学艺术、新闻广播、出版发行等事业方针政策的规范；关于发挥知识分子作用，建设社会主义精神文明，推行计划生育，保护环境防止污染和其他公害的规范；关于加强国防、保卫国家安全和维护社会秩序的规范等。

二、法律

法律是由全国人民代表大会及其常务委员会制定的规范性法律文件，有基本法律和一般法律之分。前者由全国人大制定，如《中华人民共和国国务院组织法》、《中华人民共和国地方各级人民代表大会和地方各级人民政府组织法》、《中华人民共和国刑法》、《中华人民共和国刑事诉讼法》等等；后者由全国人大常委会制定，如《中华人民共和国人民警察法》、《中华人民共和国治安管理处罚法》、《中华人民共和国居民身份证法》等等。这些法律中有很多关系到治安管理的法律规范。

三、行政法规

行政法规是国务院依据宪法和法律规定而制定的规范性法律文件。它是治安管理法律规范的重要渊源，调整着广泛的治安管理事项。例如《公务员法》、《城市生活无着的流浪乞讨人员救助办法》、《户口登记条例》、《娱乐场所管理条例》、《道路交通事故处理办法》、《人民警察使用警械和武器条例》、《企业事业单位内部治安保卫条例》等等。国务院的行政法规数量十分庞大，其中有大量法律规范是调整有关治安管理事项的规定。

四、地方性法规

地方性法规在治安管理法律规范的渊源中也占有重要地位。根据现行《中华人民共和国地方各级人民代表大会和地方各级人民政府组织法》的规定，省、自治区、直辖市的人民代表大会和它们的常务委员会在不与宪法、法律、行政法规相抵触的前提下，可以制定和颁布地方性法规，报全国人大常委会和国务院备案；设区的市和自治州的人民代表大会及其常务委员会在不与宪法、法律、行政法规和本省、自治区的地方性法规相抵触的前提下，可以制定地方性法规，报省、自治区人大常委会批准后施行，并报全国人大常委会和国务院备案。此外，省、自治区、直辖市以及设区的市、自治州的人民代表大会根据区域协调发展的需要，可以开展协调立法。地方性法规调整着广泛的社会关系，其中也有大量是调整治安管理关系的规范。如《北京市社会治安综合治理条例》、《北京市人民警察巡察条例》、《北京市禁止赌博条例》、《北京市关于严禁燃放烟花爆竹的规定》等等。

五、自治条例、单行条例

自治条例、单行条例作为治安管理法律规范的渊源，只限于民族自治地方适用。根据宪法规定，民族自治地方的人民代表大会有权依照当地民族的政治、经济、文化的特点，制定自治条例和单行条例。自治区的自治条例和单行条例，报全国人大常委会批准后生效；自治州、自治县的自治条例和单行条例，报省或者自治区的人大常委会批准后生效，并报全国人大常委会备案。

自治条例和单行条例作为行政法渊源，既可以规定民族自治地方的自治机关的组织和工作，也可以规定地方行政管理事务。例如，内蒙古自治区制定了《内蒙古自治区见义勇为人员奖励和保护条例》等等。

六、部门规章和地方政府规章

部门规章和地方政府规章合称行政规章。部门规章是指国务院各部委和某些工作部门制定的规范性法律文件。作为警察行政法的渊源的部门规章，在我国，主要由公安部制定的规章以及公安部会同其他部委制定的部门规章。部门规章的数量比行政法规的数量更为庞大，调整着广泛的社会关系，这些规章中有大量的治安管理法律规范，如《临时居民身份证管理办法》等等。

地方政府规章，是指省、自治区、直辖市的人民政府，省、自治区的人民政府所在地的市和经国务院批准的较大的市的人民政府，以及经全国人大和全国人大常委会的特别授权的经济特区市的人民政府在不与宪法、法律、行政法规以及所在地方的地方性法规相抵触的前提下，可以制定地方性规章，如北京市人民政府制定了《北京市实施〈旅馆业治安管理办法〉细则》。

七、法律解释

法律解释，在这里指有权机关就法律规范在具体适用过程中，为进一步明确界限或进一步补充以及如何具体运用所作的解释，即有权解释，不包括学理解释等无权解释。在我国，能成为行政法渊源的法律解释包括立法解释、司法解释、行政解释和地方解释。这些解释常常涉及与警察行政有关的法律规范适用问题，具有规范性，是治安管理法律规范的重要方面之一。

八、国际条约、惯例

随着国际法的发展，国际行政法规范也不断增多。国际行政法是行政法的一个特殊渊源。国际条约、惯例中时常会涉及一国国内的行政管理，成为调整该国行政机关与公民、组织以及外国人、外国组织之间关系的行为准则。它们一经我国承认，便成为我国行政法的一个渊源。当然，我国政府在签署这些国际条约时，可以提出一些保留条款。这些予以保留的条款，就不能成为我国行政法的渊源。在这些成为我国行政法渊源的国际条约和惯例中，也有一些涉及治安管理，成为我国治安管理法律规范的特殊渊源之一。

九、其他规范性文件

有权发布其他规范性文件的机关很多，但是，能够成为行政法渊源的并不多，一般仅指中共中央与国务院联合发布的规范性文件，国务院与有关社会组织联合发布的规范性文件等。它们是我国法的一种独特的渊源。这类规范性文件数量虽然不多，但往往涉及政策，政治意义重大，值得重视并且在治安管理中要遵照执行。

【导入案例简析】

1. 案例中先后出现6次“治安”一词，分别所在的语境是“治安整治”、“管理社会治安”、“治安大局平稳”、“对以后的社会治安更加有信心”、“治安支队”、“我市的治安比较好”。

这些“治安”概括起来，包括两种含义。一种是“治安状况”的意思，即基于人类活动而发生的主要由法律规则所规定和调整的直接关系到国家和社会稳定、公共安全、他人的生命和财产安全内容的社会状况，如“治安大局平稳”、“对以后的社会治安更加有信心”、“我市的治安比较好”。另一种是“治安活动”的意思，如“治安整治”、“管理社会治安”、“治安支队”，其中前两个治安是治安问题，即指侵犯治安方面的法律规范，危害或可能危害治安秩序的行为的总称；“治安支队”中的治安是治安工作，即依法维护治安秩序的活动。

2. “向人民报告工作”专项活动是治安管理贯彻专群结合原则的具体体现。专群结合原则是专门机关管理与依靠人民群众相结合的原则的简称。专门机关管理，是指治安管理部门在职责范围内进行的各种专业管理工作；依靠人民群众，是指在治安管理工作中贯彻群众路线，发动、组织和依靠群众维护社会治安的具体工作，即公开的群众性的治安保卫工作。专门机关管理与依靠人民群众相结合，就是治安管理既要由专门的管理机关——公安机关的治安管理部门组织实施，又要发动群众、依靠群众来进行。

案例中的专门机关管理主要体现在全市公安机关以民意为导向，抓好以下三个方面的工作：一是提升人民群众安全感。进一步严密社会面管控，进一步灵通情报信息，认真抓好矛盾纠纷和涉法涉诉信访的排查化解工作，及时预警、快速反应、稳妥处置各类突发事件。充分发挥公安机关严打违法犯罪、管理社会治安、维护公共安全主力军的作用，全力确保全市社会政治稳定和治安大局平稳。二是提升人民群众满意度。进一步夯实警务工作根基，壮大基层基础工作根系；改革警务模式，在指挥体系建设、警务运行机制、信息化和巡防机制建设方面，深入改革并取得实效；加强农村警力资源整合，确保布局更合理、工作更高效。全面推进法治公安建设，提升公安执法公信力。三是提升公安队伍形象。抓好队伍突出问题整治，深化作风建设，提升公安干警形象；建立健全以绩效考核为主体的队伍管理长效机制，提升队伍正规化管理水平能力。

案例中的依靠群众体现在三个方面：一是广泛邀请社会各界听取2015年的公安工作，建立公安机关和社会各界联系的桥梁，增进彼此的了解和感情，取得社会各界理解、配合、支持公安工作；二是通过安排参会代表统一到广场观看反映2015年某市公安工作成效的图文展板，现场解答群众疑问及发放防诈骗、辨别假冒伪劣产品和辨识毒品等相关宣传资料，增加群众治安防范的知识和能力；三是利用网络媒体，如微博、微信公众平台，定期、不定期发布消息，并积极组织县（区）民警及广大网民参与评论，以增强人民群众对公安工作的了解支持，更广泛地征集人民群众对公安工作的意见和建议，进一步促进公安工作良性发展。

“向人民报告工作”贯彻了专群结合原则，取得了很好的效果。

【延展阅读】

治安学的基础理论①

基础理论，是指在一门科学理论体系中起基础性作用并具有稳定性、根本性、普遍性特点的理论原理。治安学基础理论以一系列相关学科的原理为基础，按照符合本学科特点的逻辑体系所构成，具有基础性、间接性和稳定性的理论。综合相关学科的理论，治安学的基础理论主要包括系统论、社会控制论、治理和善治理论等。

（一）系统论

系统论的核心思想是系统的整体观念。任何系统都是一个有机的整体，它不是各个部分的机械组合或简单相加，系统的整体功能是各要素在孤立状态下所没有的新性质。在系统中各要素不是孤立地存在，每个要素在系统中都处于一定的位置上，起着特定的作用。要素之间相互关联，构成了一个不可分割的整体。

治安学是一门运用相关学科的知识研究治安理论和实践的综合性学科，研究内容既有理论也有实践，包含现象、问题和对策，具体包括治安管理实践；治安管理主、客体矛盾运动规律；治安现象和治安管理规律；治安秩序和治安秩序的管理与维护等。因此，研究治安学必须运用系统的思维，按照系统论的基本思想和方法把所研究和处理的对象当做一个系统，分析系统的结构和功能，研究系统、要素、环境三者的相互关系和变动的规律性。

系统是多种多样的，治安工作就是一个系统工程。按人类干预的情况系统可划分自然系统、人工系统；按学科领域就可分为自然系统、社会系统和思维系统；按范围划分则有宏观系统、微观系统；按与环境的关系划分就有开放系统、封闭系统、孤立系统；按状态划分就有平衡系统、非平衡系统、近平衡系统、远平衡系统等等。治安是整个社会大系统中的一个子系统，属于人工系统，又是社会系统，而治安学研究的范围如治安管理、治安控制、治安秩序、治安供给等又都是治安的子系统，各个子系统之间又相互联系，相互渗透，相互作用，共同构成治安的整体。如社会治安防控体系正是运用系统论观点，将若干功能各异的防控子模块，通过一定的要素联系在一起，形成了一个内耗少，效率高，功能强大的新系统，达到整体大于部分之和的目的。

但是，在治安学的理论研究中对于系统论的运用还有所欠缺。比如，治安学的理论研究长期以来总是受治安管理业务工作范围所限，导致研究视野不宽，运用多学科理论交叉研究不多。在实践中，对治安工作系统性的认识也有不足。治安工作较多专注于个别事件而看不到整体，片面强调“自我”而缺少系统思考，突出表现为在维护治安工作中往往强调治安管理工作部门的利益而忽视了公安工作全局的整体利益。按照系统论的思想，治安管理工作需要在周密考虑治安管理部门与公安机关、政府其他部门、社会组织等整个社会的关系下科学地进行。以公共复杂场所和特种行业管理为例，治安管理工作需要争取工商、税务、商业等有关方面的配合，还必须充分发挥行业场所内部的自治作用，建立健全规章制度并认真落实。

① 参见李健和主持的2007年度中国人民公安大学校级项目《治安学基础理论与学术范畴研究》之研究报告，29～42页。项目编号：07SK002，2008年5月结项。

系统论的任务不仅在于认识系统，更重要的在于利用系统的特点和规律去控制、管理、改造或创造系统，实现人的目的和需要。在管理实践中，为提高管理效率，必须充分了解系统的内外环境，系统自身的性质和功能，在此基础上提出系统的整体目标，然后进行科学分解和合理分工，使系统组成要素都明确各自具体的任务和目标，并形成系统结构体系，最后依据系统的有机联系对各要素进行有效的组织协调和综合。这种对系统的整体把握、科学分解、组织综合的要求就是系统的整分合原理。在此原理中，没有整体目标，系统就没有运动方向，分工和综合就没有前提；离开科学的分工，整体目标就难以具体落实和实施，就不能形成有序的系统结构；同样，如果缺乏有效的综合，就无法克服由于分工可能造成的脱节及协作困难，就难以保证系统的整体性。

在治安学中研究如何利用治安资源也需要运用系统的整分合原理。首先，要把握好整体目标。也就是要在对系统外部环境和内部属性深入分析的基础上，从整体上把握系统的目标、基本战略、实施条件和措施等。这样，一方面保证在系统运行中始终不偏离总体目标和方向；另一方面也为科学的分工和有效的综合奠定基础。治安资源的整体目标就是在治安控制中发挥作用，以维护社会治安秩序。

其次，要在整体目标的指导下，科学地进行分解，包括对目标、计划的分解和对职责和任务的分工。其基本内容包括：确定适当的管理层次、管理幅度和组织结构，明确系统要素应承担的任务、具有的功能以及相应的责任和权力等。与计划经济相适应的管理层次、管理幅度和组织结构，在社会主义市场经济时期表现出了一定的弊端。因此，必须对治安资源的利用方式进行改革，按照市场经济的要求重新考虑这些力量的职责、任务分工，将责任和权力进行再分配。

最后，对系统要素进行有效的整合。也就是要在系统内按照其内在的有机联系，对系统内各要素、各环节进行有效的协调和整合，尽量减小由于分工带来的脱节、矛盾和摩擦，确保各要素间实现相互协调和配合，并保证系统整体目标的顺利实现。在新时期，面对一些社会资源在治安控制中出现的弊端和另一些社会资源的优越性，可以考虑将某些种类的社会资源进行整合。比如，企事业单位的保卫人员、联防队员、交通协管员、单位自建的保安力量整合为有统一管理、统一指挥、统一协调、统一原则的社会主义新型社会资源队伍。

（二）社会控制论

社会控制是伴随着人类社会矛盾产生而出现的一种特殊现象。近年来，随着我国社会的转型，社会控制问题也进入治安学研究的视野。而在治安学中，控制手段一直就是维护治安的重要措施，社会控制理论也是治安学的一个重要基础理论。

社会控制论是指导治安学中治安对策研究的重要思想。在社会控制论中，“控制”是指未来“改善”某个或某些受控对象的功能或发展，需要获得并使用信息，以这种信息为基础而选出的、加于该对象上的作用就叫做控制。社会控制体现为一定的权威对社会群体和社会成员行为的一种管理。广义的社会控制泛指一切社会行为的控制；狭义的社会控制，特指对偏离行为或越轨行为的控制。在社会学中，社会控制分为三个维度，即控制力度、控制刚度和控制网络的致密度。在动态治安中，建立警务快速反应机制的解决是治安控制的力度问题；“严打”整治解决的是治安控制刚度的问题；而提高治安控制网络的致密度则是通过加强管理和防范来实现的。

社会控制理论与治安学的研究紧密联系。首先，控制是实现治安的一种重要方法。治安控制是为了维护国家稳定和社会治安秩序，保障单位生产秩序，提高公民安全感，治安主体运用多种方式和手段，调动各种治安力量，协调、指导和约束社会群体及其成员有效地遵守治安规范，进而维护治安秩序的过程。社会治安是社会生活中的一个重要问题。从古至今，历代统治阶级都非常重视这个问题，并以国家强制力对其管理和控制。国家不论社会制度的性质，也不论大小，都要设置专门机构，控制社会治安，维护社会秩序的安宁。进入阶级社会后，违法犯罪现象始终是统治阶级进行统治的威胁。统治阶级为了实现自身利益的最大化，政权稳固，社会长治久安，他们都探寻过控制社会治安的方法。随着改革开放的逐步深入和社会经济的迅速发展，我国社会生活中人、财、物大流动，社会治安形势总体上日趋动态化，治安控制面临更加艰巨的任务和更加严峻的挑战。全国第二十次公安会议文件指出，要“牢牢把握维护好重要战略机遇期社会稳定的总要求，紧密联系社会治安形势的新情况、新特点、新变化，大力构建适应动态社会环境的，集打击、防范、控制、管理于一体，动静结合，专群结合，人技结合，多层次、全方位、覆盖全国的动态环境下的社会治安防控体系，”以动态的治安控制解决多变的治安问题。

其次，社会控制的理论和方法在治安管理工作有着广泛的应用，如社会治安综合治理的开展、治安防控体系的构建以及情报信息主导警务的建立都与社会控制理论有关。我国社会治安综合治理是具有中国特色的社会治安控制模式，社会治安综合治理是社会控制的一个大系统，是在党委和政府领导下，社会各部门积极参与的工作模式；社会治安防控体系是公安机关以预防、打击、控制违法犯罪活动为基本目标，将多种防范控制要素、相关社会资源进行充分挖掘、有机整合，实行整体联动、协调运作，对社会治安和刑事犯罪问题进行有效防范和处置的工作系统。社会治安防控体系的建立是为了更好地对社会治安进行控制，维护社会治安的稳定。因此，社会治安防控体系的运行就必须运用多种手段实行综合治理，集打击、防范、管理、控制、服务等多种手段于一体，从而达到维护整体治安秩序的目的；情报信息主导警务的目标就在于加强和做大公安基础工作，从而最大限度地控制信息源，获取尽可能多的有效信息，为构建高效的多功能指挥调度系统打下基础和提供保障。

最后，社会控制论是对治安学构建的重要理论支撑。同时，社会控制论作为一个学科的理论基础，无法脱离具体的政治、经济、文化环境，为此，必须将它放在治安的现实环境中进行思考、证明、阐释，寻求和培养社会治安控制论生成和成长所需的资源。另外，社会治安控制论作为一个知识体系必须保持开放性，立足于国际科学文化的舞台，相互吸收、相互借鉴。

（三）治理和善治理论

治理和善治理论是20世纪80年代在西方新公共管理运动中诞生的一种理论，该理论主张抛弃政府垄断公共事务的传统行政模式，提倡政府、市场、公民社会共同参与社会公共事务的管理，从而达到公共利益的最大化，实现整个社会的和谐发展。

治理（governance）一词源于拉丁文和古希腊语，原意是控制、引导和操纵。上世纪90年代以来，治理（governance）一词有了新的含义。治理理论的创始人罗西瑙认为“治理”是一系列活动领域的管理机制，它们虽未得到正式授权，却能有效发挥作用。与统治不同，治理指的是一种由共同的目标支持的活动，这些管理活动的主体未必是政府，也无须依靠国家的力量来实现。[①] 在治理的各种定义中，全球治理委员会的定义具有很大的代表性和权威性。该委员会1995年发表的《我们的全球伙伴关系的研究报告》对治理做出了如下界定：治理是各种公共的或私人的个人和机构管理其共同事务的诸多方式的总和。它是相互冲突的或不同的利益得以调和并且采取联合行动的持续的过程。这既包括有权迫使人们服从的正式制度和规则，也包括各种人们同意或以为符合其利益的非正式的制度安排。

从上述定义可以看出治理的基本含义是指在一个既定的范围内运用权威维持秩序，满足公众的需要。治理的目的是在各种不同的制度关系中运用权力去引导、控制和规范公民的各种活动，以最大限度地增进公共利益。从政治学角度看，治理是指政治管理的过程，它包括政治权威的规范基础、处理政治事务的方式和公共资源的管理。它特别地关注在一个限定领域内维持社会秩序所需要的政治权威的作用和行政权力的运行。

治安学是一门社会科学，是研究社会治安秩序形成规律的科学，与公共管理学、社会学、政治学有着天然的联系，主要体现在研究过程中大量的借鉴使用上述学科的理论。而运用治理和善治理论对社会治安的现实问题开展研究也是当前治安学研究的主要方法，这就决定了治理和善治理论是治安学的重要基础理论。治理和善治的理论提出在提供公共服务中，政府应当放松对社会的管制，充分发动社会公众，组建社会组织，通过“合同外包”的方式实现政府与市场的结合。政府负责规划、指导，社会组织负责生产、经营。在创造良好社会治安环境的过程中，需要治理和善治理论来指导，在社会治安综合治理的研究中，治理和善治理论也具有重要的理论导向作用。

【本章小结】

古代“治安”的内涵十分丰富，所有统治国家，管理社会，治理民众，使国家政权巩固、政治清明、社会安定的活动都是治安活动，同时治安也表示国家长治久安、人民安居乐业的良好社会状况。现代治安有两方面含义：一为治安状况；另一为治安活动。治安状况，包括有条理、不紊乱的治安状况即治安秩序，无条理、紊乱的治安状况即治安乱序。治安活动，包括治安工作和治安问题两类。治安工作是积极的治安活动，治安问题是消极的治安活动。

治安管理，是指公安机关为了维护社会治安秩序和公共安全以保障社会生活的正常进行而依法进行的治安行政管理。

治安管理学是关于治安管理主、客体矛盾运动规律的学说，是研究运用警察力量维护治安秩序的理论、经验、知识、技能的学科体系。治安管理学的研究内容包括：治安管理的主体；治安管理的客体；治安管理的依据；治安管理的措施、手段和方法；治安管理的实践经验；治安管理学本体。

治安管理的任务是国家法律、法规规定由治安管理机关及其人员为实现治安管理目标所担负的治安管理责任的总和与概括，是由治安管理的职能所决定的。我国治安管理的任务有五项，分别是：维护社会治安秩序，提供良好的治安环境；保护公民的合法权益；预防、制止和控制违法犯罪活动；查处治安案件、治安事故，现场处置和控制突发事件；救

① 参见［美］詹姆斯·N. 罗西瑙（James N. Rosenau）主编：《没有政府统治的治理》，张胜军、刘小林等译，南昌，江西人民出版社，2001。

助危难，帮助解决纠纷

治安管理机构是指国家依法设立以维护治安秩序、履行行政管理职能的专门组织，是公安机关的主要业务部门。在我国，治安管理机构主要包括两大类，一是设立在县级以上各级人民政府内的公安机关中的治安管理部门，二是设立在特定系统和领域内的专门公安机关中的治安管理部门。

治安管理原则是治安管理部门的工作人员观察、处理治安问题，实施治安管理活动的准绳或根本规范。我国治安管理应当遵循服从与服务原则、专群结合原则、依法管理原则、预防为主保障安全原则、严格管理与文明管理相结合原则、公开管理与秘密工作相结合原则。治安管理所依据的法律规范体系，是由各层级不同、法律效力等级不同的法律、法规、规章和规范性文件等规定的法律规范和原则所构成的。

【关键术语】

治安　治安管理　治安管理学　治安状况　治安秩序　治安乱序　治安问题　治安防范　治安管理机构　治安管理原则

【推荐阅读与学习资源】

1. 李健和主编：《治安学原理》，北京，中国人民公安大学出版社，2013。
2. 熊一新、李健和主编：《治安管理学概论》，北京，中国人民公安大学出版社，2007。
3. 陈天本主编：《治安管理理论与实务教程》，北京，对外经济贸易大学出版社，2012。
4. 熊一新：《论治安管理的基本原则》，载《中国人民公安大学学报》，2003（1）。
5. 宫志刚：《治安秩序结构研究》，载《中国人民公安大学学报》，2005（6）。
6. 宫志刚：《治安价值论》，载《中国人民公安大学学报》，2006（5）。
7. 陈天本：《治安秩序的内涵与构成要素研究》，载《中国人民公安大学学报》，2006（5）。
8. 陈涌清：《论治安学研究对象的确定》，载《中国人民公安大学学报》，2011（1）。

第二章 治安管理的基本措施

【学习目标】

了解治安管理基本措施的分类及各种治安管理措施；熟悉各种治安管理措施的适用对象、条件、方法和要求；了解治安许可的目的、种类和实施方式；掌握治安强制的特征和种类；掌握治安处罚措施的种类，了解治安强制与治安处罚的区别。

【导入案例】

2017年1月2日晚，西安市东郊工人、31岁的刘某与同事5人聚会，共喝了4斤白酒。当晚11时，两位同事搀扶喝醉的刘某回家时，却发现刘某原先住的楼已经拆了，两位同事并不知道其新家地址，而刘某也醉得不省人事。三人返回到纺织城三厂十字灞桥区商贸局门口时，已是3日凌晨零时，天上飘着雪，最低气温达到−4℃。两位同事拨打了110报警，由于担心醉酒给自己带来麻烦，他们站在路对面，看到穿着警服的民警从数十米外的纺织城派出所走出并到刘某身边后，两人离开。但刘某对上前询问的民警说："我不需要你们管！"然后起身往别的方向走。处警的民警见他拒绝帮助，便回到了派出所。3日凌晨零点30分左右，又有路人拨打派出所电话报警，民警到现场后刘某仍拒绝帮助，民警再次离开。3日凌晨3时，5位下夜班的女工在路边发现了外套丢失、正在呻吟的刘某，再次打电话报警，派出所接警员说："已经出过两次警了，我们也没办法。"并在电话里让报警人把刘某扶到路边去，不要让车撞上，派出所并未出警。3日7时左右，清洁工发现了已经死去的刘某。

问题：对于明显醉酒但并未违法的人，公安机关是否需要对其采取约束措施？醉酒人拒绝公安民警帮助时，公安民警又该如何处理呢？

第一节 治安防控

治安防控，是指为维护社会治安，围绕预防、控制违法犯罪这个基本目标，将多种防范控制要素、相关社会资源进行合理配置、有机整合，形成整体联动、协调运行、有效维护社会治安秩序的工作措施。它是动态环境下强化治安管理、提高社会控制能力的客观要求，也是加强公安基层基础工作的突破口和切入点。治安防控的种类主要有宣传、巡逻、检查（有日常例行检查和突出检查）等。

一、宣传

治安防控中的宣传，是指公安机关为普及安全防范知识、推行管理举措、争取公众配合与支持，而对管理相对人和公众进行的宣传与教育工作。我们也可称之为治安宣传。

（一）治安宣传的内容

治安宣传的内容主要是治安管理法律法规、安全防范知识和技能、治安重点问题、警民联络方式、社会公共道德等。

1. 治安管理法律法规

包括现行治安管理的法律、法规和规章，既规定了公安机关进行治安管理的具体方式和方法，也体现了党和国家对治安管理的有关方针和政策。公安机关应当进行广泛的宣传教育，使公众了解治安管理的主要法律依据和政策内容，使人们在社会生活和工作中自觉遵守法律。

2. 安全防范知识和技能

包括各类治安问题形成的规律和特点，以及各种安全防范措施的相关知识和技能。公安机关将长期的社会实践中总结出的各种治安问题发生、发展规律、特点的认识和经验，通过各种形式向群众宣传，使公众在社会公共生活中有能力及时发现不安全因素，并采取有效措施进行自我防范，避免治安问题的发生。

3. 治安重点问题

针对管辖区或一定范围内突出的治安问题，公安机关采取一定方式告知或警示社区居民、单位，或者在公共场所活动的人员，以期人们关注并重点防范这些治安问题。例如，在居民区、银行门口等地张贴近期电信诈骗犯罪的动态，利用居民区电子告示板、手机、网络、单位内部刊物、广播或电视等媒介，告知近期盗窃、诈骗、双抢或涉及校园安全的违法犯罪动态等，提示人们重点关注这些治安问题，积极做好有针对性的防范工作。

4. 警民联络方式

各级公安机关都应定期或不定期地向社会公众或辖区居民宣传警民联络方式，下至派出所民警通过发放名片、张贴照片及联络方式、手机、网络等方式使社区居民了解如何与派出所民警联络；中至公安分局、县公安局、地市公安局公布举报违法犯罪的电话或向公安机关投诉、建议电话；上至公安部向社会公布投诉、建议或举报电话等。畅通的警民联络方式需要公安机关主动向公众宣传，在方便公众向公安机关提出建议的同时，使公众能够在遇有违法犯罪、险情时及时、准确地报案，遇有执法不公时有恰当的投诉、举报途径。

5. 社会公共道德

治安防控中宣传教育不仅要传授安全防范的知识和技能，也需要传播社会公共道德规范。道德是人与人相处的行为准则和规范。把社会公共道德作为基本内容，就要求治安宣传时把治安管理各项制度、各种规则有机地融入社会公德、职业道德、家庭美德、个人品德之中。

（二）治安宣传的途径

1. 通过指导治保会、单位内保部门开展宣传工作

指导治保会工作和单位内保工作既是基层治安民警的职责，也是开展治安宣传的重要

渠道。基层治安民警通过指导治保会、单位内部保卫部门开展防骗、防抢、防扒、防盗、防火和防治安灾害事故等为主要内容的治安宣传，以增强公众的安全防范意识，增加安全防范知识。

2. 结合日常治安管理开展宣传工作

公安机关基层民警在日常工作中做好治安宣传，通过对涉及治安管理的人、物、地、事和信息的管理，发现对社会治安可能形成危害的因素，及时发布警情公告予以提醒，对违法违规者进行规劝、教育、查处。例如，公安机关通过治安检查，可以发现治安隐患和漏洞，督促有关单位和个人加以整改，以增强公众的安全意识和责任意识，提高辖区单位和个人的防范能力。

3. 通过查处治安案件和灾害事故开展宣传

在社区发生盗窃、抢劫等可防性案件或火灾等治安灾害事故后，公安机关治安管理部门特别是社区民警要通过保护现场，剖析防范制度、防范设施、防范措施等方面的问题和不足，追究事故责任等方式，教育有关单位和个人提高安全防范意识、强化治安安全责任、完善安全防范设施，消除安全隐患，提高安全防范水平。

4. 利用各种媒体开展宣传工作

公安机关应当增加对宣传工作的投入，拓展宣传教育的渠道，利用广播、电视、报纸对公众进行广泛的治安防范公益宣传，利用宣传栏、公共电子屏、手机、网络等媒介对社区居民开展治安防范宣传工作，使公众在街头巷尾，在广播、电视、手机上都能及时了解到治安维护和治安防范信息，营造良好的治安防范氛围。

（三）治安宣传的注意事项

1. 宣传内容上应具有针对性

在治安宣传的内容上，除将防盗、防火、防事故作为宣传的重点外，还应结合本地违法犯罪活动的规律与特点，对一些与公众利益密切相关的多发性、可防性案件如诈骗案、抢夺案、扒窃案、盗窃自行车案等，适时开展有针对性的治安宣传。

2. 宣传对象上应突出重点

在治安宣传的对象上，应把公共场所和特种行业的从业人员，要害岗位的工作人员，中、小学生，以及刑满释放人员等，作为治安宣传的重点。通过向要害岗位工作人员宣传治安形势和防范措施，使其提高对要害岗位重要性的认识，减少漏洞和不安全因素，防患于未然。通过向中、小学生宣讲基本的安全知识、自身防护措施，提高他们的自我保护意识和能力。通过向刑满释放人员等的教育，使其树立正确的人生观和价值观，远离不良群体的影响，重新做人。

3. 宣传形式上应多样化

在治安宣传的形式上，应注重灵活性、多样性和实效性。应根据辖区实际情况，结合日常治安管理工作，采取报告、座谈、宣传媒介、典型教育等形式进行宣传。报告是指公安机关治安管理部门对辖区居民进行普遍性的宣传鼓动和思想政治教育的一种传统方式。座谈讨论是指公安机关有计划、有目的地组织一定数量的辖区单位和居民，就某些突出治安问题进行交流、探讨的一种方式。宣传媒介是指通过报纸杂志、文艺作品、宣传材料、黑板报、宣传栏以及电影、电视、戏剧、录像等形式，向公众进行法律、法规和安全防范知识的宣传和教育。典型教育是指利用查处各类案件时所反映出的典型问题，有计划地进行宣传教育的方式。

二、巡逻

巡逻，是指公安机关人民警察为了维护社会治安秩序，在一定区域内进行的有组织、有计划地巡行、查看活动。巡逻是公安机关将警力摆在街面上的重要方式，是公安机关进行社会治安防控的重要手段。相比于调查现场或者坐在办公室处理文案而言，巡逻使公众更直观地感受到警察对社会治安秩序的维护和控制。

（一）巡逻的作用

警察巡逻是世界各国警察所采取的最主要的勤务方式，在维护治安秩序、快速赶赴案发现场、及时处置警情、服务公众等方面起到重要的作用。

1. 提高公安机关快速反应能力，强化社会面控制

由于公安指挥中心与“110”报警服务台、“122”交通事故台、“119”火警台的有机结合，公众报警的方式越来越简便，巡逻警察赶赴现场的时间大为缩短，使突发事件及其他现行案件能够得到及时处置，社会治安秩序得到有效控制。

2. 预防制止违法犯罪，增强公众安全感

巡逻警察通过巡行工作，在动态中对社会治安进行全方位、全时空的控制，客观上造成警察无所不在、无时不在的印象，可以有效地发现和制止各种违法犯罪行为，及时发现和处置各类治安案件和治安灾害事故，消除和减少违法犯罪的发生，从而提高和增强公众的安全感以及对社会治安的满意度。

3. 及时为公众提供救助服务，密切警民关系

警察巡逻执勤，不仅可以制止、震慑违法犯罪，而且能在职责范围内为公众提供紧急性的救助服务，及时排解公众求助的危、难、险、急等事项，体现人民警察为人民服务的宗旨，密切警民关系。同时，警察巡逻时与公众零距离接触，其一言一行都要受到公众监督，便于提高警察执法水平和工作效率。

（二）巡逻的基本形式

根据是否使用及使用何种交通工具的不同，目前我国警察巡逻的方式有步巡、车巡、自行车巡逻、骑巡、空巡、舟巡等。公安机关应当根据巡逻地域的地理特点和治安特点合理地部署巡逻方式。例如，城市巡逻一般采取步巡和自行车、摩托车、汽车巡逻相结合的方式。人群密集的繁华地区应以徒步巡逻为主，交通易阻塞地区应减少机动车巡逻的部署，而山城、丘陵地带则不适合自行车巡逻。

步巡即徒步巡逻，它是一种最传统、最常用又简捷的巡逻方式。步巡一般不受气候、时间、地形、路况的限制和影响。步巡能使巡警集中精力和注意力观察人、地、物、事的变化，便于发现各种反常迹象，与公众进行交流和接触，能随时为民排忧解难，制止和处理各种违法犯罪活动和纠纷。但步巡机动性不足，速度不快，巡查的范围有限，主要适用于城镇人口较密集的街道。

车巡是指驾驶汽车或摩托车执行巡逻。车巡具有速度快、行程长、范围大、机动性强等特点，在追缉逃犯、赶赴发案现场时能发挥快速制敌的作用。部署车巡时，应当充分利用机动车可以充当载体的功能，在巡逻车上安装适当的装备。如在巡逻车上安装卫星定位

系统，使指挥部门能清楚地了解巡逻车的位置，一旦发生案件，指挥部门能迅速调动就近警力，从而为巡警做到快速反应提供条件；在巡逻车上安装电脑及网络查询系统，可以使巡逻车更准确、快捷地查询车辆违法信息；在巡逻车上安装同步录像设备，一方面可以有效地监督警察规范执法情况，另一方面可在发生执法争议时提供有力的证据。但车巡也有其局限性：由于机动车速度快，因而警察对街巷的观察难以细致、全面，隐蔽性不强，在遇到交通拥堵、狭窄街巷时，巡逻范围受限或者效率大大降低。

自行车巡逻是目前被认为既经济，又能增加巡逻效果的一种巡逻形式。近年来，美国等一些发达国家十分注重自行车巡逻。自行车巡逻的优点是，经济开支少，比步行巡逻速度快，控制范围大。在交通拥挤的地方，自行车巡逻可以在阻塞的车辆间穿行，也可以在小巷中穿行，这是汽车难以做到的。而且自行车巡逻有利于与公众接触，密切警民关系。

骑马巡逻较徒步巡逻速度快，巡查范围大，巡警的视野开阔，体力消耗低，而且颇显威严，震慑作用大。骑马巡逻的缺点主要是，巡警要耗费时间训练骑术，马匹需要专人和专门场所饲养，经费开支大。目前我国有些城市实行的骑马巡逻，其礼仪和城市形象作用大于实际的巡逻和维护社会治安作用。

空巡是指警察驾驶空中飞行器进行巡逻。北京、上海、广州、武汉、大连等城市公安机关都曾使用直升机开展空中巡逻工作。作为地面巡逻勤务形式的一种辅助形式，空巡的视野范围广阔，能够有效地对地面的巡逻工作进行指挥。但是，空巡对飞行器及停泊地、指挥系统、空中与地面指挥协作的要求都非常高，其经费投入大，专业技术要求高，我国空巡的软硬件建设都仍有很大发展空间。

舟巡是指巡警驾驶船、艇等水上交通工具在水域中进行巡逻。舟巡主要适用于沿海、江河、湖泊等区域，主要是维护水上治安秩序。

三、检查

（一）治安检查的概念

为了发现问题而用心地查看是检查的本意。公安机关为了维护社会治安秩序，需要运用检查的手段去发现治安问题和隐患，并及时采取相应预防或处理措施去解决问题。我们将公安机关使用的检查称之为治安检查，它是指公安机关运用科学的手段、方式和方法，依法查看、检验有关场所、行业、人员及其相关方面，以发现和消除各种不安全因素的治安管理活动，它是治安管理的一项经常性和预防性的工作措施。

（二）治安检查的方法

根据检查的手段来划分，治安检查的方法主要有以下几种：

1. 感官检查，即直接运用检查人员的眼、耳、口、鼻、手等各种感知器官进行治安检查。这种方法简便易行、适用性广，不受时间、地点、工具等因素的限制，是最常用、最基本的检查方法。但这种检查方法的精、准程度有限，对检查人员的知识、能力和经验的依赖程度较高，会出现因人而异的检查效果。

2. 仪器检查，即利用各种先进科学的技术设备，进行防毒、防火、防爆炸、防辐射等方面的检查。专门仪器在治安检查中的运用日益普及化、经常化，发挥越来越大的作用，尤其是在特定场所和处理各种危险警情时。运用仪器检查的精度高、效率高、可靠性强，但对资金、技术投入和场所条件的要求也较高。目前，我国治安检查时使用的仪器主要有X—射线检查仪、金属探测器、电子听音器、检查镜等。

3. 利用动物检查，即运用经过专门训练的警犬、警猪、沙土鼠等动物进行治安检查。动物在某些方面的感觉更灵敏，其检查效果往往是其他方法难以企及的。尤其在查缉毒品、追踪嫌疑人等工作中，利用经过训练的动物完成检查任务具有不可替代的作用。

（三）治安检查的范围

从维护社会治安的角度出发，凡是容易或可能引发治安问题的因素，都应当进行治安检查，但是，治安检查的具体范围是由相关法律、法规予以确定的。治安检查的范围可以包括对公共领域的检查和对公民私领域的检查两个方面。

1. 对公共领域的检查

公安机关对公共领域的检查包括对所有公共场所、大型活动场所、危险物品存储场所、行驶中的机动车辆、公安机关管理的特种行业、单位或居民区公共部门的消防安全检查等。由于警察权力的行使以维护公共秩序和安全为目的，公安民警依法在公共领域维护秩序和安全时，只要不触及侵犯公民私权利的问题，就有权在公共领域实施治安检查，而不需要法律对该项检查予以特别的授权。但是，如果在公共场所实施检查时，牵涉到公民人身、财产等私权利可能受到侵犯时，则应按照法律授权的程序和方式对公民私领域实施检查。

2. 对公民私领域的检查

公安机关依法可以对公民私领域进行治安检查，包括公民人身、私人物品、住宅等。

（1）检查人身。

公安民警进行人身检查时应当与《刑事诉讼法》规定的人身搜查相区别，本书认为人身检查应当遵循拍身检查法，拍身检查应遵循以下程序和方法：首先，民警应表明自己的身份，出示工作证件，并告知实施检查的法律依据，要求被检查人予以配合。然后，民警可以徒手或使用安检仪器在公民衣服的外表层进行轻拍和摸索，而不应深入衣服内层及口袋里摸索，更不能要求被检查人脱衣接受检查；当发现被检查人可能违法携带凶器、违禁物品或淫秽物品时，可以启用《刑事诉讼法》规定的搜查权，也就是说，公安民警在人身检查时发现有犯罪嫌疑的，有权进一步搜查衣服口袋、内层衣服及当事人的身体。

对女性进行人身检查时，原则上应由女民警实施徒手检查或者使用安检仪器检查。

但是，在出现紧急情况必须立即控制嫌疑人时，也可以直接动用《刑事诉讼法》设定的搜查措施，强制进行人身搜查，而不必取得搜查证或征求嫌疑人同意后才实施。这些紧急情形通常是：对警察或他人的生命造成危险或威胁的；犯罪嫌疑人可能逃跑的；有毁坏、转移、藏匿证据的危险等紧急情形。

（2）检查私人物品。

公安民警有权依法检查公民随身携带的物品（如箱、包等）及骑乘的车辆（如自行车、摩托车、汽车等）。实物检查时应当遵循人、物分离，人、物分查的原则。

由于《治安管理处罚法》和《刑事诉讼法》分别授权公安机关在调查违法或犯罪时实施检查或搜查的权力，从现行立法来看检查和搜查应属于两种不同的措施，但现实执法中检查和搜查难以区分。本书认为，在执法实践中检查私人物品和搜查私人物品的区别应当在于，公安民警实施检查时，检查的目的主要是排除危及公共安全或人身安全的物品，因而检查的方式以在正常视野范围内对物品进行查看、摸查为主，并不采用搜、翻或破坏（包装）的方式查找物品的私隐细节信息。但是，如果在检查物品的过程中发现有涉嫌犯罪的情形，如发现涉嫌危险物品、犯罪工具等，则可以根据《刑事诉讼法》的规定启用搜查权，采用搜、翻甚至破坏手段对私人物品进行彻底地搜查。

（3）检查住宅。

根据《治安管理处罚法》的规定，公安机关可以对与违反治安管理行为有关的场所（既包括公共场所，也包括公民住宅）进行检查。检查时，人民警察不得少于两人，并应当出示工作证件和县级以上公安机关开具的检查证明文件。但是，检查公民住宅和检查公共场所的要求有所不同，检查公共场所时公安民警不必办理或出示检查证明文件而有权直接当场检查，但检查公民住所应当出示县级以上公安机关开具的检查证明文件。检查的情况应当制作检查笔录，由检查人、被检查人和见证人签名或者盖章；被检查人拒绝签名的，人民警察应当在笔录上注明。

第二节　治安许可

一、治安许可的概念

（一）治安许可的概念

治安许可，也称为治安行政许可、治安行政审批，是指公安机关根据公民、法人和其他组织的申请，通过颁发许可证或执照等形式，依法赋予行政相对人从事涉及治安管理的某种活动或实施某种行为的权利和资格的行政措施。[①]

（二）治安许可的目的

治安许可是出于保障维护公共安全和社会秩序的目的，将那些直接关系国家安全、公共安全的活动，基于高度社会信用的行业的市场准入和法定经营活动，直接关系到人身健康、生命财产安全的产品、物品的生产及销售活动，通过治安许可的方式和程序进行审查，或者施加一定的限制。如游行示威的许可，烟花爆竹的生产与销售的许可等。

二、治安许可的范围

根据管理部门的不同，治安许可的范围包括户政管理许可、特种行业管理许可、集会游行示威许可、大型活动许可、危险物品许可、管制器具许可、消防管理许可、保安业许可、道路交通管理许可等。

1. 户政管理许可：包括户口变更许可、户口迁移许可等。

2. 特种行业经营许可：包括经营旅馆业、典当业、公章刻制业的许可等。

3. 集会、游行、示威许可：即对公民申请举行集会、游行、示威的许可。

4. 大型活动安全许可：即对申请举办群众性的体育比赛活动、文艺活动、民间传统活动、人才招聘会、现场开奖的彩票销售等活动的许可。

5. 危险物品许可：包括枪支的配备与配置许可，烟火燃放许可、烟花运输许可，剧

① 廖志恒、冯锁柱、陈启主编：《治安勤务教程》，中国人民公安大学出版社 2006 年 3 月版，第 24 页。

毒化学品的购买和运输许可，易制毒化学品进出口许可等。

6. 管制器具许可：包括国家规定的管制器具的制造、运输、销售、使用等许可。

7. 消防安全许可：包括建筑工程消防设计审核和验收、公共娱乐场所消防安全许可等。

8. 道路交通安全许可：包括机动车驾驶许可、机动车延缓报废许可等。

9. 保安业许可：包括保安服务许可和保安培训许可。

10. 出入境管理许可：包括边境管理区通行证核发、边境地区出入境通行证核发、因私出入境中介服务机构资格认定、临时入境许可等。

三、治安许可的实施

（一）治安许可的申请

公民、法人或者其他组织需要取得治安许可从事特定活动的，应当在法定期限内向公安机关提出申请，并对其申请材料实质内容的真实性负责。申请书中应当载明申请人的基本情况和从事该项活动的能力证明，申请许可的内容、理由及从事该项活动的场所、设备等相关证明文件。

（二）治安许可的受理

公安机关应当在办公场所便于公众知晓的位置公布受理治安许可的内设机构名称、地址、联系电话，并将法律、法规、规章规定的有关治安许可的事项、依据、条件、数量、程序、期限以及需要提交的全部材料的目录和申请书示范文本等在办公场所及网站上公示。

公安机关就申请事项是否属于本机关管辖、是否属于需要取得治安许可的事项以及申请材料是否齐全和符合法定形式等内容进行初步审查。受理治安许可申请的，应当出具受理治安许可申请书的凭证，并注明申请事项、办理时限、联系人和受理日期等；依法出具不予受理的决定书的，应当写明理由，告知申请人有申请行政复议或者提起行政诉讼的权利。

（三）治安许可的审查

公安机关对申请进行初步审查，认为符合法定要件予以正式受理以后，便进入对申请的实质审查阶段。对申请的实质审查，是对书面文件所列的从事该项活动的能力、场所、设备等进行调查核实，以确认其实际情况与书面文书所列情况是否一致，是否真正符合治安许可的实质性法定条件。

公安机关对治安许可申请进行审查时，如发现该事项直接关系到他人重大利益或者直接涉及申请人与他人之间重大利益关系的，应当告知利害关系人。

（四）治安许可的决定

公安机关对申请事项审查后，除当场作出治安许可决定外，应当在法定期限内按照程序作出治安许可决定。申请的事项符合法定条件的，公安机关应当依法作出准予治安许可的书面决定；依法作出不予许可的书面决定的，应当说明理由，并告知申请人享有依法申请行政复议或者提起行政诉讼的权利。

在履行治安许可一般程序的过程中，还应贯穿时效、回避、听证、救济、监督检查等制度，以维护公共利益，保障当事人的合法权益。

第三节　治安强制

一、治安强制的概念、特征和类型

（一）治安强制的概念

治安强制，是指公安机关为制止、控制或者预防正在发生或可能发生的危害治安秩序、妨碍治安管理情形，或者为了调查违反治安管理行为而依法对相对人的人身、财产、行为施加的暂时性限制。

（二）治安强制的特征

治安强制是公安机关对公民有关权利的暂时性限制，而不是对公民的处罚。具体地说，治安强制有如下特征：

第一，实施治安强制的主体是公安机关治安管理部门。司法机关、其他行政机关、企事业单位或个人都无权动用治安强制手段。公安机关内部无治安管理权限的部门也无权使用治安强制措施。

第二，治安强制的对象是妨碍或可能妨碍治安管理的障碍，或者是不履行治安义务的相对人，或者是违反治安管理行为所涉及的人、物品或者场所。妨碍治安管理的障碍一般是物，如违禁物品、违法所得、与火灾现场毗连并能导致火势蔓延的建筑物等；妨碍治安管理的障碍也可以是某种行为或者状态，如破坏治安秩序的行为，骚乱状态、治安秩序混乱的状态等。所谓治安义务，是指公民、法人单位和其他社会组织，依照治安管理的法律、法规，在保障公共安全、维护社会治安秩序方面，应承担的必须作为或不作为的法律义务。不履行治安义务的相对人可能是公民个人，也可能是企事业单位或者社会团体等。违反治安管理行为所涉及的人、物品或者场所也有可能成为治安强制的对象，例如，为提取证据而对与违反治安管理行为有关的财物采取扣押措施。

第三，治安强制是公安机关单方面作出的具体行政行为。公安机关适用治安强制时，只需考虑是否为维护社会治安秩序所必须，并不需要征求相对人的意见，治安强制一经作出，相对人必须接受，不得违抗，如果相对人不服治安强制或者认为治安强制侵犯了其合法权益，只能事后通过行政复议程序或者行政诉讼程序获得救济。

第四，适用治安强制具有紧迫性、暂时性。也即在排除妨碍治安管理的障碍或者迫使相对人履行治安义务具有紧迫性时方能动用治安强制手段。例如，在道路上拦截正常行驶的国宾车队的行为，即是治安管理的障碍，尽快排除此障碍以恢复正常的治安秩序具有紧迫性，因而公安机关可以动用强行带离措施将行为人立即带离现场。治安强制给相对人带来的影响应当是暂时性的，例如，公安机关将妨碍治安管理的人强行带离现场只是暂时地限制行为人在现场停留或者活动，而不是永久性地剥夺行为人到同一现场再次活动或者停留的权利。

第五，治安强制以行政权力为基础，以警察强制力量作后盾。实施治安强制时，治安管理部门运用行政权力强迫相对人履行治安义务或者接受治安案件调查，或者强行排除治安管理的障碍，必要时治安管理部门可以动用警械或武力，以实现对人身、财产或者现场的控制。没有警察强制力量作后盾，治安强制无法顺利实施。

第六，治安强制的结果是对相对人权利的限制而不是剥夺。治安强制是对相对人的人身自由权、财产权或行为权施加紧急的、暂时的限制，但并不剥夺上述权利，这是治安强制与治安处罚的本质区别。治安处罚具有惩罚性，它在一定程度上或一定时间内剥夺相对人的人身自由权、财产权或行为权。例如，“强行带离现场”并未剥夺相对人在公共场所自由活动的权利，只是暂时限制相对人在现场停留、强制其离开现场的措施。由于治安强制是对相对人权利施加的紧急的、暂时的限制，因而当治安管理的障碍得以排除或者相对人履行了治安义务后，或者对违反治安管理行为的调查结束之后，治安强制便可解除或者变更；治安处罚则是对某项违法行为最终的评价和处理结论，具有终局意义，处罚执行完毕即是对违法行为处理完毕。

（三）治安强制的类型

从受到限制的当事人权利类型的不同，可以将治安强制分为人身强制、财产强制、行为强制三类。

1. 人身强制

人身强制，即以限制相对人行使人身自由权来达到治安管理目的的治安强制。包括约束，继续盘问，传唤，强行带离，强行遣送，强制检查性病，强制医疗，强制隔离戒毒，以及涉及出入境管理的拘留审查、限制活动范围、遣送出境、不准入境、不准出境等强制措施。

2. 财产强制

财产强制，即以限制相对人行使财产权来达到治安管理目的的治安强制。包括收缴，追缴，扣押，铲除，强制拆除，紧急征用等。

3. 行为强制

行为强制，即以限制相对人的行为权利，迫使相对人必须作为或者不作为来达到治安管理目的的治安强制。例如：取缔是禁止相对人从事某种活动或行为的权利；责令改正是强迫相对人必须行使某些行为以消除治安隐患；交通管制、现场管制、禁止观看比赛等是限制相对人从事某项活动或行为的权利。

二、人身强制

（一）约束

1. 概念

约束是公安机关对醉酒的人或精神病人，在他们危害社会治安，或者可能威胁到自身安全、他人安全或者公共安全时，或者不能保障自身的安全时，所采取的保护性限制和管束措施。

公安机关适用约束有双重目的：一是为维护治安秩序和公共安全，避免醉酒的人或精神病人对他人的人身、财产或者公共安全有威胁；二是为保护被约束人自身的人身安全，例如醉酒的人醉倒在冬夜的街头无人照料而可能受到伤害，因而公安民警应将其带回公安机关进行保护性约束。

2. 适用对象

根据《人民警察法》、《治安管理处罚法》的规定，约束适用于严重危害公共安全或者他人人身安全的精神病人；对他人的人身、财产或者公共安全有威胁的醉酒的人；本人有危险、不能保障自身安全的醉酒的人。

3. 适用地点

约束一般应在公安机关内进行。但是对于公安机关发现的“对本人有危险”的醉酒人，如果其家属、亲友、单位能够将其领回并妥善照料和看管，公安机关也可以在确认身份后将醉酒的人交由他们领回。

4. 约束方法

公安民警适用约束时，应采取能够限制被约束者的人身自由但又不伤害被约束人身体的方法，可以使用专用约束带、警绳或者其他绳索将醉酒人或精神病人的身体固定在安全的地方，防止其发生自伤或者伤害他人的情形。约束时不得使用手铐、脚镣等警械。在约束期限内，公安机关应当安排人员看护，并设法通知被约束人的家属、单位或亲友。被约束人一旦清醒，应立即解除约束。

应当注意的是，对“约束时不得使用手铐、脚镣等警械”的理解不能片面。对于实施了违反治安管理行为的醉酒人以及严重危害公共安全的精神病人，公安民警在对其约束之前，需要首先对他们采取“强行带离”措施将其带至公安机关，然后再采取保护性约束措施。在将他们强行带离现场的过程中，遇有袭击人民警察或者可能脱逃、行凶、自杀、自伤或者有其他危险行为的情形时，公安民警可以依据《人民警察法》及《人民警察使用警械和武器条例》的规定，依法使用警械或武器。将醉酒的人或精神病人带至公安机关并且袭警行为得到控制之后，公安民警开始对其约束之时，不得继续对被约束人使用手铐、脚镣等警械管束被约束者的身体，而应使用专用约束带或其他不至于伤害其身体的绳索或器具进行约束。

（二）强行带离现场

1. 概念

强行带离现场是指为制止、控制或预防危害行为的发生，人民警察依法将正在危害社会治安秩序或者有可能威胁公共安全的人带离现场，以作进一步审查和处理的强制措施。

2. 适用对象

根据《人民警察法》、《治安管理处罚法》、《中华人民共和国戒严法》（以下简称《戒严法》）、《中华人民共和国集会游行示威法》（以下简称《集会游行示威法》）、《大型群众性活动安全管理条例》的规定，强行带离现场适用于正在危害公共场所秩序或者有可能威胁公共安全的人。主要包括以下几种人：

（1）在突发事件现场，经人民警察命令解散、强行驱散后仍继续滞留现场的人员。

（2）越过公安机关设置的警戒线的人员。例如，集会、游行、示威在国家机关、军事机关、广播电台、电视台、外国驻华使馆领馆等单位所在地举行或者经过的，公安机关可以在附近设置临时警戒线，如果参与集会、游行、示威的人员逾越警戒线，公安民警可以将其强行带离。

（3）影响或可能影响大型活动正常进行的人员。

（4）其他严重危害社会治安秩序或者有可能威胁公共安全的人员。例如，公安民警应当将在公共场所煽动闹事的人员，故意堵塞交通的人员，在公共场所或大型活动中携带有危险物品的人员等强行带离现场进一步审查、处理。

3. 适用方法

公安民警适用强行带离现场措施时，可以使用手铐、警绳等械具，但应以“必要”为前提，以“最低伤害”为限度，避免过度使用警械。也就是说，在强行带离现场的过程中，如果不使用警械便可将人安全地带离现场时，则尽量不使用警械；在必要的时候可以使用警械，但要根据被带离人的人身危险程度选择警械，以刚好能够拘束被带离人的身体、将其安全地带离现场为限度，注意不要对被带离人造成不必要的伤害。

4. 对被强行带离现场人员的处理

强行带离现场既不是处罚，也不是一种处理结果，人民警察依法将特定的人带离现场后，应当立即进行审查，一般应在 24 小时审查完毕。经过审查，没有发现其他违法或犯罪行为，不需要追究法律责任的，可以对其批评教育，令其具结悔过后释放；经过调查，认定其违反治安管理行为的，可以依据治安管理处罚程序作出治安管理处罚；经过调查，认为其涉嫌刑事犯罪的，应移交刑事侦查部门进一步侦查。

（三）强行遣送

1. 概念

强行遣送是公安机关对在本人居住地以外的城市发动、组织集会、游行、示威的人，强制其返回原居住地的强制措施。

2. 适用对象

根据《集会游行示威法》的规定，强行遣送的适用对象是在本人居住地以外的城市发动、组织集会、游行、示威的人。“居住地”指的是公民常住户口所在地或者向暂住地户口登记机关办理了暂住登记并持续居住半年以上的地方；“城市”是相对于农村、乡、镇、县而言；“发动、组织”集会、游行、示威即强行遣送的对象仅指集会、游行、示威活动的发动者、组织者，不包括集会、游行、示威活动的一般参与人员。

3. 适用程序

根据《集会游行示威法实施条例》的规定，需要强行遣送回原居住地的，应当由行为地的县级以上人民政府公安机关制作“强行遣送决定书”，并派人民警察执行。负责执行的人民警察应当将被遣送人送回其居住地，连同“强行遣送决定书”交给被遣送人居住地的公安机关，由其居住地公安机关依法处理。

（四）继续盘问

1. 概念

继续盘问，也称为留置、留置盘问，是指公安机关的人民警察对有违法犯罪嫌疑的人员当场盘问、检查后，发现具有法定情形而将其带至公安机关，继续进行盘问的措施。

2. 适用对象

继续盘问适用于经当场盘查，不能排除其违法犯罪嫌疑，且具有下列情形之一的人员：

（1）被害人、证人控告或者指认其有犯罪行为的。

（2）有正在实施违反治安管理或者犯罪行为嫌疑的。

（3）有违反治安管理或者犯罪嫌疑且身份不明的。

（4）携带的物品可能是违反治安管理或者犯罪的赃物的。

根据公安部《公安机关适用继续盘问规定》第9条的规定，对虽涉嫌违反治安管理行为，但其法定最高处罚为警告、罚款或者其他非限制人身自由的行政处罚的，从其住处、工作地点抓获以及其他应当依法直接适用传唤或者拘传的；已经到公安机关投案自首的；明知其所涉案件已经作为治安案件受理或者已经立为刑事案件的；不属于公安机关管辖的案件或者事件当事人的；患有精神病、急性传染病或者其他严重疾病的人员，不适宜继续盘问。

3. 继续盘问的程序

经过当场盘查，对有违法犯罪嫌疑的人员适用继续盘问应当遵循如下程序：

首先，将有违法犯罪嫌疑的人员带回公安机关后，公安民警应当立即制作填写“继续盘问审批表”，报公安派出所所长以上负责人审批。对于不批准继续盘问的，应立即释放被盘查人。

其次，经派出所所长以上负责人批准后，应当填写“继续盘问通知书”，送达被盘问人，并立即通知其家属或者单位。如果因被盘问人身份不明或者没有家属和单位而无法通知的，应当在“继续盘问通知书”上注明，并由被盘问人签名或者捺指印。在继续盘问期间查明身份后，仍应立即通知其家属或者单位。

再次，进行盘问并制作笔录。公安民警应当结合当场盘问、检查的情况继续对有违法犯罪嫌疑的人进行盘问，以证实或者排除其违法犯罪嫌疑。对继续盘问的情况，应当制作“继续盘问笔录”，并载明被盘问人被带至公安机关的具体时间。

最后，根据盘问结果对被盘问人采取不同的处理方式。公安民警对被盘问人继续盘问后，依据不同情形可以对其做出如下几种处理方式：

(1) 终止继续盘问。对于经过继续盘问已经排除违法犯罪嫌疑的，应当终止继续盘问、释放被盘问人。终止继续盘问，应当在“继续盘问登记表”上载明终止继续盘问或者释放的具体时间、原因和处理结果。

(2) 延长继续盘问时间。对于确有必要将继续盘问时限延长至24小时的，公安派出所应当填写“延长继续盘问时限审批表”，报县、市、旗公安局或者城市公安分局的值班负责人审批；确有必要将继续盘问时限从24小时延长至48小时的，公安派出所应当填写“延长继续盘问时限审批表”，报县、市、旗公安局或者城市公安分局的主管负责人审批。

(3) 治安处罚。在继续盘问期间或者延长继续盘问期间，如果公安民警能够认定被盘问人具有违反治安管理行为的，可以依法给予治安处罚。

(4) 变更强制措施。在继续盘问期间或者延长继续盘问期间，对于有证据表明其涉嫌刑事犯罪并应进行刑事侦查的，公安机关可以依法将继续盘问变更为刑事拘留、逮捕等刑事强制措施。

4. 对被盘问人合法权利的保护

适用继续盘问时，公安机关应当依法保护被盘问人的其他合法权利。

第一，被继续盘问的人除人身自由权受到限制外，其人格权、财产权、身体健康权等其他权利均不受侵犯，因而公安民警不得殴打、体罚、虐待、侮辱被盘问人，不得侵占被盘问人的合法财物。

第二，对在继续盘问期间突患疾病或者受伤的被盘问人，公安机关应当立即予以救治，并立即通知其家属或者单位。

第三，应当妥善安排无生活能力的家属。如果发现被盘问人的家属为老年人、残疾人、精神病人、不满 16 周岁的未成年人或者其他没有独立生活能力的人，因公安机关实施继续盘问而使被盘问人的家属无人照顾的，公安机关应当通知其亲友予以照顾或者采取其他适当办法妥善安排，并将安排情况及时告知被盘问人。

第四，对弱势群体进行特殊保护。如果被盘问人是怀孕或者正在哺乳自己不满一周岁婴儿的妇女，或者不满 16 周岁的未成年人，或者已满 70 周岁的老年人，虽然可以适用继续盘问，但必须在带至公安机关之时起的四小时以内盘问完毕，且不得送入候问室。如果对上述人员在晚上 9 点至次日早上 7 点之间释放的，应当通知其家属或者监护人领回；对身份不明或者没有家属和监护人而无法通知的，应当护送至其住地。

（五）传唤

1. 概念

传唤，是公安机关在办理治安案件过程中，要求违反治安管理行为人或者嫌疑人在指定时间到指定地点接受调查的强制措施。指定时间一般是在工作日，指定地点一般是在公安机关内，但公安机关也可以根据调查需要传唤至其他地点，但不宜在公共场所。

2. 适用对象

传唤是为调查违反治安管理行为而采取的强制措施，被传唤人应当按照公安机关限定的时间到指定地点接受调查，若无正当理由不得拒绝或逃避传唤，因而这种强制调查手段只能适用于违反治安管理的行为人或嫌疑人，不适用于违反治安管理行为的被侵害人和证人。

3. 形式及程序

根据《治安管理处罚法》的规定，传唤分为口头传唤和书面传唤两种形式。

口头传唤仅适用于当场发现的违反治安管理的人，适用口头传唤时，执勤民警应当出示工作证件，表明自己的身份，并向违反治安管理的人说明传唤的理由、地点和目的。

书面传唤即使用“传唤证”传唤，适用于所有需要传唤的违反治安管理行为人或嫌疑人。适用书面传唤时，首先，办案人员应填写“传唤证”，并由公安机关办案部门负责人批准。然后，办案人员应当向被传唤人送达“传唤证”。送达时，执行人员应向被传唤人表明人民警察身份；出示并向被传唤人宣读“传唤证”；告知被传唤人传唤的原因和依据；并要求被传唤人在“传唤证”回执上签名并注明收到时间。

4. 适用方法

公安机关适用口头传唤或者书面传唤，均要求被传唤人自动到指定地点接受调查，一般不对被传唤人使用强制手段。但是，无论是口头传唤还是书面传唤，若被传唤人无正当理由不接受传唤或者逃避传唤的，公安机关可以使用强制的方法将被传唤人强制到指定地点接受调查。强制的方法以能将被传唤人带到公安机关为限度，必需使用手铐等械具时，须经公安机关办案部门负责人批准；运用强制方法进行传唤时，应注意不得侮辱、伤害被传唤人。

5. 被传唤人人身受限的程度

被传唤人按指定时间到达公安机关指定的地点后，公安机关应当及时询问查证，询问查证的时间不得超过 8 小时；情况复杂，依法可能适用行政拘留处罚的，询问查证的时间不得超过 24 小时。公安机关应当及时将传唤的原因和处所通知被传唤人家属。

（六）强制检查性病

1. 概念

强制检查性病，是公安机关对查获的卖淫、嫖娼人员，强制对其进行性病检查的措施。

卖淫嫖娼人员是性病传播的高危人群，对这些人强制进行性病检查、治疗，是控制性病蔓延、保障人民群众健康、维护社会治安秩序的一项重要措施。此外，通过性病检查的结果可以对卖淫、嫖娼人员的违法行为做进一步的认定，查清是否明知自己患有性病而卖淫、嫖娼，为认定卖淫、嫖娼人员是否构成犯罪行为提供证据。

2. 适用对象

根据《全国人大常委会关于严禁卖淫嫖娼的决定》的规定，强制检查性病的适用对象仅限于公安机关查获的卖淫、嫖娼人员，公安机关无权对所有怀疑有性病的人员进行强制检查。因此，有卖淫、嫖娼行为并且被公安机关查获，是适用强制检查性病的前提。

3. 适用方法

由于公安机关不具备检查性病的技术条件，性病检查必须由专门的医疗部门进行，公安机关应将卖淫、嫖娼人员强行带至专门的医疗机构由医护人员对其进行性病检查。根据卫生部、公安部《关于对卖淫嫖娼人员强制进行性病检查治疗有关问题的通知》中的规定，公安机关适用强制检查性病措施时，可以采取以下两种方法：（1）公安民警可以将被检人员带到性病监测门诊（或者是有皮肤性病科的公立医院）检查，卫生部门医护人员应当做到随到随查。（2）对于一次查获多名卖淫、嫖娼人员的，公安机关可以通知卫生部门立即到公安机关临时羁押卖淫、嫖娼人员的场所对他们检查性病。

对卖淫嫖娼人员强制性病检查的费用，应由本人或家属负担，公安机关可以从卖淫嫖娼人员被扣押的财物中预留或先行扣除必要的性病检查治疗费用。

4. 强制检查性病引起的后果

对卖淫、嫖娼人员强制检查性病的目的是查明他们是否患有性病。经检查没有患性病的，公安机关可以对卖淫、嫖娼人员决定治安管理处罚。经检查卖淫、嫖娼人员患有性病的，公安机关应继续调查其是否“明知自己患有性病”。如果卖淫、嫖娼人员明知自己患有性病而卖淫、嫖娼的，根据《中华人民共和国刑法》第 360 条的规定，追究其刑事责任；经调查，卖淫、嫖娼人员确实不知自己已患性病而卖淫、嫖娼的，应给予治安管理处罚，并对其采取强制治疗措施。

（七）强制医疗

1. 概念

强制医疗，是公安机关对严重危害公共安全或他人人身安全的精神病人，强制其在专门处所接受医治和监护的强制措施。

精神病人实施危害行为与正常人犯罪不同，由于精神病人不能辨认和控制自己的危害行为，在主观上既没有犯罪故意也不存在过失，因而精神病人实施的危害行为不能构成法律上的犯罪行为，也不能成为承担法律责任的主体。若精神病人实施的危害行为给社会造成了严重危害后果，严重影响着社会治安秩序，为避免精神病人继续严重危害公共安全或他人人身安全，我国刑法和人民警察法赋予公安机关采取强制医疗措施的权力。

2. 适用对象

根据《人民警察法》的规定，强制医疗的适用对象是严重危害公共安全或者他人人身安全的精神病人。主要是指有杀人、放火、强奸、爆炸行为的精神病人；严重扰乱办公、生产、工作秩序的精神病人；严重扰乱公共秩序、交通秩序的精神病人；当众出丑、有伤风化的精神病人，影响社会安定、造成严重后果的精神病人。

3. 适用程序

对精神病人的强制医疗首先要经过精神病司法鉴定程序，即由公安机关、民政部门或家属向省、自治区、直辖市、地区、地级市的精神病司法鉴定委员会提出精神病司法鉴定的申请，司法鉴定委员会组织技术鉴定组对被鉴定人进行鉴定，鉴定结束后，制作鉴定书。

然后，对经鉴定是精神病人、需要强制医疗和监护的，应当报请县级以上人民政府公安机关批准。

最后，经县级以上人民政府公安机关批准决定强制医疗的，公安民警方可将严重危害公共安全或他人人身安全的精神病人送往精神病管治院强制医疗，并及时通知精神病人的监护人。

（八）强制隔离戒毒

1. 概念

强制隔离戒毒是指公安机关对吸食、注射毒品成瘾且不适合社区戒毒的人员，强制其在专门的隔离戒毒场所接受治疗以戒除毒瘾的措施。

2. 适用对象

根据《中华人民共和国禁毒法》的规定，强制隔离戒毒仅适用于吸食、注射毒品成瘾且不适宜社区戒毒的人员。

判断是否应当对吸毒人员适用强制隔离戒毒措施，应当首先认定吸毒人员是否吸毒成瘾。未吸毒或者虽有吸食、注射毒品行为但尚未成瘾癖的人，不能适用强制隔离戒毒。根据《吸毒成瘾认定办法》（公安部2011年1月31日发布，2011年4月1日起施行，2016年修订）的规定，吸毒人员同时具备以下情形的，公安机关认定其吸毒成瘾：（1）经人体生物样本检测证明其体内含有毒品成份；（2）有证据证明其有使用毒品行为；（3）有戒断症状或者有证据证明吸毒史，包括曾经因使用毒品被公安机关查处或者曾经进行自愿戒毒等情形。

经认定，吸毒人员吸毒成瘾的，还需再判断其是否适宜社区戒毒。根据《禁毒法》第38条的规定，吸毒成瘾但不适宜社区戒毒的人员，包括以下两种类型：一是吸毒成瘾但拒绝接受社区戒毒的，或在社区戒毒期间吸食、注射毒品的，或严重违反社区戒毒协议的，或经社区戒毒、强制隔离戒毒后再次吸食、注射毒品的；二是吸毒成瘾严重，公安机关认为通过社区戒毒难以戒除毒瘾的人员。具体来说，吸毒成瘾人员具有下列情形之一的，公安机关认定其吸毒成瘾严重：（1）曾经被责令社区戒毒、强制隔离戒毒（含《禁毒法》实施以前被强制戒毒或者劳教戒毒）、社区康复或者参加过戒毒药物维持治疗，再次吸食、注射毒品的；（2）有证据证明其采取注射方式使用毒品或者多次使用两类以上毒品的；（3）有证据证明其使用毒品后伴有聚众淫乱、自伤自残或者暴力侵犯他人人身、财产安全等行为的。

公安机关适用强制隔离戒毒措施，应履行如下程序：

第一，对需要强制隔离戒毒的人员，由县级以上人民政府公安机关决定，并制作“强制隔离戒毒决定书”，强制隔离戒毒的期限为二年。

第二，公安机关应当将“强制隔离戒毒决定书”在执行强制隔离戒毒前送达被决定人，并在送达后二十四小时以内通知被决定人的家属、所在单位和户籍所在地公安派出所；被决定人不讲真实姓名、住址，身份不明的，公安机关应当自查清其身份后通知。被决定人对公安机关作出的强制隔离戒毒决定不服的，可以依法申请行政复议或者提起行政诉讼。

第三，执行强制隔离戒毒一年后，经诊断评估，对于戒毒情况良好的戒毒人员，强制隔离戒毒场所可以提出提前解除强制隔离戒毒的意见，报强制隔离戒毒的决定机关批准；强制隔离戒毒期满前，经诊断评估，对于需要延长戒毒期限的戒毒人员，由强制隔离戒毒场所提出延长戒毒期限的意见，报强制隔离戒毒的决定机关批准。强制隔离戒毒的期限最长可以延长一年。

第四，对于被解除强制隔离戒毒的人员，强制隔离戒毒的决定机关可以责令其接受不超过三年的社区康复。

（九）涉及出入境管理的人身强制措施

根据《中华人民共和国出境入境管理法》的规定，涉及外国人和出入境管理的强制措施包括拘留审查、限制活动范围、不准入境、遣送出境、不准出境五种。

1. 拘留审查

拘留审查，是我国公安机关对涉嫌违反出入境管理的外国人，经当场盘问或者继续盘问后仍不能排除嫌疑，需要作进一步调查的，依法将其羁押于拘留场所继续予以审查的强制措施。

外国人涉嫌以下违反出入境管理行为时，公安机关可以经当场盘问或者继续盘问后依法适用拘留审查：一是有非法入境出境嫌疑的；二是有协助他人非法入境出境嫌疑的；三是有非法居留、非法就业嫌疑的；四是有危害国家安全和利益，破坏社会公共秩序或者从事其他违法犯罪活动嫌疑的。

公安机关对外国人实施拘留审查时，应当出示拘留审查决定书，并在二十四小时内进行询问。发现不应当拘留审查的，应当立即解除拘留审查。拘留审查的期限不得超过三十日；案情复杂的，经上一级地方人民政府公安机关或者出入境边防检查机关批准可以延长至六十日。对国籍、身份不明的外国人，拘留审查期限自查清其国籍、身份之日起计算。

2. 限制活动范围

限制活动范围，是我国公安机关对涉嫌违反出入境管理的外国人，经当场盘问或者继续盘问后仍不能排除嫌疑，需要作进一步调查但又不能适用拘留审查时，所采取的一定期限内禁止其离开限定区域的强制措施。

外国人具有下列情形之一时，不适用拘留审查：一是患有严重疾病的；二是怀孕或者哺乳自己不满一周岁婴儿的；三是未满十六周岁或者已满七十周岁的；四是不宜适用拘留审查的其他情形。

被限制活动范围的外国人，应当按照要求接受审查，未经公安机关批准，不得离开限定的区域。限制活动范围的期限不得超过六十日。对国籍、身份不明的外国人，限制活动范围期限自查清其国籍、身份之日起计算。

3. 不准入境

不准入境，是我国公安机关出入境管理部门针对具有特定情形的外国人所采取的禁止其进入中国国境的强制措施。

不准入境措施适用于具有以下情形的外国人：一是未持有效出境入境证件或者拒绝、逃避接受边防检查的；二是入境后可能从事与签证种类不符的活动的；三是被处驱逐出境或者被决定遣送出境，未满不准入境规定年限的；四是患有严重精神障碍、传染性肺结核病或者有可能对公共卫生造成重大危害的其他传染病的；五是可能危害中国国家安全和利益、破坏社会公共秩序或者从事其他违法犯罪活动的；六是在申请签证过程中弄虚作假或者不能保障在中国境内期间所需费用的；七是法律、行政法规规定不准入境的其他情形。

对不准入境的，出入境边防检查机关可以不说明理由。对未被准许入境的外国人，出入境边防检查机关应当责令其返回；对拒不返回的，强制其返回。外国人等待返回期间，不得离开限定的区域。

4. 遣送出境

遣送出境，是我国公安机关将不符合居留条件的外国人或其他境外人员强行送离我国国境的强制措施。

与其他拘留审查、限制活动范围、不准入境措施不同的是，遣送出境除适用于外国人外，还适用于其他境外人员，如华侨以及香港、澳门、台湾地区的中国公民。根据《中华人民共和国出境入境管理法》第 62 条的规定，外国人或其他境外人员具有以下情形之一时，公安机关可以采用遣送出境措施：一是被处限期出境，未在规定期限内离境的；二是有不准入境情形的；三是非法居留、非法就业的；四是违反《外国人入境出境管理法》或者其他法律、行政法规需要遣送出境的。

遣送出境决定应由县级以上人民政府公安机关作出，但在公安机关作出决定前，应当报上一级人民政府公安机关批准，遣送出境的执行由县级以上人民政府公安机关或者出入境边防检查机关实施。

5. 不准出境

不准出境，是指公安机关对在中国境内有违法犯罪行为尚未了结的民事、刑事案件的外国人或者中国公民，在一定时间限制其出境的强制措施。

公安机关出入境管理部门对有下列情形之一的中国公民，可以不准其出境：一是未持有效出境入境证件或者拒绝、逃避接受边防检查的；二是被判处刑罚尚未执行完毕或者属于刑事案件被告人、犯罪嫌疑人的；三是有未了结的民事案件，人民法院决定不准出境的；四是因妨害国（边）境管理受到刑事处罚或者因非法出境、非法居留、非法就业被其他国家或者地区遣返，未满不准出境规定年限的；五是可能危害国家安全和利益，国务院有关主管部门决定不准出境的；六是法律、行政法规规定不准出境的其他情形。

公安机关出入境管理部门对有下列情形之一外国人的，可以不准其出境：一是被判处刑罚尚未执行完毕或者属于刑事案件被告人、犯罪嫌疑人的，但是按照中国与外国签订的有关协议，移管被判刑人的除外；二是有未了结的民事案件，人民法院决定不准出境的；三是拖欠劳动者的劳动报酬，经国务院有关部门或者省、自治区、直辖市人民政府决定不准出境的；四是法律、行政法规规定不准出境的其他情形。

三、财产强制

（一）收缴、追缴

1. 概念

收缴，是指公安机关对发现的危害社会治安的物品以及直接用于实施违反治安管理行为的本人所有的工具强行予以缴获，并依法予以处理的强制措施。追缴，是指公安机关对已经被行为人转移的违反治安管理所得的财物强行追回并予以收缴的措施。

收缴是公安机关针对在现场查获的违法物品；而追缴针对的是在查获违反治安管理行为时，违反治安管理所得的财物已经被违法者转移的情形，因而公安机关需要先行向违法者追回违法所得，然后予以收缴，故称为追缴。

2. 适用对象

根据《治安管理处罚法》的规定，收缴的适用对象是：（1）毒品、淫秽物品、管制刀具、易燃易爆危险品等违禁品；（2）赌具、赌资；（3）吸食、注射毒品的用具；（4）伪造、变造的公文、证件、证明文件、票证、印章等；（5）倒卖的有价票证；（6）在公共场所用于非法宣传、煽动的工具、标语、传单等物品；（7）直接用于实施违反治安管理行为的本人所有的工具。其中，对于第一至第六种物品，公安机关可以不问其来源当场立即收缴非法物品，但违禁品系科研、医疗或教学单位出于工作需要而依法保存、使用的除外。对于违反治安管理的工具，必须是直接用于实施违反治安管理行为的工具，公安机关方可予以收缴。例如，甲驾驶汽车并携带木棒到乙住的宿舍楼前，用木棒将乙殴打致轻微伤，直接用于实施违反治安管理行为的工具是木棒而不是汽车，公安机关只能收缴木棒不应收缴汽车。违反治安管理行为的工具还必须是本人所有的，如果有证据表明属于他人合法所有，则应当对违法工具调查取证后归还合法持有人。

追缴适用于已经被转移的违反治安管理所得的财物。例如，窃贼将盗窃得来的财物已经挥霍掉，公安机关向窃贼追缴相当于失窃财物价值的钱款。

3. 适用程序

适用收缴、追缴均应由县级以上公安机关决定并制作相应的法律文书。但是，违禁品，吸食、注射毒品的器具以及非法财物价值在500元以下且当事人对财物价值无异议的，公安派出所可以收缴；追缴违法所得的财物应当退还被侵害人的，公安派出所可以追缴。

4. 对收缴、追缴财物的处理

公安机关对收缴和追缴的财物，经原决定机关负责人批准，按照下列规定分别处理：（1）属于被侵害人或者善意第三人的合法财物，应当及时返还；（2）没有被侵害人的，登记造册，按照规定上缴国库或者依法变卖或者拍卖后，将所得款项上缴国库；（3）违禁品、没有价值的物品，或者价值轻微，无法变卖或者拍卖的物品，统一登记造册后予以销毁；（4）对无法变卖或者拍卖的危险物品，由县级以上公安机关主管部门组织销毁或者交有关厂家回收。

（二）扣押

1. 概念

作为治安强制措施的扣押，是指公安机关治安管理部门为查处违反治安管理行为，将需要作为证据的物品暂时收至公安机关，待取证完毕再予返还的强制措施。除治安管理部门拥有对财物的扣押权外，人民法院、人民检察院、海关、公安机关刑事侦查部门等不同部门在其职务活动中，可以对相关物品采取扣押措施。但是，不同主体实施的扣押的性质和程序均有所不同。

扣押的目的不是剥夺当事人对其财物的所有权，而是出于查明案件、调查取证的需要，暂时限制公民使用其财物，待查明案情后，再将扣押的物品返还给当事人，对所扣押物品依法应予收缴的，应履行收缴程序予以收缴。

2. 适用对象

根据《治安管理处罚法》的规定，扣押适用于与查处治安案件有关的需要作为证据的物品。与案件有关的需要作为证据的物品通常包括：被怀疑是违法所得的财物；用于实施违法行为的工具和物品；行为人持有的物品被怀疑是违禁品的；能够证明行为人违法或者不违法的物品等。但是，对被侵害人或者善意第三人合法占有的财产，不得扣押，而是应当予以登记。例如，在网吧管理人员不知情的情况下，上网人员利用网吧的某台电脑制作并传播计算机病毒，侵入某单位计算机信息系统造成危害的，公安机关不应扣押网吧的电脑，而是应当对这台电脑予以登记，并提取电脑上存留的信息作为证据作用。

3. 适用程序

第一，对扣押的物品，公安民警应当会同在场见证人和被扣押物品持有人查点清楚，当场开列清单，由调查人员、见证人和持有人签名或者盖章，并交给持有人一份。

第二，公安民警应当在扣押后的 12 小时内向所属公安机关办案部门或者公安派出所负责人报告；公安机关办案部门或者公安派出所负责人认为不宜扣押的，应当立即解除扣押。

第三，扣押期限不得超过 30 日，解除扣押时，公安机关应将所扣押的物品返还给被扣押物品持有人。对于案情重大、复杂的，经公安机关负责人批准可以延长至60 日；法律、法规另有规定的除外。逾期不作出处理决定的，公安机关应当将被扣押物品退还当事人。对扣押物品需要进行鉴定、检测、检验的，鉴定、检测、检验期间不计入扣押期间，但应当将鉴定、检测、检验时间告知当事人。

4. 对扣押财物的处理

对于扣押的物品，应当妥善保管，不得挪用、调换或者损毁。对容易腐烂变质及其他不易保管的物品，经公安机关负责人批准，在拍照或者录像后变卖或者拍卖，变卖或者拍卖的价款暂予保存，待结案后按有关规定处理。

对不宜长期保存的物品，按照有关规定处理。经查明与案件无关的，应当及时退还；经核实属于他人合法财产的，应当登记后立即退还；满六个月无人对该财产主张权利或者无法查清权利人的，应当公开拍卖或者按照国家有关规定处理，所得款项上缴国库。

（三）强制拆除

1. 概念

强制拆除，是指公安机关在交通管理和消防管理过程中，对违法的附着物或者可能导致火灾蔓延的建筑物、构筑物强行予以拆除的措施。

2. 适用对象

根据《中华人民共和国道路交通安全法》（以下简称《道路交通安全法》）和《中华人民共和国消防法》（以下简称《消防法》）的规定，强制拆除适用于以下三种情形：（1）机动车上非法安装警报器、标志灯具的；(2) 埋压、圈占消火栓或者占用消防间距、堵塞消防通道的物体、逾期不恢复原状的；(3) 在火灾现场有可能导致火灾蔓延的毗邻火场的建筑物、构筑物。

(四) 紧急征用

1. 概念

根据有关法律的规定，人民政府、军队、武装警察、公安机关均有权在紧急情况下征用其他单位或者公民个人的物资或场地。作为治安强制措施的紧急征用，是指公安机关及其人民警察在实施戒严或者侦查犯罪的紧急情况下，临时征用非警用物资或场地的措施。

2. 适用要求

紧急征用的财物包括单位或者公民个人的房屋、场所、设施、运输工具、工程机械、交通工具、通信工具等。

根据《戒严法》、《人民警察法》的有关规定，公安机关及其人民警察在实施戒严命令时或者在侦查犯罪的紧急需要时，可以采用紧急征用措施。

(1) 公安机关在实施戒严命令时适用紧急征用应遵循如下规定：

第一，必须由执行戒严任务的人民警察的现场指挥员决定适用紧急征用措施。

第二，指挥员有权决定征用机关、团体、企业事业组织以及公民个人的房屋、场所、设施、运输工具、工程机械等。

第三，实施紧急征用应当给被征用者开具征用单据。在征用单据上向征用单位或个人说明征用事由、项目、数量、时间以及其他要求。

第四，征用物在使用完毕或者戒严解除后应当及时归还，因征用造成损坏的，由戒严地的县级以上人民政府按照国家有关规定给予相应补偿。

(2) 公安机关的人民警察在侦查犯罪时，采用紧急征用应遵循如下要求：

第一，必须是在侦查犯罪的紧急情况下。紧急征用措施是法律赋予公安民警在侦查犯罪的紧急情况下行使的一项特殊权力，该权力受到法定情形、使用条件等方面的限制，在进行日常治安管理、案件调查过程中公安民警不能随意使用这项权力。

第二，公安民警可以直接实施紧急征用，无需向上级部门请示或者履行批准手续。

第三，征用物的范围是机关、团体、企业事业组织以及公民个人的交通工具、通信工具、场地和建筑物。

第四，公安民警使用完征用物后应当及时归还，并支付适当费用，造成损失的，公安机关还应当赔偿损失。

四、行为强制

(一) 禁止观看比赛

1. 概念

禁止观看比赛，是指公安机关对因扰乱体育比赛秩序被处以行政拘留处罚的人，责令其在一定期限内不得进入体育场馆观看同类比赛的强制措施。此项强制措施是《治安管理处罚法》为处理球迷闹事问题，借鉴国外处理足球流氓的做法而设定的。“一定期限”是指12个月；“同类比赛”是指与采取该项强制措施时行为人所观看比赛相同种类的体育比赛，例如，因扰乱足球比赛只能被禁止观看足球比赛，而不能被禁止观看篮球比赛；此外，禁止观看比赛仅限于禁止行为人进入体育场馆观看比赛，并不禁止行为人以其他方式观看比赛。

2. 适用对象

根据《治安管理处罚法》的规定，禁止观看比赛适用于因扰乱体育比赛秩序被处以行政拘留处罚的人。扰乱体育比赛秩序行为主要包括强行进入体育比赛场内的行为，在比赛场内燃放烟花爆竹或者其他物品的行为，展示侮辱性标语、条幅等物品的行为，围攻裁判员、运动员或者其他工作人员的行为，向场内投掷杂物，不听制止的行为，以及扰乱体育比赛秩序的其他行为。但是，如果因扰乱体育比赛秩序只受到警告或罚款处罚的，不能适用禁止观看比赛的措施。

3. 注意问题

适用禁止观看比赛措施，应由公安机关在作出行政拘留的《治安管理处罚决定书》上，同时作出禁止观看比赛的决定，而不能待作出治安管理处罚一段时间后再施以该强制措施。

目前在实践中执行该项强制措施存在一定困难，本书认为，该项措施的有效执行还须建立以下配套制度：一是建立治安案件违法人员档案，详细记录违法人员所受的处罚及采取的强制措施，并且全国联网；二是对进入体育场馆观看比赛的观众除核查入场票之外，还应查验汇集了持证人身份信息及违法犯罪信息的证件；三是体育场馆配备电子识别身份系统，并且能够识别观众持有的汇集了身份信息及违法犯罪信息的证件。

（二）责令改正

1. 概念

责令改正，是指公安机关发现治安隐患时，对负有责任的人员进行批评教育，责令其立即改正或者在一定期限内消除隐患、改正错误的强制措施。所谓“治安隐患”，即有发生火灾、挤压伤亡事故、翻沉船事故、爆炸事故、放射性物品泄漏事故等治安灾害事故或违法犯罪活动的可能。例如，有的娱乐场所有滋生或容纳社会丑恶现象的隐患，有的单位有发生火灾的隐患，这些隐患应当被改正和消除。

2. 适用对象

根据《消防法》、《民用爆炸物品安全管理条例》的规定，责令改正适用于存在治安隐患的个人或者单位；对于单位存在治安隐患的，公安民警应当对其经营管理人员进行批评教育，责令经营管理人员予以改正。例如，对存在火灾隐患的场所、设施或者部位，可以责令其所属的单位或者个人限期改正；对民用爆炸物品未按照规定作出标识、进行交易、登记、备案等情形，公安机关可以限期改正。

3. 适用方式

责令改正的适用方式包括口头和书面两种方式。口头责令改正适用于治安隐患较小，可以当场立即改正和消除的情形；如果治安隐患较为严重，或者当场不能立即消除治安隐患的，公安机关可以以书面形式向责任人下达“限期改正通知书”，促使责任人在限定的期限内消除治安隐患、改正错误。

（三）取缔

1. 概念

取缔，是指公安机关对未依法取得公安机关或其他部门的许可，擅自经营特种行业或娱乐场所，擅自举办大型群众性活动的单位或个人所采取的勒令停止营业，取消或禁止活动的措施。

2. 适用对象

取缔适用于擅自经营需要由公安机关许可的特种行业，公安机关在查办案件中发现的擅自经营需要由工商和文化部门许可的娱乐场所，以及擅自举办需要由公安机关安全许可的大型群众性活动。

按照国家规定需要由公安机关许可的特种行业，是指按照有关法律、行政法规和国务院决定的有关规定，需要由公安机关许可的旅馆业、典当业和公章刻制业。需要由公安机关安全许可的大型群众性活动，是指根据《大型群众性活动安全管理条例》的规定，法人或者其他组织面向社会公众举办的每场次预计参加人数达到1 000人以上的体育比赛、演唱会、音乐会、展览、展销、游园、灯会、庙会、花会、焰火晚会、人才招聘会、现场开奖的彩票销售等活动。

3. 适用程序

公安机关取缔擅自从事的经营活动时，可以采取在经营场所张贴公告等方式予以公告，责令被取缔者立即停止非法经营活动；有违法所得的，依法予以没收或者追缴。拒不停止非法经营活动的，公安机关可以依法没收或者收缴其专门用于从事非法经营活动的工具、设备。已经取得营业执照的，公安机关应当通知市场监督管理部门依法撤销其营业执照。

公安机关取缔擅自进行的大型群众性活动时，可以命令大型群众性活动的组织者停止活动、解散队伍，并对活动承办者依《大型群众性活动安全管理条例》的规定予以处罚。

（四）强行驱散

1. 概念

强行驱散，是指公安机关对在严重危害社会治安秩序的突发事件现场拒不离去的人员，运用必要的警察手段迫使其离开现场的措施。

2. 适用对象

根据《人民警察法》、《集会游行示威法》的规定，强行驱散适用于在严重危害社会治安秩序的突发事件现场经公安机关劝导或者命令解散拒不离开现场的人员。公安机关在适用强行驱散措施之前，通常先采取其他方法命令相关人员离开现场。例如，在非法集会、游行、示威活动现场，公安机关有权命令组织者解散队伍或者公安机关直接发布解散命令，要求参与集会、游行、示威的人员在限定时间内离开现场。如果仍有一部分人拒不服从解散命令、拒不离开现场，并且现场秩序已经受到严重破坏的，公安机关可以采取强制手段强行驱散现场滞留的人员。

3. 适用程序

强行驱散应由公安机关负责处置突发事件的现场指挥员作出决定，由公安民警具体实施，无需书面批准或请示程序。必要时，公安机关可以依法调动武装警察部队协助实施强行驱散。

4. 实施方式

公安机关实施强行驱散时，应当根据危害行为的严重程度采取必要的警察手段。“必要”的警察手段是指公安机关动用警力和警械时应当以必要为前提，如果不用警械也可以达到强行驱散目的的，则不必动用警械，如果用伤害程度轻的警械可以达到强行驱散的目的，则不必动用伤害程度重的警械。例如，可以调动警察防暴队通过防暴阵形强行将现场人员冲散，也可以使用警棍、盾牌对滞留现场的人员予以驱赶，遇有拒绝离去并且实施严重的暴力破坏社会秩序行为时，公安机关还可以使用高压水枪、催泪弹等驱逐性警械予以驱散。但是，催泪弹、高压水枪等威力大、冲击面广、暴力性强的警械，应是强行驱散所能使用的最后的手段，只能在现场危害行为非常严重，而其他警械不足以强行驱散的情况下使用。

（五）交通管制

1. 概念

我国的交通管制有空中交通管制、陆地交通管制和水上交通管制三种。我国是实行空中交通管制的国家，空中交通管制由国务院、中央军事委员会空中交通管制委员会领导，空中交通管制委员会的具体工作由总参谋部承担。陆地和水面的交通，以保持安全、畅通为主，一般情况下不实行交通管制，但在特殊情况下，人民政府或者公安机关有权决定陆地和水面的交通管制。

作为治安强制措施的交通管制，是指为预防和制止严重危害社会治安秩序的行为，或者在突发事件中为保障公共安全，公安机关对陆地或水上交通沿线或区域在一定时间内禁止人员或者交通工具通行或停留的强制措施。"突发事件"是指突然发生，造成或者可能造成重大人员伤亡、财产损失、生态环境破坏和严重社会危害，危及公共安全的紧急事件。突发事件包括自然灾害、事故灾难、公共卫生事件和社会安全事件。

2. 适用条件

根据《人民警察法》、《道路交通安全法》的规定，公安机关在以下情形时可以采取交通管制措施：（1）在维护社会治安过程中为预防和制止严重危害社会治安秩序行为时。例如公安机关追捕、堵截严重暴力犯罪嫌疑人时，可以在追捕、堵截涉及的交通沿线及区域采取交通管制措施。（2）遇有自然灾害、恶劣气象条件或者重大交通事故等严重影响交通安全的情形，采取其他措施难以保证交通安全时，公安机关交通管理部门可以实行交通管制。

3. 实施方式

公安机关发布交通管制令可以采用口头和书面公告两种不同方式：一种是为制止正在发生的严重危害社会的行为或者在突发事件现场，负责现场处置的指挥员口头宣布交通管制令，由维持现场秩序的公安民警立即执行。另一种是由县级以上公安机关决定，公开发布交通管制的通告、通知，并组织公安民警执行交通管制令。如果交通管制涉及的区域较大，公安机关可以通过广播、电视、报纸、网络等媒介公开发布交通管制的通告、通知，明确交通管制的具体时间、路线、所限制的内容等；如果交通管制涉及的路线较少，则可以在实行交通管制路线的起始处明示交通管制通告，并派警员在交通管制的起点、终点及各主要路口处执行交通管制命令，维持管制区域的秩序。

公安机关实施交通管制时，可以采取禁止通行或者禁止停留的方式。禁止通行，即除有特殊通行证件的人员和交通工具准许进、出管制区域外，禁止其他人员和交通工具进、出管制区域。禁止停留，即允许交通工具通过交通管制区但禁止其在管制区内停靠、停留。

公安机关应当派民警在交通管制的起点、终点及各主要路口处执行交通管制命令，维持管制路线的交通秩序。如果交通管制令要求在受管制路线上禁止通行的，公安民警有权拦截过往的交通工具和人员，并劝导他们绕行其他路线；如果交通管制令要求在受管制路线上禁止停留的，则公安民警应当在管制线路上巡逻查看，对欲停留的人员或交通工具予以劝阻，不听劝阻的，可以强行带离现场。

（六）现场管制

1. 概念

现场管制，是指公安机关在严重危害社会治安秩序的突发事件现场划定一定区域进行警戒和控制，限制或者禁止人员进出警戒区域的强制措施。

无论是发生自然灾害、灾难事故，还是公共卫生事件、社会安全事件，需要相关部门到现场予以救援、救治、调查等现场处置工作，公安机关在现场处置工作中负有维护现场秩序、控制事态、打击违法犯罪活动的责任，保障救援、救治和调查、处置工作顺利开展。然而，发生突发事件后，往往现场人员嘈杂、秩序混乱，如果不采取措施对出入现场的人员加以控制，不仅不利于救援、救治和调查、处置工作，还容易滋生更多的不安全或不安定因素，因而公安机关有必要在现场周边划定一定范围为警戒区域，控制人员和车辆进出警戒区域。

2. 适用条件

根据《人民警察法》的规定，现场管制措施适用于发生严重危害社会治安秩序的突发事件的现场，公安机关可以根据需要在现场周边一定范围划定警戒区域。

3. 适用程序

县级以上人民政府公安机关，经上级公安机关和同级人民政府批准，可以根据情况决定并实施现场管制。目前我国没有明确规定作出现场管制决定应采取何种形式。本书认为，若非紧急情形下，现场管制一般应采取书面形式，经上级公安机关和同级人民政府以书面形式批准后，由公安机关发布书面现场管制令并负责实施现场管制措施，但在紧急情况下公安机关可以先电话请示上级公安机关和同级人民政府批准，然后立即组织实施现场管制措施，在事后立即补办有关批准的手续。

4. 管制方式

公安机关实施现场管制，可以根据现场情况依法采取下列具体措施：（1）封闭现场和相关地区，未经检查批准，任何人不得进入；（2）设置警械带，划定警械区域；（3）实行区域性交通管制；（4）守护重点目标；（5）查验现场人员身份证件，检查嫌疑人员随身携带的物品。

5. 与交通管制的区别

现场管制与交通管制的名称相似，在实施方式上也有相似之处，两者极易发生混淆。但是，两者是有区别的。首先，两者的区别是“线”和“面”的区别。交通管制是针对公共道路、水域等交通沿线实行管制；现场管制是针对事故或事件的现场，在现场周边一定范围内实行管制，通常这个现场内不涉及交通路线的问题，但如果这个现场范围较大，则可能会包含一条或若干条交通路线，因而包含了交通管制的内容。其次，交通管制除了适用于制止严重危害社会治安秩序的行为，还适用于预防危害社会治安秩序的情形；而适用现场管制必须是已经发生了突发事件。最后，适用交通管制的程序方面，公安机关可以直接口头或者书面方式决定交通管制；而现场管制必须由县级以上公安机关报请上级公安机关和同级人民政府批准后方可实施。

第四节 治安处罚

一、治安处罚的概念及依据

治安处罚，即由公安机关实施的行政处罚，是指公安机关对违反治安管理行为予以否定评价和惩罚，依法在一定程度上剥夺或限制违反治安管理行为人的人身自由、名誉、财产或行为权利的行政处罚。行政拘留处罚是在拘留期限内剥夺违法者的人身自由权利，警告处罚是对违法者名誉权施加负面影响，罚款、没收处罚是剥夺违法者一定数额的财产权利，暂扣驾驶证是在一定期限内剥夺违法者驾驶机动车辆的行为权利。

治安处罚的依据是治安管理的法律、法规和规章，不仅包括《治安管理处罚法》这部专门设定违反治安管理行为及其处罚的法律，还包括规定了公安机关实施行政处罚内容的其他法律、法规和规章，如《道路交通安全法》、《全国人民代表大会常务委员会关于严禁卖淫嫖娼的决定》、《集会游行示威法》、《娱乐场所管理条例》、《大型群众性活动安全管理条例》、《旅馆业治安管理办法》、《典当管理办法》，等等。

二、治安处罚与治安强制的关系

治安处罚与治安强制都对当事人的权利施加一定的影响，但是，由于治安强制与治安处罚应当有如下的区别：

第一，两者的适用目的和作用不同。治安强制的目的在于迫使相对人履行义务或者排除治安管理的障碍，或者为了调查违法行为，因而公安机关是在迫不得已的情况下才使用的，但是，在适用治安强制措施之后，只要相对人履行了应当履行的义务或者治安管理的障碍被排除，即达到了治安强制的目的，可以停止使用治安强制；而治安处罚的目的在于对违法行为人的惩罚，并通过惩罚起到警示、教育的作用，促使违法者不再违犯法律，因而治安处罚是在违法者实施了违法行为之后，由公安机关依法定程序作出的处罚决定。治安处罚的作用只有待治安处罚执行完毕方能体现。

第二，由于两者适用的目的不同，两者的严厉程度及对相对人权利的作用效果有所不同。治安处罚目的在于对违法行为人予以惩罚，因而应当是严厉的，它通过剥夺违法者一定权利的形式实现其严厉的处罚效果；治安强制的目的在于迫使履行义务或者排除障碍或者调查违法行为，只要能够达到上述目的即可，因而治安强制没有必要那么严厉，一般通过轻缓的、限制相对人权利的方式实现其强制效果。例如，作为治安强制措施的扣押，以在一定期限内限制物品持有人占有、使用该物品为手段来调查涉及该物品的违法行为。而没收是在公安机关查清了违法行为之后作出的永久性地剥夺持有人对财物的占有权、处分权的处理方式，从严厉程度上来讲，没收比扣押要严厉得多，从对相对人的效果来讲，相对人的财物被扣押之后，只是暂时不能使用、处分被扣押物，而没收财物则代表相对人对财物的所有权、处分权已经被完全剥夺。

第三，治安强制和治安处罚应当在适用时间的长短上有所区别。由于治安强制是临时性地排除妨碍、迫使履行义务的措施，因而应当对相对人权利的影响是暂时性的、开放性的。其暂时性决定了治安强制对相对人权利的限制不亦过长；其开放性决定了治安强制措施应当依治安情形的改变而随时发生变化，如可以解除强制、转换为其他强制措施或者变更为处罚措施等。而治安处罚以惩罚违法者为目的，因而治安处罚一经作出，便是终局性地、永久性地剥夺当事人的某项具体权利，除非经法定程序撤销治安处罚决定，方可对未执行完的治安处罚予以终止。例如，当场盘查便是临时地限制了被盘查者的行动自由权，等盘查结束后其行动自由得以恢复；继续盘问是临时性地限制被盘查人的人身自由，但只要公安机关查清了其违法行为或者排除其违法行为之后，便立即解除继续盘问这种强制措施。而行政拘留处罚则是在一定期限内剥夺了公民的人身自由，公安机关作出的行政拘留处罚必须坚持执行完毕方才履行了治安处罚，而不得随意变更为其他措施或者提前释放。

当然，以上是本书从治安强制和治安处罚的根本目的和作用的角度出发，认为治安强制与治安处罚应当有的区别。但是，在我国现行的治安强制措施体系中，有一些强制措施已经超出了强制程度轻缓的界限，其对相对人权利的影响甚至严厉到比治安处罚还严重的程度，例如，强制隔离戒毒。

三、治安处罚的种类及适用

（一）警告

警告，是指公安机关对违反治安管理行为人以书面方式作出谴责，指出其行为违法，告诫行为人不得再犯的治安处罚。

警告处罚属于名誉罚、申诫罚，即通过对违反治安管理行为人实施精神上或者名誉、信誉等方面的惩戒，促使其认识错误，避免再次违法。警告既适用于公民个人，也适用于法人。警告是治安处罚体系中最轻的一种，主要适用于违反治安管理情节轻微，危害后果较小的情形。

警告不同于一般的批评教育，老师对学生、领导对下级、父母对子女的批评教育通常是以口头方式表达的，虽然可能很严厉，但这些批评教育不具有法律上的强制效力。警告处罚虽然对行为人的惩戒作用较轻，但它是一种行政处罚，公安机关必须按照行政处罚程序以书面形式作出警告处罚并向违法者当面宣告，被处罚人如果不服警告处罚，有权申请行政复议或者提起行政诉讼。

（二）罚款

1. 概念

罚款，是公安机关责令违反治安管理行为人在一定期限内向国家缴纳一定数额金钱的治安处罚。

罚款是一种财产罚、金钱罚，它通过对违法行为人经济上施加制裁，达到惩戒并教育违法行为人不得再犯的目的。罚款既适用于公民，也适用于法人。罚款的适用方式较为灵活，既可单处，也可并处。

2. 罚款与罚金

罚款与刑罚上的罚金不同。第一，两者的法律性质不同。罚款属于行政处罚；罚金是刑事处罚，是一种刑罚附加刑。第二，两者适用对象不同。罚款适用于违反治安管理行为人；罚金适用于罪犯。第三，两者的适用程序不同。罚款由公安机关按照治安处罚程序作出；罚金是人民法院依据刑事诉讼程序予以判决。第四，罚款和罚金的数额要求不同。对某种违反治安管理行为的罚款数额，由法律、法规明确规定其幅度；而我国刑法中没有确定罚金的幅度，罚金的数额完全由人民法院根据犯罪情节及犯罪的危害后果决定。

3. 罚款与损害赔偿

罚款不同于民事责任中的损害赔偿。前者是公安机关代表国家剥夺违反治安管理行为人一定数额金钱的行政处罚，罚款金额是公安机关根据违法行为的轻重程度予以确定的，罚款款项如数上交国家。后者是违法行为人对被害人遭受的经济损失所给予的赔偿，赔偿金额应与被害人遭受的损失相当，赔偿金额应交付给蒙受损失的被害人，而不是交给国家。

（三）没收违法所得、没收非法财物

1. 概念

没收违法所得、没收非法财物，是指公安机关依法将违反治安管理行为人因违法获得的财物和非法占有、使用的财物收归国有，并依法予以处置的治安处罚。需要说明的是，《治安管理处罚法》设定的治安管理处罚种类中，未把没收列为治安管理处罚措施，而《中华人民共和国行政处罚法》（以下简称《行政处罚法》）以及其他有关治安管理法律和法规，将没收列为处罚措施。

2. 适用范围

没收违法所得、没收非法财物的范围包括：

（1）违反治安管理所得的财物，如赃款、赃物。

（2）违反治安管理的本人所有的工具或财物。如赌博用的赌具、赌资，吸食、注射毒品的器具，殴打他人使用的器械，倒卖营利的各种票证或者骗取财物的用品，等等。

（3）毒品、淫秽物品、管制刀具、易燃易爆危险品等违禁品。

3. 对没收财物的处理

公安机关对没收的财物应当区别不同情况予以处理：

（1）被没收的财物属于违禁物品、没有价值的物品，或者价值轻微，无法变卖或者拍卖的物品，经公安派出所所长以上负责人批准，可以送交专门机关处理或者经登记造册后予以销毁。

（2）除违禁物品外，公安机关应积极查找原主（被没收财物的原合法所有人）并将其返还原主。但是，确实经过查找，在6个月内找不到原主的，或者通知原主后，原主在6个月内未来领取的，按无主财物处理。如有特殊情况，可酌情延期处理，但延期最长不得超过3个月。

（3）对于没有被侵害人的无主财物，登记造册，按照规定上缴国库或者依法变卖或者拍卖后，将所得款项上缴国库。

（4）对不能及时找到原主而又容易腐烂变质的或者其他无法保管的物品，根据具体情况，经公安派出所所长以上负责人批准，可以委托有关部门变卖或拍卖，所得价款上缴国库。对于无法变卖或拍卖的，在公安机关登记造册后可以自行销毁。

4. 没收与收缴、追缴

在《行政处罚法》及其他治安管理的法律、法规中，将没收违法所得、没收非法财物确立为行政处罚措施，没收是对财物的最终的处分，被没收的财物必须收归国有；《治安

管理处罚法》将收缴、追缴设定为强制措施，但是在收缴、追缴的适用对象、适用程序以及对财物的处理方面，与《行政处罚法》设定的没收处罚有很多相同和交叉之处：在适用对象方面，收缴适用于违禁品、违反治安管理行为的本人所有的工具等非法财物，追缴适用于违反治安管理所得的财物，而没收的适用对象既包括非法所得、也包括非法财物；在适用程序上，没收与收缴、追缴均需公安机关以书面决定的方式作出，只是在决定书的名称方面有所区别；在对财物的处理方式上，没收与收缴、追缴后财物的处理原则及方式是完全相同的。

本书认为，处罚和强制措施的本质区别应当在于它们对当事人权利的影响程度。暂时性地限制当事人行使某项权利的，是强制措施；终局性地剥夺当事人某项权利的，是处罚。因而，暂时限制当事人对财物的占有、使用权的，是强制措施，如扣押；永久性地剥夺当事人对财物的所有权的，是处罚措施，如没收。现行《治安管理处罚法》所设定的收缴、追缴均是对当事人占有、使用被收缴、追缴财物的终局处理，它永久性地剥夺了当事人占有、使用被收缴、追缴财物的权利，因而收缴、追缴更接近于处罚的性质，与《行政处罚法》设定的没收处罚非常类似。然而，《治安管理处罚法》设定的处罚种类中既无收缴、追缴，也不包括没收。这不仅使得在理论上区分没收和收缴、追缴存在很大困难，也影响了公安民警明确、准确地适用没收及收缴、追缴的实践。

5. 没收与扣押

没收与扣押，都是公安机关对违反治安管理行为所涉及财物的处分方式。所不同的是，前者是处罚，后者是强制措施。扣押是公安机关为了获取证据而暂时限制财物持有人对财物的占有和使用，目的是查清财物是否是违禁物品、违法犯罪的赃物或使用工具，待调查清楚后解除扣押，返还被扣押物或者对扣押物依法作其他处分。扣押时，被扣押财物的所有权并没有发生转移，仍属于被扣押人。而没收是公安机关对违反治安管理行为的一种处罚方式，是对违法所得和非法财物的最终的处理结果，永久性地剥夺持有人对财物的占有权、处分权，被没收财物的所有权性质发生变化，所有权由持有人转移到国家。

（四）行政拘留

治安处罚中的行政拘留又称治安拘留，是公安机关将违反治安管理行为人送至关押场所，在短期内剥夺其人身自由的处罚措施。行政拘留是人身罚、自由罚，因而只能适用于自然人，不适用于法人。

1. 期限

行政拘留的期限一般为15日以下，目前，《治安管理处罚法》将公安机关裁决行政拘留的期限划分为三个档次，即5日以下、5日以上10日以下、10日以上15日以下。如果一人同时实施多项违反治安管理行为，其中至少有两种违反治安管理行为可以被裁决行政拘留处罚的，根据《治安管理处罚法》的规定，应当分别裁决、合并执行，但合并执行时，拘留的期限最长不得超过20日。

如果被裁决行政拘留处罚的人在处罚前已经采取强制措施限制人身自由的，限制人身自由一日，折抵行政拘留一日。

2. 行政拘留的执行

对被决定给予行政拘留处罚的人，由作出决定的公安机关送达拘留所执行。但是，如果被决定给予行政拘留处罚的人符合以下情形之一，公安机关可以裁决行政拘留处罚，但不执行行政拘留处罚：

（1）已满十四周岁不满十六周岁的。

（2）已满十六周岁不满十八周岁，初次违反治安管理的。

（3）七十周岁以上的。

（4）怀孕或者哺乳自己不满一周岁婴儿的。

3. 行政拘留与刑事拘留的区别

虽然治安拘留与刑事拘留都是由公安机关执行，但两者有较大的区别：

（1）适用对象不同。刑事拘留是公安机关对于罪该逮捕的现行犯或者重大嫌疑分子在法定的紧急情况下适用的；而行政拘留对已经查清的违反治安管理行为人适用。

（2）性质不同。刑事拘留是一种刑事强制措施，是在紧急情况下，公安机关来不及办理逮捕手续，又必须限制犯罪嫌疑人的人身自由时使用的，因而刑事拘留不是对犯罪嫌疑人的最终处理结果，在刑事拘留到期后，公安机关会根据调查到的情况作出不同处理：被拘留人可能会被提请逮捕、接受公安及司法机关的继续审查及审判，也可能经过调查认为不必逮捕、被变更为取保候审、监视居住等其他刑事强制措施，还可能被直接释放；行政拘留是一种行政处罚，是公安机关在查清违反治安管理行为后作出的最终处理结果，行政拘留到期后，治安处罚也执行完毕。

（3）适用目的不同。对罪该逮捕的现行犯或重大嫌疑分子适用刑事拘留的目的是为了防止其逃避侦查、审判或者继续进行犯罪活动；对违反治安管理行为人适用行政拘留的目的在于惩罚其违反治安管理行为。

（4）执行拘留的场所不同。被刑事拘留的人收押于看守所看管；行政拘留是在治安拘留所执行。

（五）暂扣驾驶证

1. 概念

暂扣驾驶证，是指公安机关对饮酒后或醉酒后驾驶机动车辆的人，暂时收回其驾驶证、在一定期限内剥夺其驾驶资格的治安处罚。暂扣驾驶证处罚属于资格罚，是通过剥夺违法者的驾驶资格达到惩罚的目的，通过暂时收回驾驶证，使违法者在一定期限内无权驾驶机动车辆。

2. 适用对象、裁决权限及暂扣期限

根据《道路交通安全法》的规定，暂扣驾驶证仅适用于饮酒后或醉酒后驾驶机动车辆的违法行为人。暂扣驾驶证处罚由违法行为发生地的县级以上人民政府公安机关交通管理部门或者相当于同级的公安机关交通管理部门作出决定。暂扣驾驶证的期限为 6 个月以内，暂扣期满即是处罚的结束。

3. 暂扣与扣押

执行暂扣驾驶证处罚，需要将违法行为人的驾驶证在公安机关扣留一定期限，治安强制措施中的扣押也是将有关财物扣留在公安机关，但这两者在性质上、适用目的上均有所不同。首先，暂扣驾驶证是一种处罚措施，是为了剥夺机动车驾驶员一段时间内的驾驶资格而实施的处罚；扣押是强制措施，是公安机关为了取得证据，将需要作为证据的物品暂时收至公安机关，待取证完毕再予返还的强制措施。其次，暂扣驾驶证是在一定期限内剥夺持证人从事驾驶证所许可活动的权利，这个期限在公安机关作出暂扣驾驶证处罚时即已明确规定，并严格按照规定的限期执行；扣押的期限具有一定的“弹性”，只要扣押财物的缘由不复存在，公安机关就应立即解除扣押，反之，则可以在不超出合法的扣押期限内继续扣押。

（六）吊销许可证

吊销许可证，即吊销公安机关发放的许可证，是指公安机关对经许可从事某项特殊活动或经营的个人或单位，因其违反治安管理而将公安机关颁发的许可证件强行收回并予以注销，禁止其从事该项特殊活动或经营的治安处罚。

吊销被处罚人已经持有的许可证即是对被处罚人从事特殊活动或经营资格的剥夺，因而吊销许可证是一种资格罚。

公安机关无权吊销其他行政机关在行政管理过程中发放的许可证，只能吊销公安机关在治安管理过程中曾经发放给相关单位或个人的许可证件，例如，“特种行业许可证”、“烟花爆竹运输许可证”、爆炸物品“安全许可证”、大型群众文化体育活动的“安全许可证”，弩的制造、销售、进口、运输、使用等环节的许可证，保安服务企业和保安培训机构许可证等。

（七）责令停业整顿

1. 概念

责令停业整顿，是指公安机关对存在严重安全隐患或者有违法行为的单位，责令其停止生产或停止营业并进行整顿，以消除安全隐患、纠正违法行为的治安处罚。

例如，根据《民用爆炸物品安全管理条例》第46条的规定，公安机关有权对经营、购买、使用民用爆炸物品过程中存在违法行为的单位，责令限期整改或停业整顿；根据《枪支管理法》规定，公安机关对违法的枪支制造企业、销售企业违法制造、销售枪支的，有权责令停业整顿；根据《娱乐场所管理条例》规定，公安机关对违法的娱乐场所有权责令停业整顿。

2. 责令停业整顿与责令改正的区别

第一，责令改正属于强制措施，而责令停业整顿属于处罚措施。第二，两者所针对的治安隐患严重程度不同。责令停业整顿与责令改正都适用于存在治安隐患的情形，但如果治安隐患经改正就可以消除不至于发生实际危害的，公安机关应适用责令改正措施；如果治安隐患非常严重或者经责令改正仍未消除隐患的，则公安机关应适用责令停业整顿措施，以惩罚其违法行为或者促使其改正错误、消除隐患。第三，公安机关在适用责令改正和责令停业整顿时，往往具有一定的连续、渐进性，通常，对存在安全隐患经公安机关责令改正而没有改正或者没有达到公安机关要求的，公安机关才予以责令停业整顿处罚。第四，责令改正可以适用于生产、经营性单位或者事业单位、社会团体或者个人，而停业整顿只能适用于法律、法规明确规定可以停业整顿的生产、经营性单位。

（八）限期出境

限期出境，是指公安机关对不适宜在中国境内继续停留居留的外国人，限定其在一定期限内离开中华人民共和国国境的治安处罚。

限期出境适用于从事与停留居留事由不相符的活动，或者有其他违反中国法律、法规规定，不适宜在中国境内继续停留居留的外国人。对中华人民共和国公民，包括香港、澳门特别行政区居民和台湾地区居民，不能适用限期出境处罚。

（九）驱逐出境

驱逐出境，是指公安部对违反治安管理情节严重但又不构成犯罪的外国人，强迫其离开中华人民共和国国境的治安处罚。

驱逐出境的适用对象也仅限于外国人，根据《中华人民共和国出境入境管理法》的规定，对外国人作出驱逐出境处罚的权限在公安部，而且公安部的处罚决定为最终决定。

【导入案例简析】

《治安管理处罚法》第15条第2款规定，“醉酒的人在醉酒状态中，对本人有危险或者对他人的人身、财产或者公共安全有威胁的，应当对其采取保护性措施约束至酒醒。”根据上述规定，对于明显醉酒但未违法的人，公安民警判断其醉酒状态对本人有危险或者对他人的人身、财产或者公共安全有威胁的，应当对其采取保护性措施约束至酒醒。

公安民警救助醉酒的人时，可以联络其家人将其领回。如果无法联络其家人，醉酒人又拒绝帮助的，公安民警仍需判断醉酒人自身是否有危险或者对他人的人身、财产或者公共安全是否有威胁，如是，则应当强行约束其至酒醒。但在采取强制约束措施之前，以及约束过程中，应当搜集证据，证明醉酒人有危险，以及约束的过程依法、适当，以避免在醉酒人酒醒后投诉或控告公安机关侵犯其人身权利。

【延展阅读】

涉及人身自由强制措施的改革①

根据有关法律的规定，公安机关针对人身自由采取的治安强制措施种类较多，如当场盘查、继续盘问（留置）、约束、强制传唤、强行带离现场、强制检查性病、强行遣回原地、遣送出境、强制戒毒、强制医疗、禁止进入体育场馆观看比赛，等等②，在这些强制措施中，当场盘查、约束、强制传唤、强行带离现场、强制检查性病属于即时性强制措施，即公安机关为维护治安秩序、防止危害行为的发生而在紧急情况下采取的立即限制公民权利的强制措施。继续盘问、强行遣回原地、遣送出境、少年收容教养、强制戒毒、强制医疗、禁止进入体育场馆观看比赛等强制措施则属于执行性强制措施，即公安机关对拒不履行治安义务的相对人或者违反治安管理法律、法规的相对人，通过一定的程序，采用强制方法迫使其履行治安义务或者防止其继续违反治安管理法律、法规而采取限制或暂时剥夺公民相关权利的强制措施。

涉及人身自由的即时性强制措施与执行性强制措施相比较而言，通常，即时性强制措施对公民人身自由的限制仅是临时性的、非常短暂，如公安民警在实施当场盘查时限制了公民的人身自由，但是当场盘查很快便能结束，公民的人身自由能够很快地恢复，因而采取即时性强制措施的决定权归属于依法履行职责的公安机关的人民警察，执勤民警一般无需请示和审批程序，只需根据法律的授权并依据自己的职责，在出现法定情形时依法适用

---

① 谢川豫：《危害社会行为的制裁体系研究》，345～348页，北京，中国法律出版社，2013。

② 除“禁止进入体育场馆观看比赛”之外的涉及人身自由的治安强制措施、其他治安强制措施以及治安强制措施体系的介绍，详见谢川豫：《治安行政措施通论》，北京，中国人民公安大学出版社，2001。“禁止进入体育场馆观看比赛”是《治安管理处罚法》第24条增加的治安强制措施。

强制措施即可。从适用强制措施的目的而言，即时性强制措施主要以维护社会治安、恢复治安秩序为目的，正在执勤的公安民警在处警现场即可依职权径自采取强制措施。这种由执勤公安民警依职权采取临时性限制公民人身自由的强制措施的做法，存在于世界各国立法中，如英美警察的截停和检查类似于我国警察的当场盘查权；我国警察采取的强行带离现场措施、强制传唤措施在英美被称为无证逮捕[①]；在英国法中，虽然没有专门的强制检查性病措施，但是在《1984年警察和刑事证据法》赋予警察为调查取证而直接提取嫌疑人指纹和身体样本的权力。由于即时性人身强制措施对公民人身自由的限制非常短暂，同时，它是公安民警为维护社会治安所必须拥有的起码的警察权力，世界各国警察均拥有类似的警察权，因而应当保留我国的即时性人身强制措施。

相比之下，公安民警在适用执行性强制措施时必须履行一定的审批程序，这主要是由于执行性人身强制措施对人身自由限制或剥夺的时间较长或者程度较严厉一些，如继续盘问限制人身自由达48小时，强行遣回原地、遣送出境则使被遣送者被迫离开某地，禁止进入体育场所观看比赛的期限为1年，强制戒毒可剥夺人身自由3至6个月，对于未达刑事责任年龄的少年收容教养的期限为1年至3年[②]，强制医疗限制精神病人的人身自由直到其病情稳定或痊愈为止。从适用强制措施的目的而言，在执行性人身强制措施中，除继续盘问是为进一步调查而采取的限制人身自由措施之外，其他执行性强制措施是在公安机关发现危害社会行为后，以预防再次发生危害社会行为、防卫社会为目的而采取的对人身自由的限制或剥夺措施，如约束既防止醉酒的人实施违法犯罪行为，又保护了醉酒人的人身安全；强行遣回原地、遣送出境则将特定的违法行为人遣送回原居住地[③]或对外国人遣送出我国国境，以预防他们再次违法；强制戒毒是将吸毒人关押在一定场所，对他们进行强制性脱瘾治疗，以防止吸毒人继续违法——吸毒；收容教养是将实施严重危害社会行为但未达刑事责任年龄的少年收容于专门的教养场所，矫正其不良行为，以防止其继续危害社会；强制医疗是将已经实施或者可能实施严重危害社会行为的精神病人收于专门的治疗场所强制治疗，以防止他们实施危害社会的行为。这些针对吸毒成瘾者、卖淫嫖娼者、肇事精神病人、少年犯等具有一定人身危险性，有可能再次实施危害行为的潜在危害治安者，在我国是由公安机关决定对其施以人身强制措施，而在国外一般被规定为保安处分措施，是司法裁判的范围。各国的保安处分措施主要是针对那些不能适用刑罚的精神病人强制医疗、对少年犯的收容教养，或者针对一些瘾癖者（包括吸毒成瘾者及嗜酒成瘾者）的强制治疗，针对习惯犯、常习犯的行为矫治，以及一些其他类型的保安处分。

---

① 西方国家普遍把“arrest”定位于强行把嫌疑人带到警察机构的“行动”，“arrest”只能引起警察对嫌疑人临时性的关押。从这个意义上来说，我国强行带离现场、拘传、在继续盘问之前将嫌疑人带至公安机关的行动均是西方国家所说的“arrest”。而我国《刑事诉讼法》中设定的逮捕与主要英美法律中的“arrest”差异很大，逮捕就等于宣布了对嫌疑人的羁押。笔者认为，英语中的“arrest”被翻译为逮捕是不妥当的，这导致了许多误解，应当将“arrest”译为“强行带至警察局”。

② 我国《刑法》第17条第4款规定：“因不满十六周岁不予刑事处罚的，责令他的家长或者监护人加以管教；在必要的时候，也可以由政府收容教养。”该条款只设定了收容教养措施，却未明确规定由政府的哪个部门决定收容教养以及收容教养的程序、期限等具体内容。根据中央〔1981〕21号文件和1982年《公安部关于少年犯管教所收押、收容范围的通知》，收容教养由公安机关决定，期限为1年至3年。

③《集会游行示威法》第33条规定：“公民在本人居住地以外的城市发动、组织当地公民的集会、游行、示威的，公安机关有权予以拘留或者强行遣回原地。”

简而言之，由于执行性人身强制措施对公民人身自由权的影响较大，限制或剥夺自由的时间较长，公安民警不是必须立即作出决定，而应当履行一定的审查程序，基于人身自由处分由司法裁判的原则，对于执行性人身强制措施的审查权应当交由司法机关。

【本章小结】

治安管理的基本措施有治安防控措施、治安许可措施、治安强制措施、治安处罚措施四类。

治安防控，是指为维护社会治安，围绕预防、控制违法犯罪这个基本目标，将多种防范控制要素、相关社会资源进行合理配置、有机整合，形成整体联动、协调运行、有效维护社会治安秩序的工作措施。公安机关运用的治安防控措施主要有宣传、巡逻、检查等。

治安许可，也称为治安行政许可、治安行政审批，是指公安机关根据公民、法人和其他组织的申请，通过颁发许可证或执照等形式，依法赋予行政相对人从事涉及治安管理的某种活动或实施某种行为的权利和资格的行政措施。目前，公安机关使用的治安许可包括：户政管理中的许可、特种行业管理许可、集会游行示威许可、大型活动许可、危险物品许可、管制器具许可、消防管理许可、保安业许可、道路交通管理许可等。

治安强制，是指公安机关为制止、控制或者预防正在发生或可能发生的危害治安秩序、妨碍治安管理情形，或者为了调查违反治安管理行为而依法对相对人的人身、财产、行为施加的暂时性限制。

治安强制的特征是：实施治安强制的主体是公安机关治安管理部门；治安强制的对象是妨碍或可能妨碍治安管理的障碍，或者是不履行治安义务的相对人，或者是违反治安管理行为所涉及的人、物品或者场所；治安强制是公安机关单方面作出的具体行政行为；适用治安强制具有紧迫性、暂时性。即在排除妨碍治安管理的障碍或者迫使相对人履行治安义务具有紧迫性时方能动用治安强制手段；治安强制以行政权力为基础，以警察强制力量作后盾；治安强制的结果是对相对人权利的限制而不是剥夺。

治安处罚，即由公安机关实施的行政处罚，是指公安机关对违反治安管理行为予以否定评价和惩罚，依法在一定程度上剥夺或限制违反治安管理行为人的人身自由、名誉、财产或行为权利的行政处罚。

【关键术语】

治安防控　治安许可　治安强制　治安处罚　人身自由权　财产权　行为权

【推荐阅读与学习资源】

1. 姜明安主编：《行政法与行政诉讼法》（第6版），北京，北京大学出版社·高等教育出版社，2015。

2. 谢川豫：《治安行政措施通论》，北京，中国人民公安大学出版社，2001。

3. 谢川豫：《我国警察检查权剖析——从制度建构到现实考察》，载《中国人民公安大学学报》，2005（3）。

4. 余凌云：《收缴与相关措施之辨析》，载《人民公安报》，2007-03-09，第006版。

第三章　人口管理

【学习目标】

通过本章的学习，理解户口管理的基本概念、业务划分与公共安全功能，了解常住人口管理的基本内容与主要方法，掌握流动人口与租赁房屋治安管理、被取保候审与监视居住人员监管、监外罪犯社区矫正的基本制度与方法，了解境外人员管理的基本业务内容。

【导入案例】

2005年10月，桂林市中级人民法院维持了桂林市雁山区人民法院的判决，以玩忽职守罪判处全州县公安局女民警王某有期徒刑六个月，缓刑一年。大毒枭刘某“落户”全州之谜也随之水落石出。

刘某是福建省福安市赛岐镇苏洋村人，1965年3月5日出生。当过兵，干过法警。1999年，因贩卖巨额毒品，公安部向全国发布了对他的通缉令，2004年11月24日又加强为悬赏20万元的A级通缉令。5天后，福建省公安厅也为缉捕他而悬赏20万元。刘某前后涉嫌制造、贩运冰毒10多吨。

2000年年初，刘某化名李某青潜逃桂林。为在桂林长期隐藏，刘某辗转托唐某办理。同年1月11日，唐某找到时任户籍民警的王某，声称“李某青”的户口在1998年农村换发户口本时被派出所漏登记了。按照有关规定，被漏登记的人口办理入户，应当由村委会开具证明，本人向户口所在地派出所提出申请，由派出所对申请人的情况进行核实后，再由派出所领导审查批准才能办理。

但户籍民警王某没有按上述程序办理，仅凭村委会的一纸证明，就给“李某青”办理了入户手续，福建籍的大毒枭刘某以“李某青”之名顺利“落户”广西，成为桂林市全州县龙水镇同安村村民，轻易地就更换了“身份”。直至2005年3月5日，刘某在老家福安落入法网。

问题：结合本案例谈谈户口登记的作用是什么？

公安机关的人口管理业务，是公安机关依照法律和有关政策，充分依靠群众，为维护社会治安秩序、公共安全秩序、保护公民合法权益而对人口进行的管理活动的总称。公安机关的人口管理业务涉及司法、治安行政强制、治安行政管理以及特定人员的服务、教育、保护等诸多领域，但限于篇幅和工作实际，本章只对常住人口管理、流动人口治安管理、被取保候审与监视居住人员监管、监外罪犯的社区矫正等进行详细阐述。

第一节　常住人口管理

一、户口管理

（一）基本概念

1. 户口与户籍

户口，是经国家有关行政机关依法登记确认并实际管辖的本国住户、居民及其基本的人口信息。

户籍有广义与狭义之分。广义的户籍，是依法记载住户和居民人口基本信息的法律文书的总称；狭义的户籍，是户口登记机关做成并留存的户口登记簿册，目前公安机关使用的是“常住人口登记表”。

户口与户籍两者相互关联：户口是户籍记载、证明的具体内容，户籍是户口的信息存储形式。

2. 人口基本信息

人口基本信息，是所有与人相关的社会活动和社会管理所通用的，以公民身份、亲属关系、法定住址三者为中心的人口信息的总称。身份，是个人之所以区别于他人的体貌特征与社会表征的总称。户口管理中的“身份”只是人身辨认的基本依据，与公民的合法权益息息相关，但没有高低贵贱的等级之分。

3. 户口管理

户口管理，也称户政、户政管理、户口行政管理，是国家有关行政机关依法收集、确认、提供本国住户、人口公民身份、住址、亲属关系等人口基本信息的行政管理。

（二）我国户口管理的主要业务

与世界其他国家（地区）的户政管理或人口管理业务内容相比，我国户口管理的主要业务内容可以分为两类，即各国户政管理普遍具有的业务和我国户政管理特有的业务。

1. 各国户政管理普遍具有的业务

一是划分管辖区域，编定住户门牌。主要是划分户口管辖区、警务责任区与住户门牌管理，这是户口管理各项业务开展的基础。我国的地名管理由民政部门主管，但住户门牌由公安户政部门主管。

二是经常性人口登记和定期统计。世界各国多称之为民事登记、人口登记和人口统计，我国则称为“户口登记”和“户口统计”。

三是身份证件管理。身份证件是由国家行政当局依法颁发的，用以证明公民身份的统一、规范的法定证件。我国居民身份证制度是户口管理制度的重要组成部分。

四是住户人口调查。住户人口调查是人口登记管理为确保登记、统计信息的准确、全面的重要业务，我国则称为“户口调查”，既具有核对人口基本信息的作用，还具有了解各种公安工作对象，收集、掌握社会治安动态信息的重要作用。

五是住户人口档案资料管理。住户人口档案资料可以为国家行政管理、社会管理和法律事务提供详细的基础资料，是国家行政管理和社会管理的重要工作。

2. 我国户口管理的特有业务

一是户口迁移审批，是指对跨市、县常住户口迁出、迁入的申请与行政审批，即以户口迁移行政审批为手段调控人口迁移，尤其是调控大城市、特大和超大城市的人口迁人。

二是暂住人口管理。当前，我国的户口迁移审批制度仍起到人口调控、维护社会秩序的作用，对人员实际上流入城市但未迁入户口者，还需要实施暂住（居住）管理。随着户口迁移制度改革的推进，我国的暂住人口管理也将与世界各国一样回归真正意义上的短期暂住管理。

三是工作对象管理。工作对象的管理主要包括：对一些违法犯罪较高可能性人员的管理；监外执行罪犯的管理；对取保候审、监视居住人员的管理；对有违法和轻微犯罪行为的青少年的帮助教育等。这种对有危害社会可疑者的特定管理内容，在许多国家和地区的警察部门也都开展，但一般不被划为户政管理业务。

（三）户口管理的公共安全功能

1. 对违法犯罪者的心理震慑功能

对普通公民而言，户口管理是公民基本权利得到国家依法保护的标志，是公民社会生活的“定心丸”；对企图违法犯罪者而言，及时的人口调查、准确的户口登记，是高悬头顶的“达摩克利斯”之剑，具有巨大的心理震慑力。

2. 人身辨认功能

人身辨认是众多公共安全工作的首要环节和重要基础，而带有持证人相片的证件，是人身辨认最常用的手段。户口管理所颁发的居民身份证是人身辨认的最便捷手段；没有居民身份证的情况下，则要通过查询常住地户口登记信息的办法来进行人身辨认。

3. 时空控制功能

户口管理工作需要社区民警经常深入住户居民之中进行户口调查，可以像不定期巡逻一样控制社区的时空环境，对社区内可能的违法犯罪形成心理威慑，有助于遏制社区的违法犯罪。

4. 信息收集功能

社区民警直接深入社区从事户口管理工作，可以收集以下几方面的公共安全信息：一是违法犯罪较高可能性人员、监外执行罪犯等特定人口的信息；二是有危害公共安全可疑或可能人口的信息；三是可能影响国家法律实施、影响社会稳定的其他信息；四是直接协助案件调查、取证和其他调查研究工作。

5. 组织防范功能

社区民警广泛接触辖区居民，与辖区居民之间相互熟悉、信任，由社区民警深入辖区组织群防群治工作，容易得到社区组织和广大居民的信赖、理解、支持与配合，有利于宣传和推动治安维护的各项措施，从而取得良好的社会治安效果。

二、常住人口管理的主要工作

（一）常住人口登记

1. 常住人口登记的前提性工作

一是加强协调，做好地名门牌管理。住址，特别是法定住址，是标定住户个人居住位置的重要标志。住址大致由地名和住户门牌两部分构成，但地名管理由民政部门负责，住户门牌由公安户政部门负责。因此，户政部门要加强与民政部门的沟通协调，及时获取、规范使用地名。门牌，分街巷名牌、住宅小区名牌和楼院名牌号牌、住户号牌等。门牌管理是近现代社会管理的重要基础，对遏制犯罪也有重要意义，没有易记好找的门牌，巡逻、守候、跟踪、抓捕、堵截等公共安全行动就可能延误甚至失败。门牌管理的工作应做到依法命名，不重不漏；科学编号，易记好找；制作美观，安装牢固；资料完整，查询方便。

二是科学划分责任区，合理配置警力。责任区的划分，应当加强与民政部门社区建设工作的密切整合或协作，科学划定，同时注意照顾地名等历史状况和居民习惯，保持地名与社区的完整性。注意把同类社区划为一片，以利社区居民的认同、交流、自治与互助。注意利用长期稳定的自然间隔物或街道路巷，使其界定明确、好找好记。责任区划定后，应根据社区规模大小、人口多少、治安状况等因素，以一名民警管理 1 000 户或实有人口 3 000 人左右为标准，合理配置社区民警，可以一区一警、一区两警、多警，也可以在大型社区内实行警组制。

2. 户口登记

户口登记，是依法记载住户、居民人口基本信息并及时反映有关变化情况的户口管理业务。《中华人民共和国户口登记条例》规定，公安派出所和未设公安派出所乡镇的乡镇人民政府，是户口登记机关，负责本辖区的户口登记工作。

一是准确掌握户口登记范围。《中华人民共和国户口登记条例》规定，居住在中国境内的中国公民，都应当进行户口登记。但具体执行中应当注意：(1) 香港、澳门同胞的户口（人口）登记按照"一国两制"原则由特别行政区政府负责，台湾同胞户口登记目前由台湾地方当局负责；(2) 现役军人户口由军事机关管理；(3) 中国公民出国（境）定居的，应注销户口；(4) 户口登记范围不包括中国境内的外国人。同时，自 2003 年始，被判处徒刑的人员不再注销户口。

二是严格遵守户口登记各个项目的技术要求。常住户口登记的主要载体，包括由户口登记机关留存使用的"常住人口登记表"，和完成登记成为法律文书后交住户居民使用的"居民户口簿"。户口登记的项目主要有：(1) 证明公民身份的项目，如姓名、性别、出生日期、民族、文化程度、宗教信仰、兵役状况、服务处所与职务、公民身份证件编号，以及照片、身高、血型等；(2) 反映公民亲属关系的项目，如"户主或与户主关系"、婚姻状况等；(3) 反映住户与居民法定住址的项目，如出生地、籍贯、现住址、本市其他住址以及住址迁移变动情况等；(4) 户口类别、住户编号等目前户政管理业务所需的项目。上述项目应严格遵守户口登记的技术要求，确保人口基本信息的规范、准确。

三是关注法律意义，确保及时、准确。户口登记具有广泛的法律意义：出生日期是确定人的行为能力、责任能力的基本依据；死亡登记是被登记者法定权利义务终结的标志，在社会管理和公共安全等方面具有重大意义，尤其是"非正常死亡"，即死因不明、死者身份不明、死于公共场所或交通要道、意外事故致死等情况，应立即向当地或附近公安机关、人民警察报告，并保护死亡现场；如因传染病死亡或怀疑是传染病死亡，还应立即向卫生防疫部门报告；现住址在管辖确定、文书送达等方面具有重要意义；亲属关系的登记，对于继承关系等的确定，以及打击拐卖妇女儿童的犯罪行为等，都具有重要作用。只有及时、准确的登记，才能为公民、单位、社会和国家，提供合法、有效的管理依据。

（二）居民身份证管理

中华人民共和国居民身份证，是中国政府依法对居住在中国境内的中国公民统一颁发的，具有证明公民身份效力的法定证件。作为中国公民的基本身份证件，居民身份证证件编号采用公民身份号码，由公安机关为每个出生公民自出生之日起编定，且个人唯一、终生不变。

临时居民身份证，是国家依法颁发给应当领取、持用而因各种原因尚未领到居民身份证者以证明其身份的临时性法定证件。依据《居民身份证法》，公民在申请领取、换领、补领居民身份证期间，急需使用居民身份证的，可以申请领取有效期限 3 个月的临时居民身份证，其使用范围和证明效力与居民身份证相同。临时居民身份证由公民常住户口所在地的县级人民政府公安机关签发。

1. 居民身份证的颁发

居民身份证的颁发，分为申领、换领、补领及发还四种形式。申领是指公民首次申请领取居民身份证。换领是指公民所持居民身份证不能继续合法使用而依法交回旧证领取新证。补领是指公民丢失居民身份证后按规定申请补发新证。发还是指公安机关将原来依法扣押的居民身份证依法交还原持证人继续使用。

2. 居民身份证的使用

依据《居民身份证法》，对居民身份证的使用有如下四方面的规定：第一，公民从事有关活动需要证明身份时，有权使用居民身份证证明身份，有关单位及其工作人员不得拒绝；第二，下列情形之一的，公民应当出示居民身份证证明身份：常住户口登记项目变更，兵役登记，婚姻登记，收养登记，申请办理出境手续，法律、行政法规规定需要用居民身份证证明身份的其他情形；第三，依照《居民身份证法》规定未取得居民身份证的公民，从事上述规定的有关活动，可以使用符合国家规定的其他证明方式证明身份。第四，除公安机关依照《刑事诉讼法》执行监视居住强制措施的情形除外，任何组织或者个人不得扣押居民身份证。

3. 居民身份证的查验

居民身份证的查验，是指公安机关依法命令或强制公民出示居民身份证接受审查检验，以确认持证人身份并判定证件合法有效性的行政行为。《中华人民共和国居民身份证法》规定，人民警察依法执行任务，遇有下列情形之一的，经出示执法证件，可以查验居民身份证：（1）对有违法犯罪嫌疑的人员，需要查明身份的；（2）依法实施现场管制时，需要查明有关人员身份的；（3）发生严重危害社会治安突发事件时，需要查明现场有关人员身份的；（4）在火车站、长途汽车站、港口、码头、机场或者在重大活动期间设区的市级人民政府规定的场所，需要查明有关人员身份的；（5）法律规定需要查明身份的其他情形。有上述情形之一，拒绝人民警察查验居民身份证的，依照有关法律规定，分别不同情形，采取措施予以处理

（三）常住人口调查

常住人口调查，是通过实地核查等方式了解和掌握辖区内住户、人口的基本信息与公共安全情况的人口管理业务。

常住人口调查的内容应当包括以下五个方面：一是核对、纠正户口登记内容，即核实户口登记内容并纠正其错讹之处，这是人口调查的基本内容和首要任务。二是调查、了解辖区户口管理工作情况，主要是人口迁移、流动及其管理情况，无户口人员情况，户口协管员工作等情况。三是核实、掌握违法犯罪较高可能性人员及其管理有关情况。四是调查、了解辖区社会治安和居民安全防范情况。五是调查、了解居民普遍意向和社会动态。因此，常住人口调查的功能除调查核实住户人口基本信息外，还具有重要的治安管理与防范功能。

常住人口调查的相关制度主要有：

一是入户制度。民警进行入户调查，应当注意：着装并主动出示证件；非紧急情况并经领导批准，不得在居民就寝后前往；进入单身女性家中应有女性陪同或两人以上前往；严禁以人口调查为名进行搜查或变相搜查，严禁追问个人隐私；尊重被调查人，尊重民族风俗习惯和当地习俗，为调查人保守私人秘密。

二是材料积累制度。民警进行人口调查时：要眼看耳听、嘴勤手勤，随时积累材料；准确记载信息相关的时间、地点、提供人、调查人；及时整理已基本完整、清楚、确实的材料，单独成文；妥为保存调查记录本，防止丢失，严防内容外泄。

三是研究与交流制度。人口调查所得材料，应及时研究，必要时组织集体研究，以确定材料的可靠性和用处，并对材料进行补充完善；应注意情况交流，责任区民警之间、内外勤民警之间随时交流，对涉及其他派出所、其他地区的材料，及时通报、及时转递。

常住人口调查的工作要点，应注意把握：

首先要明确目的、端正态度。一方面，人口调查不单是“核对户口本”，应当通过人口调查达到熟悉人口、控制辖区、解难救急、优化风尚等多重目的；另一方面，人口调查不是治安、刑侦案件调查，民警不能以“管人者”自居，而应虚心向群众学习，诚心请群众帮助，通过热心为公众服务提高群众对调查工作的支持。

其次要提高素质、积累经验。搞好人口调查，需要民警有敏锐的观察力、较强的语言表达能力，以及对身份情况、体貌特征等的准确识记、默记和回忆、联想的能力；要善于交际，有多层面的丰富经历和较强的独立工作能力，以及迅速、准确地发现问题和透过现象看本质的分析能力；需要机敏的应变能力、较强的自我保护能力和规范表达的公文写作能力。

再次要讲求方式、掌握方法。人口调查有多种常用方式方法，主要有户口簿证核对法、入室面视核查法、相关人员正面询问法、可靠人员侧面了解法、个案跟踪调查法、治安管理与安全防范中的日常访查法、数理统计、问卷调查等方法。各种方式、方法的运用应结合实际、灵活运用，必要时多措并举，综合分析。

最后要区分层次、抓住重点。人口调查必须坚持普遍了解与重点调查相结合，在普遍了解辖区“实有人口”的基础上，依据可能危害的程度对人口实施分层次管理，搞好“重点调查”，并制定相应的管理方式和管理目标。一是违法犯罪较高可能性的人员，这是户口调查的重中之重，更应纳入视线，经常注意；二是重点住户，如单身独居户、私房出租户、人户分离户及有违法犯罪嫌疑户等；三是重点地区人员，如交通要道、公共复杂场所及市区与郊区结合部、城乡结合部等的住户人员等。

（四）户口档案管理

户口档案，是户口管理中形成并退存备查的户籍档案及相关行政信息资料的总称。它既包括户籍管理工作中形成的档案，也包括公安机关人口管理工作中形成的，有关各类人口公共安全方面的档案材料。具体包括四部分：一是户籍档案，除《常住人口登记表》外，还包括收存的户口证件及其存根，以及其他文书材料；二是工作对象档案，即对违法犯罪可能性较高的人员进行特定管理而形成的有关材料；三是 16 岁～45 岁人口有关社会治安的材料；四是其他备查档案，即因死亡、失踪、出国、入伍、被逮捕等原因目前不在本户口管辖区者的有关资料。搞好户口档案管理，既要建立健全分卷建档制度、档案借阅制度、档案处理制度等一系列管理制度，又需要民警在日常工作中按照相关制度的各项要求规范开展工作，否则，便难以发挥户口档案的应有作用。此外，在人口信息的查询利用方面，也需要按照规范查询人权限和对查询对象信息分级的模式尽快予以建立完善相关制度，使各类户口档案既能满足公安工作的需要，又能防止信息泄漏，保护公民的合法权益。

第二节　流动人口治安管理

所谓流动人口，是指未依法改变法定住址而在常住地市区或乡镇之外滞留一昼夜以上的移动人口。流动人口中，滞留一昼夜但停留不满 3 天的，可以近似地看作“在途人口”，而滞留 3 天以上的流动人口，被称为暂住人口。

当前，我国大规模流动人口的产生是具有历史必然性的巨大社会进步，是改革开放以来社会经济制度变革、农业剩余劳动力显性化、城市经济发展及其体制改革共同作用的结果。流动人口的大量涌现，对于促进社会经济发展、改变“二元社会经济”格局、保障公民合法权益、繁荣城市经济、加速农村发展都具有非常重要的社会进步意义。根据流动人口社会问题综合治理的职责分工，公安部门主要负责流动人口的治安（包括暂住）管理工作。

一、流动人口的暂住管理

（一）暂住登记制度

流动人口的暂住登记亦称暂住户口登记。所谓暂住户口登记，是相对于常住户口登记而言的，是指未依法改变法定住址而拟在常住地以外的市区或乡镇滞留 3 日以上的流动人口向暂住地户口登记机关申报人口信息的户口登记形式。根据《中华人民共和国户口登记条例》、公安部《关于城镇暂住人口管理的暂行规定》，所有跨省、市、县流动的，市区与郊区（县）间及郊区、郊县之间流动的，区、县及县级市内各乡、镇之间流动的人员均需进行暂住户口登记。

（二）居住证制度

2015 年 10 月 21 日国务院正式通过《居住证暂行条例》，自 2016 年 1 月 1 日起施行。该条例的通过，标志着流动人口居住证制度正式在全国范围内施行，实行了 20 多年的暂住证制度正式废止。

《居住证暂行条例》规定：公民离开常住户口所在地，到其他城市居住半年以上，符合有合法稳定就业、合法稳定住所、连续就读条件之一的，可以依照该条例的规定申领居住证。居住证是持证人在居住地居住、作为常住人口享受基本公共服务和便利、申请登记常住户口的证明。居住证登载的内容包括：姓名、性别、民族、出生日期、公民身份号码、本人相片、常住户口所在地住址、居住地住址、证件的签发机关和签发日期。

《居住证暂行条例》规定：公安机关负责居住证的申领受理、制作、发放、签注等证件管理工作。居民委员会、村民委员会、用人单位、就读学校以及房屋出租人应当协助做好居住证的申领受理、发放等工作。申领居住证，应当向居住地公安派出所或者受公安机关委托的社区服务机构提交本人居民身份证、本人相片以及居住地住址、就业、就读等证明材料。

《居住证暂行条例》规定：居住证由县级人民政府公安机关签发，每年签注1次。居住证持有人在居住地连续居住的，应当在居住每满1年之日前1个月内，到居住地公安派出所或者受公安机关委托的社区服务机构办理签注手续。逾期未办理签注手续的，居住证使用功能中止；补办签注手续的，居住证的使用功能恢复。

（三）流动人口暂住管理主要措施

1. 加强宣传教育

一是针对流动人口在城市工作生活的需要，突出加强法制、道德和城市生活知识三方面，尤其是城市的户政、治安、安全防范，以及维护自身合法权益途径等方面的教育。二是针对流动人口工作、居住、生活特点，结合当前与流动人口合法权益保障相关的社会经济政策改革，持之以恒地开展有关暂住登记对于保障流动人口合法的重要作用，提高其自觉履行暂住户口登记义务的积极性。

2. 严格暂住户口登记，实行以证管人

一是严格依法登记，对未依法改变法定住址而拟在常住地以外的市区或乡镇滞留3日以上的流动人口都应纳入暂住户口登记管理对象范围。二是按照“属地管理”和“主管负责制”原则，对旅馆、房屋出租户、用工单位、建筑工地、集贸市场、文化娱乐场所等外来人员落脚点和活动场所密切关注，加强管理。三是对于日常工作中发现的未进行暂住户口登记的流动人口，及时催告，促使暂住人员或暂住地户主及时补充登记，对于经催告仍拒绝申报暂住登记人员，依法予以处罚。四是实行以证管人，即以居住证实行一证式管理，不断增加居住证持证人享有的公共服务与便利功能，吸引流动人口主动办证，将流动人口纳入实有人口属地管理，提高管理效能。

3. 牢固树立服务与保护意识

一是公安机关在暂住管理工作中应转变观念，牢固树立管理就是服务，管理和服务都应注重对公民合法权益保护的意识，将管理、服务、保护有机地结合起来。二是借助社区警务工作，努力协调暂住人口与当地居民之间的关系，依法保护公民的合法权益，促进社区的和谐稳定。

4. 依靠群众布建管理网络

一是充分依靠群众，注意发挥居委会和治保会等群众性安全防范组织和单位保卫组织的作用；广泛聘请专、兼职人员协助管理，靠近暂住人口设立登记管理站，而不能坐等申报。二是加强对辖区内集体单位、住宅楼院、暂住集体户内等各类暂住管理组织的领导、指导，使之连点成线、连片成网。此外，根据辖区实际，还应努力加强流入、流出地之间信息交流、情况通报的组织网络，共同搞好暂住人口的治安管理。

5. 针对特点实行分类管理

按照“谁主管，谁负责；谁接纳，谁负责；谁容留，谁负责；谁雇佣，谁负责”的原则，明确相关人员的治安义务与责任，严格执行暂住户口登记、租赁房屋治安管理等相关规定，针对暂住人口的不同特点实行分类管理：实行以房管人，单位内部暂住和集体务工暂住者，主要以集体治安承包形式进行管理；探亲、访友、旅游、就医、出差人员以及家务暂住者由接纳单位、接纳人依法管理；健全房屋租赁手续，落实租赁双方治安责任制，对租房暂住实行“旅馆式管理”；实行以业管人，加强与劳动就业管理部门、就业单位的协作，来掌握流动人口的底数和人口基本信息，提高管理覆盖面；依法救助生活无着的流浪乞讨人员。

6. 完善计算机网络，提高管理的技术水平

一是在现有人口信息管理系统建设的基础上，努力推进治安管理信息系统建设，通过各项治安管理业务的信息化，实现相关人员特别是其中外来人员治安管理的信息化，提高管理工作的效率。二是结合社区警务工作，有条件的地区可通过配备无线警务通，加强社区民警实有人口治安管理工作的技术手段，提高管理工作的效率。

7. 抓好重点调查，打击违法犯罪

一是在普遍登记的基础上，重点抓好流动人口相对集中而治安情况较为复杂的重点地域和一些重点对象的调查管理工作。二是在调查研究的基础上，及时开展清理治安、秩序混乱的外来人口聚居区和城乡结合部等专项工作，打击混迹流动人口之中以及针对流动人口的各项违法犯罪活动。

二、租赁房屋治安管理

（一）租赁房屋的概念及其基本手续

所谓“租赁房屋”，是指旅馆业之外以营利为目的的、公民私有和单位所有但出租给他人居住的房屋。出租的房屋，其建筑、消防设备、出入口和通道等，必须符合消防安全和治安管理规定；危险和违章建筑的房屋、产权存在争议的房屋，不准出租。

（二）租赁房屋治安管理主要措施

1. 全面掌握辖区租赁房屋底数

一是通过建立政府部门内部业务协作机制，社区民警及时从城市房屋租赁管理部门，共享社区租赁房屋信息。二是社区民警要通过日常人口调查、治安管理和安全防范等工作，全面掌握辖区租赁房屋数及其基本情况。三是应当充分发挥社区委员会（居委会）、社区和单位治保组织等群防群治组织以及社区治安积极分子的作用，强化出租房屋的信息采集。四是探索与房屋租赁中介组织开展信息共享的适当机制和途径，提高租赁房屋信息的准确性和及时性。

2. 充分利用信息系统提高管理效能

一是在全面掌握辖区租赁房屋底数的基础上，参照旅馆业管理信息系统建设经验，建立租赁房屋进入和退出租赁市场的动态登记管理信息系统。二是与暂住人口管理信息系统接口，实现租赁房屋信息和暂住人口信息的关联整合，提高管理效能。

3. 依法落实租赁双方治安责任

一方面，应依法督促房屋出租人履行以下治安责任：（1）不准将房屋出租给无合法有效证件的承租人；（2）与承租人签订租赁合同，承租人是流动人员的，应当带领其到公安派出所申报暂住户口登记；（3）对承租人的姓名、性别、年龄、常住户口所在地、职业或者主要经济来源、服务处所等基本情况进行登记并向公安派出所备案；（4）发现承租人有违法犯罪活动或者有违法犯罪嫌疑的，应当及时报告公安机关；（5）对出租的房屋经常进行安全检查，及时发现和排除安全隐患，保障承租人的居住安全；（6）房屋停止租赁的，应当到公安派出所办理注销手续；（7）房屋出租单位或者个人委托代理人管理出租房屋的，代理人必须遵守有关规定，承担相应责任。

另一方面，应依法督促房屋承租人履行以下治安责任：（1）必须持有本人居民身份证或者其他合法身份证件；（2）租赁房屋住宿的暂住人员，必须按户口管理规定，在3日内到公安派出所申报暂住户口登记；（3）将承租房屋转租或者转借他人的，应当向当地公安派出所申报备案；（4）安全使用出租房屋，发现承租房屋有安全隐患，应当及时告知出租人予以消除；（5）承租的房屋不准用于生产、储存、经营易燃、易爆、有毒等危险物品。

4. 重点整治治安突出问题

一是加强与房屋租赁管理部门、城市管理部门的业务协作，重点打击房屋的非法出租现象以及私搭乱建、乱出租现象，提高管理覆盖面。二是及时依法查处违反安全和暂住管理规定的出租房房主或中介机构，减少、杜绝治安和事故隐患。三是通过集中整治行动，严厉打击利用租赁房屋从事制假贩假、非法从事危险物品生产、储存、经营，以及卖淫嫖娼等违法犯罪问题，维护租赁房屋的安全与治安秩序。

第三节　特殊人员管理

公安机关管理的特殊人员，主要是指具有较高违法犯罪可能性或潜在危险性的一些特定人员。限于工作实际，本节只对被取保候审与监视居住人员、实施社区矫正的监外罪犯的管理进行阐述。

一、被取保候审、监视居住人员监管

（一）监管期限

按照我国刑事法律的规定，取保候审、监视居住由公安机关执行。被取保候审、监视居住人员监管的监管期依据人民法院、人民检察院和公安机关对犯罪嫌疑人、被告人取保候审、监视居住的期限而定，取保候审最长不得超过12个月，监视居住最长不得超过6个月。公安机关在执行取保候审、监视居住时发现不应当追究刑事责任或者取保候审、监视居住期限届满的，应当及时解除取保候审、监视居住。解除取保候审、监视居住，应当及时通知被取保候审、监视居住人和有关单位。

（二）监管内容

1. 对被取保候审的犯罪嫌疑人、被告人的监管内容

对被取保候审的犯罪嫌疑人、被告人，公安机关应当监督其遵守以下规定：

(1) 未经执行机关批准不得离开所居住的市、县。

(2) 住址、工作单位和联系方式发生变动的，在二十四小时以内向执行机关报告。

(3) 在传讯的时候及时到案。

(4) 不得以任何形式干扰证人作证。

(5) 不得毁灭、伪造证据或者串供。

如果被责令被取保候审的犯罪嫌疑人、被告人被人民法院、人民检察院或公安机关在采取取保候审时，附加要求其遵守以下一项或者多项规定时，公安机关亦应同时监督被取保候审人遵守以下规定：

(1) 不得进入特定的场所。

(2) 不得与特定的人员会见或者通信。

(3) 不得从事特定的活动。

(4) 将护照等出入境证件、驾驶证件交公安机关保存。

2. 对被监视居住的犯罪嫌疑人、被告人的监管内容

对被监视居住的犯罪嫌疑人、被告人，公安机关应当监督其遵守以下规定：

(1) 未经执行机关批准不得离开执行监视居住的处所。

(2) 未经执行机关批准不得会见他人或者通信。

(3) 在传讯的时候及时到案。

(4) 不得以任何形式干扰证人作证。

(5) 不得毁灭、伪造证据或者串供。

(6) 将护照等出入境证件、身份证件、驾驶证件交公安机关保存。

公安机关对被监视居住的犯罪嫌疑人、被告人，可以采取电子监控、不定期检查等监视方法对其遵守监视居住规定的情况进行监督；在侦查期间，可以对被监视居住的犯罪嫌疑人的通信情况进行监控。

（三）监管的主要工作

1. 严密交接并落实监管责任

被取保候审、监视居住人员监管由市、县公安机关组织实施，由所在地公安派出所和公安机关案件侦查部门具体负责。公安机关治安、户政、基层基础工作、派出所工作部门要与人民法院、人民检察院和公安机关案件侦查部门严格按照有关规定，加强联系，密切协调。人民法院、人民检察院和公安机关案件侦查部门及时通知，公安机关治安、户政、基层基础工作、派出所工作部门按时接管，确保决定与监管不脱节。公安机关治安、户政、基层基础、派出所工作部门和公安派出所有关社区民警，要熟悉被取保候审、监视居住人员监管的法律和工作规范、落实监管责任。

2. 依法督促被取保候审、监视居住人员与保证人履行法定义务

人民法院、人民检察院和公安机关案件侦查部门以及派出所社区民警应当明确告知被取保候审、监视居住人员在监管期间依法应当遵守的监管规定。对于被取保候审人员，还应当依法督促保证人履行监督被保证人遵守监管法律规定、发现被保证人可能发生或者已经发生违反监管法律规定行为时及时向执行机关报告的义务。被保证人有违反监管法律规定的行为，保证人未及时报告的，可以对保证人处以罚款，构成犯罪的，依法追究刑事责任。

3. 掌控监管对象活动情况

一是被取保候审、监视居住人员要定期向具体实施监管的公安派出所报告自身活动情况，报告的形式、内容等具体规定，由派出所社区民警事先告知被取保候审、监视居住人员。二是依法实施监控活动，不让被取保候审、监视居住人员脱离监管视线。社区民警应经常从社区群防群治组织或其他有关人员处及时了解掌握被取保候审、监视居住人员主要活动情况，发现问题，及时监控，并报告人民法院、人民检察院和公安机关案件侦查部门依法采取其他刑事强制措施。对于被监视居住人员，公安机关还应当依法扣押其居民身份证。三是被取保候审的犯罪嫌疑人、被告人需要离开所居住的市、县，被监视居住的犯罪嫌疑人、被告人需要离开住处或指定的居所，必须经公安机关批准，取得外出（或离开）证明；到达和离开目的地时，必须向当地公安派出所报告；返回执行地时，必须立即报告并将证明交回公安机关。

4. 依法按时结束监管

被取保候审、监视居住人员均有其法定的监管期与最长期限，在取保候审、监视居住期间，不得中断对案件的侦查、起诉和审理。对于发现不应当追究刑事责任或者取保候审、监视居住期限届满的，应当及时解除取保候审、监视居住。解除取保候审、监视居住，应当及时通知被取保候审、监视居住人和有关单位。被取保候审人员违反监管规定，应当区别情形，责令其具结悔过，重新交纳保证金、提出保证人或者监视居住、予以逮捕；被监视居住人员违反监管规定，情节严重的，予以逮捕。

二、监外罪犯的社区矫正

社区矫正是与监禁矫正相对的刑罚执行方式，是指将符合社区矫正条件的罪犯置于社区内，由专门的国家机关在相关社会团体、民间组织和社会志愿者的协助下，在判决、裁定或决定确定的期限内，矫正其犯罪心理和行为恶习，促进其顺利回归社会的非监禁刑罚执行活动。

社区矫正是积极利用各种社会资源、整合社会各方面力量，对罪行较轻、主观恶性较小、社会危害性不大的罪犯或者经过监管改造、确有悔改表现、不致再危害社会的罪犯在社区中进行有针对性管理、教育和改造的工作，是当今世界各国刑罚制度发展的趋势。监外罪犯的社区矫正既是一项刑罚执行工作，也是一项重要的人口公共安全管理措施，对遏制犯罪、维护社会治安具有十分重要的意义。

近年来，为适应我国政治、经济、社会及文化的发展要求，在开展社区矫正试点并逐步扩大试点工作范围的基础上，我国已正式开展社区矫正工作，实行刑罚执行制度的改革。

（一）社区矫正的适用范围

社区矫正是非监禁刑罚执行活动，按照我国《刑事诉讼法》的规定，社区矫正的适用范围包括：对被判处管制、宣告缓刑、假释或者暂予监外执行的罪犯，依法实行社区矫正，由社区矫正机构负责执行。其中，被暂予监外执行的，包括有严重疾病需要保外就医的、怀孕或者正在哺乳自己婴儿的妇女、生活不能自理且适用暂予监外执行不致危害社会的。在符合法定条件的情况下，对于罪行轻微、主观恶性不大的未成年犯、老病残犯，以及罪行较轻的初犯、过失犯等，应当作为重点对象，适用非监禁措施，实施社区矫正。

（二）社区矫正的工作机制与职责分工

社区矫正工作实行党委、政府统一领导，司法行政机关牵头组织实施，法院、检察、公安、司法行政等相关部门协调配合，社会力量广泛参与的领导体制和工作机制。

社区矫正是一项综合性很强的工作，有关部门应依法履行各自的职责，相互配合、相互支持，保证工作的顺利开展。

司法行政机关应牵头组织有关单位和社区基层组织开展社区矫正工作，会同公安机关搞好对社区服刑人员的监督考察，组织协调对社区服刑人员的教育改造和帮助工作。街道、乡镇司法所具体承担社区矫正的日常管理工作。监狱管理机关要依法准确适用暂予监外执行措施，对符合假释条件的人员要及时报请人民法院裁定假释，并积极协助社区矫正组织的工作。

公安机关要配合司法行政机关依法加强对社区服刑人员的监督考察，依法履行有关法律程序和职责。一是与司法行政机关共同对社区服刑人员进行接收宣告和解除社区矫正宣告。二是依法对社区服刑人员的迁居、会客、请假等进行审批，配合司法行政机关依法加强对社区服刑人员的监督考察。三是对违反社区矫正规定的社区服刑人员，根据司法行政机关的建议，依法采取训诫、治安处罚、提请收监执行等措施；对脱离监管的社区服刑人员进行追逃。四是对重新犯罪的社区服刑人员，及时依法处理等。

社会各有关方面要理解、支持和参与社区矫正工作，为开展社区矫正工作创造良好的社会环境。

此外，人民法院要依法充分适用非监禁刑罚和非监禁刑罚执行措施，对依法可能适用非监禁刑罚的被告人，在审理中可以委托司法行政机关进行审前社会调查，并将有关法律文书及时抄送司法行政机关。人民检察院要加强对社区矫正各执法环节的法律监督，发现有违法情况时应及时提出纠正意见或者检察建议，保障刑罚的正确执行。

（三）监外罪犯社区矫正考验期与执行机关

按照我国刑事法律的规定，各类监外罪犯社区矫正的考验期内容如表 3—1 所示。

表 3—1　　各类监外罪犯社区矫正的考验期

监外罪犯类型	考验期
管制	同判决的刑期（3 个月至 2 年）
宣告缓刑	拘役的缓刑考验期为原判刑期以上 1 年以下，但不能少于 2 个月。 有期徒刑的缓刑考验期为原判刑期以上 5 年以下，但不能少于 1 年。
假释	有期徒刑的假释考验期为没有执行完毕的刑期。 无期徒刑的假释考验期为 10 年。
暂予监外执行	同监外执行的期限

（四）监外罪犯应遵守的规定

1. 监外罪犯应遵守的一般规定

《刑法》、《刑事诉讼法》规定，监外罪犯必须遵守法律、行政法规，服从监督；未经执行机关批准，不得行使言论、出版、集会、结社、游行、示威自由的权利；按照执行机关规定报告自己的活动情况；遵守执行机关关于会客的规定；离开所居住的市、县或者迁居，应当报经执行机关批准。

2. 保外就医罪犯应当遵守的特殊规定

除遵守一般规定外，因保外就医而暂予监外执行的罪犯，还应当遵守下列规定：在指定的医院接受治疗；确因治疗、护理的特殊要求，需要转院或者离开所居住区域的，必须经公安机关批准；进行治疗疾病以外的社会活动必须经公安机关批准；遵守公安机关制定的具体监督管理措施。

（五）监外罪犯社区矫正的主要工作

1. 严密交接并熟悉监改规定

监外罪犯社区矫正工作由市、县社区矫正工作领导小组办公室（简称矫正办，设在本级司法行政部门）组织实施，由所在地乡镇、街道司法所具体负责，公安派出所积极配合。司法、公安两方面一定要严格按照有关规定，加强联系，密切协调。司法部门及时通知，公安机关积极配合管理，确保判决与监管不脱节。乡镇司法所有关工作人员，公安机关治安、户政、基层基础工作部门和公安派出所有关民警，要熟悉各类监外罪犯的监管法律和工作规范。

2. 依法建立组织并健全档案管理制度

乡镇街道司法所、公安派出所在接到由县（市）矫正办转来的人民法院判决、裁定、决定后，应当指定监外罪犯居住地的乡镇街道司法干部、社区民警具体负责监管工作的实施，并及时通知所在社区管理委员会、治安保卫委员会或原所在单位，遴选可靠人员，依法组成监管小组；并立即逐个建立监外罪犯的监管档案，并在以后的工作中依照监管程序进一步完善。

3. 适当形式公开矫正规定

负责监督考察的乡镇街道司法所与公安派出所，负责对监外罪犯进行接收宣告和解除社区矫正宣告。乡镇街道司法所与公安派出所应按照人民法院的判决、裁定、决定，向罪犯及其原所在单位或者居住地的有关群众，宣布其犯罪事实、监管期限，以及罪犯在此期间必须遵守的规定和监管组织、人员、程序、方式、方法。

4. 定期掌控监管对象活动情况

一是要规定监外罪犯要依法定期向具体实施监督考察的乡镇街道司法所报告自身活动情况，报告的形式、内容等具体规定，由县（市）矫正办事先向监外罪犯和监管人员公开宣布。二是依法实施监控活动，不让被监改人员逃脱。乡镇街道司法所干部和社区民警应经常通过监改小组成员或其他有关人员及时了解掌握监外罪犯的思想状态和主要活动情况，发现问题，及时监控。社区民警要配合司法行政机关依法加强对社区服刑人员的监督考察。三是依法对社区服刑人员的迁居、会客、请假等进行审批。监外罪犯需要离开所居住的市、镇范围，必须经乡镇街道司法所和公安机关批准，取得外出证明；到达和离开目的地时，必须向当地乡镇街道司法所和公安派出所报告；返回执行地时，必须立即报告并将证明交回乡镇街道司法所和公安派出所。四是逐项形成材料，不断充实、健全监改档案。

5. 依法按时结束监管

监外罪犯社区矫正均有其法定的考验期，考验期满而无违法违规行为，乡镇街道司法所和公安机关应按时撤销监管，并向本人和有关群众公开宣布。在矫正期间，被监管的监外罪犯凡发现新罪或重新犯罪、有收监必要或依法迁移户口，都应依法结束监管，并告知相关的公安、司法部门和单位。

第四节　境外人员管理

一、境外人员的概念

境外人员，包括外国人、华侨以及我国香港、澳门、台湾地区的中国公民。

外国人是指不具有中国国籍的人，也包括无国籍人。

华侨是指定居国外的中国公民，如在国外已经获得长期或者永久居留权并事实上已在国外定居的中国公民。

香港居民指在香港地区定居，持有香港身份证件的中国公民。

澳门居民指在澳门地区定居，持有澳门身份证件的中国公民。

台湾居民指居住在台湾地区的中国公民。

二、境外人员入出境管理

（一）外国人入出境管理

外国人进入中国国境，应当向出入境边防检查机关交验本人的护照或者其他国际旅行证件、签证或者其他入境许可证明，履行规定的手续，经查验准许，方可入境。

外国人出境，应当向出入境边防检查机关交验本人的护照或者其他国际旅行证件等出境入境证件，履行规定的手续，经查验准许，方可出境。根据我国法律规定，凡没有不准出境情形的外国人，只要持有中国政府承认的有效护照或其他证件以及中国主管机关签发的准予在中国停留的有效签证或居留证件，就可以从中国对外开放或指定的口岸离境。

（二）港、澳、台居民来往大陆（内地）管理

目前，我国香港、澳门和台湾地区居民来往大陆（内地）的，应当依据有关规定办理“中华人民共和国往来港澳通行证”或“台湾居民来往大陆通行证”。

三、外国人停留居留管理

我国公安机关对外国人的停留居留予以管理。年满十六周岁的外国人在中国境内停留居留，应当随身携带本人的护照或者其他国际旅行证件，或者外国人停留居留证件，接受公安机关的查验。

（一）外国人停留管理

外国人在华停留期间应持有效的签证和停留证件。外国人在中国停留的期限，应当不超过签证注明的期限；经停留地县级以上地方人民政府公安机关出入境管理机构批准延长停留期限的，方能在注明的延长期限内继续停留。

外国人在中国境内停留期间，接受住宿登记管理。外国人住宿于旅馆的，旅馆应当按照旅馆业治安管理的有关规定为其办理住宿登记，并向所在地公安机关报送外国人住宿登

记信息。外国人在旅馆以外的其他住所居住或者住宿的，应当在入住后24小时内由本人或者留宿人，向居住地的公安机关办理登记。

（二）外国人居留管理

外国人所持签证注明入境后需要办理居留证件的，应当自入境之日起30日内，向拟居留地县级以上地方人民政府公安机关出入境管理机构申请办理外国人居留证件。

县级以上公安机关出入境管理机构有权批准和办理外国人居留证件，进行居留登记，变更居留登记，以及换发、补发签证以及停留、居留证件。

公安部有权批准并授予或取消外国人在中国的永久居留资格。

四、港澳台居民的暂住登记管理

香港、澳门、台湾居民短期来大陆（内地）的，应当按照户口管理规定办理暂住登记。在宾馆、饭店、招待所、旅店、学校等企业、事业单位或者机关、团体和其他机构内住宿的，应当填写临时住宿登记表；住在亲友家的，由本人或者亲友在24小时（在农村为72小时）内到当地公安派出所或者户籍办公室办理暂住登记手续。

基层公安机关在验收境外人员临时住宿登记表后进行统计，定期上报上级主管部门，并通报同级公安出入境管理部门。

【导入案例简析】

户口登记的核心功能即确认和证明公民身份，其作用非常广泛：从公民个人角度看，主要表现为方便公民的社会活动，保障公民的合法权益；从社会管理的角度看，主要表现为支持各项社会管理事务，维护正常的社会秩序；从公共安全的角度看，主要表现为保障整个社会的公共安全，维护社会治安和社会稳定。

从本案看，由于户籍民警王某的玩忽职守，没有严格依法依正常程序办理所谓“李森青”的落户手续，致使公安部A级通缉犯、大毒枭刘某顺利以“李某青”的名义“落户”全州县龙水镇安陂村，成为该村村民，轻易地就将大毒枭的身份“漂白”为“安陂村村民”，从而使刘某得以在全州县隐藏起来，成功地躲避了公安机关的追捕和打击达5年之久，为社会治安留下了重大隐患。因此，作为我国社会管理、治安管理基础性制度的户口登记制度，其管理的严密性、准确性对于确认和证明公民身份、准确打击违法犯罪、维护社会治安秩序具有重要的现实意义。

【本章小结】

户口管理，是依法收集、确认、提供本国住户居民身份、住址、亲属关系等人口基本信息的国家行政管理。户口管理对于公共安全而言，具有对违法犯罪者的心理震慑、广泛的人身辨认、辖区时空控制、各类信息收集、组织辖区治安防范等功能。常住人口管理工作主要包括：常住人口登记，居民身份证管理常住人口调查户口档案管理。

流动人口，是指未依法改变法定住址而在常住地市区或乡镇之外滞留过夜的移动人口。

被取保候审、监视居住人员的监管工作，主要包括：公安派出所和公安机关案件侦查部门严密交接并落实监管责任、依法督促被取保候审、监视居住人员与保证人履行法定义务、随时掌控监管对象活动情况、依法按时结束监管。

监外罪犯的社区矫正，是指将符合社区矫正条件的罪犯置于社区内，由专门的国家机关在相关社会团体、民间组织和社会志愿者的协助下，在判决、裁定或决定确定的期限内，矫正其犯罪心理和行为恶习，促进其顺利回归社会的非监禁刑罚执行活动。

境外人员，包括外国人、华侨以及我国香港、澳门、台湾地区的中国公民。外国人是指不具有中国国籍的人，也包括无国籍人。我国公安机关对外国人的停留居留予以管理。香港、澳门、台湾居民短期来大陆（内地）的，应当按照户口管理规定办理暂住登记。

【关键术语】

人口管理　常住人口管理　流动人口管理　户口管理　居民身份证　社区矫正　境外人员

【推荐阅读与学习资源】

1. 陆益龙：《户籍制度——控制与社会差别》，北京，商务印书馆，2004。

2. 王新华主编：《中国户籍法律制度研究》，北京，中国人民公安大学出版社，2001。

3. 马福云：《户籍制度研究：权益化及其变革》，北京，中国社会出版社，2013。

4. 张谦元、柴晓宇等：《城乡二元户籍制度改革研究》，北京，中国社会科学出版社，2012。

5. 国家人口和计划生育委员会流动人口服务管理司：《中国流动人口发展报告》，北京，中国人口出版社，2010、2011、2012。

6. 刘强编：《美国社区矫正的理论与实践》，北京，中国人民公安大学出版社，2003。

7. 伍先江：《论流动人口服务管理创新》，载《中国人民公安大学学报（社会科学版）》，2011（2）。

8. 郑杭生、陆益龙：《开放、改革与包容性发展——大转型大流动时期的城市流动人口管理》，载《学海》，2011（6）。

第四章　特种行业管理

【学习目标】

理解和掌握特种行业的概念、特点；了解特种行业的范围及其发展变化过程；掌握特种行业的管理制度与措施，掌握特种行业应当履行的治安义务。

【导入案例】

滁州市下辖明光市的“江浙大酒店”位于明光市商业闹市区，于2011年5月，由浙江人陶某斥资900余万元修建。该酒店自开业以来，屡次违反旅馆业实名制管理规定，未按规定登记住宿旅客身份信息，先后被公安机关治安处罚11次。同时因酒店内部管理和安全保卫制度混乱，在酒店内多次发生违法犯罪案件，该酒店经营者多次被公安机关约谈、训诫、要求整改，但该酒店依然没有采取切实措施改进酒店管理，没有认真履行相关安全义务，给酒店入住旅客安全和社会治安管理带来了隐患。

鉴于该酒店严重违法且屡教不改的情况，2013年10月，明光市公安局依据《治安管理处罚法》相关规定，吊销了该酒店的特种行业许可证，并责令其停止营业，同时通报工商部门依法处理。此后，该酒店全面停业。[①]

第一节　特种行业的概念和范围

一、特种行业的概念

“特种行业”是公安机关的专业用语，是指在社会服务业中由于业务内容和经营方式同社会治安密切相关，容易被利用进行违法犯罪活动，根据法律、法规规定，由公安机关实行特殊治安管理的行业。实践中，可简称为“特行”或“特业”。

理解特种行业这个概念时应把握以下几点：一是特种行业既是公安机关的专业用语，又是一个法律术语。在1995年《人民警察法》出台以前，特种行业一直是公安机关内部用语。[②]《人民警察法》第6条关于人民警察职权第6项规定，公安机关人民警察依法“对

① 出自《明光一大酒店严重违法被停业》一文，见 http://szbk.chuzhou.cn/wdck/html/2013－10/29/content_84472.htm（2015年12月29日最后浏览）。

② 1985年公安部《关于改革和加强特种行业管理工作的通知》（已废止）第7条规定：“特种行业的名称只在内部使用。旅馆、刻字、收购生产性废旧金属和信托寄卖行业，今后对外按其行业属性该称什么就称什么行业，不再统称特种行业。”

法律、法规规定的特种行业进行管理”，从而明确了特种行业是一个可以公开使用的法律术语。二是特种行业必须是社会服务业中与社会治安密切相关，极易被利用进行违法犯罪活动的行业，而不是一般可能被利用进行违法犯罪活动的行业。三是特种行业必须是经立法明确确定的行业，而不是公安机关随意设定的行业。四是特种行业由公安机关依法实行不同于一般治安管理的特殊治安管理措施，如开业审批、实时报告、业务批准、经营信息备查等。

二、特种行业的范围

（一）新中国成立前特种行业范围

特种行业作为一个明确的概念，是出现在新中国成立后的社会治安管理领域中，而且只是在公安机关内部使用。但是，作为一项特殊的警察管理内容，在清末即有雏形。如，1908年颁发的《大清违警律》第23条规定：“违背章程开设戏园及各项游览处所者，处五日以下，一日以上之拘留；或五元以下，一角以上之罚金”；第34条规定：“旅店不将投宿人姓名、住址及其职业呈报者，处五元以下，一角以上之罚金”，“凡茶馆、酒肆及各项游戏处所主人或经理人于巡警官署所定时限外听客逗留者，处十五元以下、十元以上之罚金”，等等。此外，还制定了《大清印刷物专律》（1906年），对印刷实施管理控制。国民党统治时期，将某些特殊行业列为“特种营业”进行管理，其管理范围十分广泛，包括：公共娱乐场所、旅店业、旧货业、典当业、印铸刻字业、无线电器材业等，以及与公共秩序相关的其他营业等。国民党政府对“特种营业”的管理，先后制定了大量的法规，单就上海一个市就有《上海市公共娱乐场所管理规则》、《上海市旅店管理规则》、《上海市旧货业管理办法》、《上海市警察局管理娼妓办法》、《上海市警察局取缔摊贩规则》，以及有关舞厅、酒吧间、咖啡馆、游艺场，还有女侍、舞女的登记管理办法和规则等治安法规。

（二）新中国成立后特种行业范围的变化

新中国成立初期，处于新旧社会的交替阶段，社会秩序比较混乱，公安机关对特种行业的范围规定得比较宽泛，主要包括：旅店业、印铸刻字业、旧货寄卖业、无线电器材业、火药制造业、硫黄制造业、茶社、酒吧间，以及戏院、影剧院、影厅、歌厅、舞场、球场、杂耍场等公共娱乐场所。1957年我国对私营工商业完成了社会主义改造，社会治安秩序明显好转，各种形式的违法犯罪日趋减少。原来列为特种行业管理的行业大都已成为国营企业、公私合营企业和合作社企业。有的旅馆已成为机关、事业单位的招待所，不再对外经营；旧货业改成“调剂”业，不再以营利为目的了，许多游艺场所、体育场馆、影剧场改成了文化馆、俱乐部，成批的娱乐场、服务单位关闭转业。因此，许多行业已不宜再列为特种行业进行管理，特种行业的管理范围开始缩小。1958年12月公安部宣布停止执行1951年8月15日公布的《公共娱乐场所暂行管理规则》。在20世纪60年代初，国家不再把公共娱乐场所、无线电器材业、火药制造业和硫黄制造业列入特种行业管理。至此，实际列入特种行业管理的只剩旅馆业这一个行业了。“文化大革命”期间，特种行业管理处于停滞状态。

改革开放以后，特种行业很快恢复发展，随之也出现了一些新情况、新问题。公安机关适时制定了新的特种行业管理制度。1978年8月，公安部修改了《城市治安管理工作细则》，规定了特种行业的管理范围，包括旅馆业、旧货业、印铸刻字业和修理业。

1985 年 3 月 21 日公安部下发了《关于改革和加强特种行业管理工作的通知》，其中明确规定取消对修理业、一般废旧物品收购业和印铸业的特种行业管理，调整后特种行业的范围包括：旅馆业、刻字业、生产性废旧金属收购业和信托寄卖业。

1988 年前后，印刷行业秩序较为混乱，针对这种情况，新闻出版署、公安部等五个部门于 1988 年 11 月联合制定了《印刷行业管理暂行办法》，把“专营或兼营排版、制版、印刷装订、复印、影印、油印、誊写、打印等印刷业务”重新纳入特种行业管理范围之中。

1994 年 1 月，经国务院批准，公安部发布的《废旧金属收购业治安管理办法》规定，生产性废旧金属和非生产性金属的收购业由公安机关进行特种行业管理。

1995 年 5 月，公安部发布《典当业治安管理办法》将典当业纳入特种行业管理范围之中。

1997 年生效的《中华人民共和国拍卖法》，第一次以法律的形式规定了拍卖业为特种行业。但 2004 年修订《中华人民共和国拍卖法》时，又取消了“公安机关对拍卖业按照特种行业实施治安管理”的规定。

国务院于 2002 年、2003 年、2004 年、2007 年分四批取消了 1829 项行政审批项目，其中包括若干项特种行业行政许可。2004 年 6 月 29 日公布的《国务院对确需保留的行政审批项目设定行政许可的决定》以国务院规定的形式保留 500 项行政许可，其中只保留典当业、旅馆业、公章刻制业等三种特种行业许可。

三、旅馆业

（一）旅馆的概念

旅馆一般是指为在途的旅客提供住宿餐饮的地方。

我国最早的旅馆，叫作“驿传”，是专门用来为古代传递公文书信的人员住宿的旅店。[①] 在我国许多先秦典籍之中就有了不少记载，如《左传》、《庄子》、《国语》、《韩非子》，等等。在古文献中，对具有旅馆功能的场所的称呼有几十种之多，如迎宾馆、驿馆、旅馆、候馆、四方馆、客馆、番馆、会馆、驿站、传舍、客舍、邸舍、铺舍、逆旅、旅店、道店、火房、客店、邸阁、饭店、鸡毛小店等，主要分为“馆”、“驿”、“舍”、“店”四大类。这里面有政府设置用来供信使传递公文政令途中休息食宿的“驿站”，也有专供商人存货、交易和居住的“邸店”“邸舍”，也有专门用来招待各国使臣和国内少数民族代表食宿的“四方馆”，也有大量民间开设，对入住者没有身份要求的旅店、馆舍等。在古代，当时的政治家们已经注意到旅馆业的发展对于社会经济的发展有重要的推动作用，而且由于旅馆一般都开设在重要商贸市集之中和交通便利之处，对于控制人和商品的流通有重要作用，所以很早就将旅馆业的发展纳入到了政府管理的范围。春秋战国时期，秦国著名的“商鞅变法”中有对将旅馆业进行严格的政府管理。史书记载：“后五月秦孝公卒，太子立。公子虔之徒告商君欲反，发吏捕商君。商君亡至关下，欲舍客舍。客人不知其是商君也，曰：‘商君之法，舍人无验者坐之。’商君喟然叹曰：‘嗟乎，为法之蔽一至此

---

① 参见于省吾：《殷代的交通工具和馹傳制度》，载《东北人民大学人文科学学报》，1955（2）。

哉！’去之魏。”[①] 这种旅店业的住宿登记制度，现在依然沿用。

新中国成立以后，我国旅馆业得到了较大的发展。截至2014年，全国星级饭店数量达到11 180家，客房数达到149.79万间/套，床位数262.48万张。[②]

（二）旅馆业的范围

根据1987年9月23日国务院批准，1987年11月10日公安部发布的《旅馆业治安管理办法》第2条的规定，“凡经营接待旅客住宿的旅馆、饭店、宾馆、招待所、客货栈、车马店、浴池等（以下统称旅馆），不论是国营、集体经营，还是合伙经营、个体经营、中外合资、中外合作经营，不论是专营还是兼营，不论是常年经营，还是季节性经营，都必须遵守本办法。”一般常见的有向社会公众提供住宿服务的宾馆、饭店、旅店、公寓式酒店、招待所、家庭式旅店、会所、洗浴中心、足疗室、按摩店、短租房、日租房、农家乐、度假村，等等。所以，只要是经营接待旅客住宿的商家，无论其投资方式、商号名称、开业长短、专营兼营、规模大小等，都属于旅馆业范围，全部要被纳入公安机关特殊行业管理范畴。

四、公章刻制业

（一）公章的概念

印章以性质来分，包括公章和私章。公章是指国家权力、党政机关、司法、参政议事、军队、武警、民主党派、工会、共青团、妇联等机关、团体，企业事业单位，民政部门登记的民间组织，居（村）民委员会和各议事协调机构及非常设机构的法定名称章和冠以法定名称的合同、财务、税务、发票等业务专用章。公章是法人单位的信用象征，是法人单位的行为标志，是法人单位对内对外进行意思表示时的法律凭证。公章的使用是法人单位法定代表人行使代表权的一种具有法律意义特殊行为。

在我国印章的历史可以追溯到殷商时期。《逸周书·殷祝篇》中记载，在诸侯大会上，汤拿起天子的玺印，放在天子的座位上。[③] 在东汉许慎所著的《说文解字》中称，印是“执政所持信也。”在古代对印章的称呼随着时代的发展而变化，主要称呼有“玺、印、宝、章、记、朱记、合同、关防、符、契、信、图书、戳记等等。”在古代，印章主要强调官方信用、授权、权威。到了近代，随着商品经济的发展，商业组织、企业法人成为社会交往、商业贸易的主角，推动了印章的普及和使用。印章的信用、凭证作用成为商业交往中必不可少的信用环节。这也促使了政府对于公章刻制业的规范管理。

（二）公章刻制业的范围

2004年《国务院对确需保留的行政审批项目设定行政许可的决定》将公章刻制业确定为特种行业，而没有将公章刻制以外的一般印章刻制业纳入公安机关特种行业，其主要原因在于伪造、变造、买卖公章的行为对社会治安的影响远比伪造、变造、买卖一般印章

---

① 参见《史记》卷六八《商君列传》第2236页，1982年版。

② 参见《2014年度全国星级饭店统计公报》一文，见 http：//www.cnta.gov.cn/zwgk/tzggnew/gztz/201507/t20150706_720300.shtml（2016年1月4日最后浏览）。

③ 参见黄怀信、张懋镕、田旭东撰：《逸周书彙校集注》，李学勤审定，1116页，上海，上海古籍出版社出版，1995。

的行为严重；其主要目的也是在于加强对党、政、军机关，人民团体，企事业单位公章的管理，防止利用公章进行违法犯罪活动。但是，其他刻制印章的手工爱好或经营活动，也应当遵循诚实信用的行业道德规范以及相应的法律规定。

五、典当业

（一）典当的概念

典当是指当户将其动产、财产权利作为当物质押或者将其房地产作为当物抵押给典当行，交付一定比例费用，取得当金，并在约定期限内支付当金利息、偿还当金、赎回当物的行为。其基本的社会功能在于：以财物等作为临时的质押获得流动资金，来解决面临的融资难题。专门进行典当活动的经营机构叫作典当行或典当业。

典当在我国发展已经有了上千年的历史，有研究者认为，我国的典当业起源于南北朝时期的南朝佛寺。"南朝货币经济发达，寺僧放贷的事一定很多，南朝寺院在中国信用史上有特殊的意义，它是典当的创办者。"① 唐代典当业开始兴盛，除了寺库典当以外，出现了民当、官当等多种形式。宋元时期出现了最早的典当业同业行会，以及典当规范。明清时期大量商人从事典当业，成为典当业的主力。地区性的典当商行发展迅速，其中以徽商与晋商最为出名。到了民国时期，典当业逐渐衰落，但在农村与城市的底层经济中仍然有重要地位，是小生产者们主要依赖的金融手段。

新中国成立后，对典当业持否定态度，主要体现在《辞海》对典当的解释中："典当，亦称'当铺'或'押店'，旧社会收取衣物等动产作为质押，向劳动人民进行放贷的高利贷机构。"随着社会经济的发展，典当中质押品的范围逐渐扩大，典当的目的不再是单纯的向劳动人民放贷，而转变成一种特殊的融资方式，因而也被称为现代金融业的鼻祖。改革开放后，伴随着商品经济的发展，社会金融需求加大，典当业又重新恢复了生机，并得到了迅猛的发展，从 1987 年国内第一家典当行获准成立，到 2012 年 6 月底，全国共有典当企业 6 078 家，从业人员 4.8 万人，分支机构 672 家，全行业上半年实现典当总额 1 481 亿元，实现利润总额 18.3 亿元。②

（二）典当业的范围

典当业，是指当户将其动产、财产权利作为当物质押或者将其房地产作为当物抵押给典当行，交付一定比例费用，取得当金，并在约定期限内支付当金利息、偿还当金、赎回当物的行为的非银行金融机构的统称。当前，我国的典当业主要指各种典当行、典当铺。

商务部和公安部于 2005 年颁布了《典当管理办法》，规定典当行业可以经营质押、房地产抵押，以及限额内的绝当物品的变卖、鉴定评估及咨询服务等，但是不得经营非绝当物品的销售以及旧物收购、寄售，吸收存款、资金拆借和发放信用贷款等。可见，目前我国的典当立法尚不允许我国典当行业从事寄售业务，更不允许涉及新商品的零售业务。

---

① 彭信威：《中国货币史》，288 页，上海，上海人民出版社，1965。

② 参见《姜增伟出席全国典当与融资租赁行业工作会议并讲话》，见 http://www.mofcom.gov.cn/aarticle/ae/ai/201208/20120808303349.html（2016 年 1 月 10 日最后浏览）。

第二节　特种行业的管理措施

一、开业许可

申请经营特种行业的，须经所在地县级以上人民政府公安机关许可，领取“特种行业许可证”后，向市场监督行政管理部门申请登记，领取营业执照，方准开业。凡是未经公安机关许可而从事特种行业经营的企业和个人，均构成违法。

（一）申请经营特种行业的条件

根据特种行业治安管理的有关规定，经营特种行业，必须向公安机关申请特种行业许可证。保障安全方面，对申请者有一定的标准和要求，主要是以下两个方面：

（1）对营业场所、设施设备的要求。首先，开办特种行业，必须合理地选址定点，要考虑自然因素和人文因素。其次，特种行业的设施设备要符合安全要求。例如，房屋建筑坚固，门窗设施安全，出入口和通道畅通，具有必要的防火、防盗、抗地震、防雷电的能力，以及具备相应的通信、报警装置等。

（2）对经营者的要求。经营特种行业必须有相应的安全管理制度和安全保卫人员。从业者应具备一定的安全防范常识。此外，特种行业需要扩大经营项目、转业、歇业、合并、迁址、改变名称、变更法定代表人的，也必须在法定期限内向原发证的公安机关申请办理变更或注销手续。申请者经所在地公安机关批准，领取“特种行业许可证”，再向市场监督行政管理部门申请，领取营业执照后，方准开业。

（二）特种行业行政许可的程序

公安机关对特种行业行政许可的程序包括以下两个步骤：

1. 受理申请

特种行业经营者申请“特种行业许可证”，应当向公安机关治安管理部门提交书面申请报告，并提供有关材料，如经营者身份证件，经营场所建筑结构图，消防设施安装、设置位置分布图，各项治安保卫、消防安全管理制度，治安保卫组织或者治安保卫人员基本情况等。申请经营典当业的，经营者还需提供商务主管部门发放的《典当经营许可证》，经营者及其他高级管理人员户口所在地县级人民政府公安机关出具的无故意犯罪记录证明等。

2. 审查决定

公安机关在受理申请后，依照法定权限对特种行业的经营者是否符合从事特种行业事项的条件、标准进行审查核实，认为符合法定条件、标准的，依法在规定期限向申请人颁发“特种行业许可证”。经审查认为不符合法定条件，则应作出不予许可的决定，并向申请人说明理由，或者由公安机关审批部门向申请人提出书面改进意见，待改进后再行审核合格后颁发“特种行业许可证”。申请人对公安机关作出的不予许可决定不服的，可依法申请复议或提起诉讼。

二、治安检查

治安检查是特种行业治安管理的一项非常重要的制度。通过检查可以随时发现特种行业是否存在安全问题，以便及时堵塞漏洞，落实和完善其他管理制度。同时对特种行业在经营过程中是否存在违法犯罪问题进行检查，以便及时纠正和查处，保证特种行业合法经营。公安机关对特种行业进行治安检查的主要内容有以下四个方面：

（1）营业场所建筑设施和设备是否符合安全标准。公安机关应重点对特种行业营业场所的房屋建筑、配电线路、防火、防盗设备等进行定期或不定期的检查，发现安全问题，应及时纠正，防患于未然。

（2）特种行业内部各项管理制度落实情况。公安机关应重点对特种行业的登记验证制度、门卫制度、财物保管制度、巡逻值班制度等落实情况进行定期或者不定期的检查，如发现问题，应督促其及时进行整改。

（3）特种行业及其经营者、其他从业人员在经营过程中是否存在违法犯罪问题。公安机关应重点检查特种行业是否擅自扩大经营范围，是否为介绍、容留卖淫嫖娼或为赌博活动提供场所，是否有收购、销售赃物行为，是否有包庇违法犯罪分子或知情不报等行为。

（4）经营内容和信息备查制度执行情况。特种行业的经营内容及信息登记情况是反映特种行业是否合法经营的主要依据，在特种行业中建立经营内容和经营信息备查制度，能够有效地预防和打击利用特种行业进行违法犯罪活动。特种行业经营和信息备查制度的基本要求包括：一是特种行业应当建立经营内容和信息登记制度；二是特种行业必须确定专人负责登记及保存经营内容和信息；三是特种行业登记的经营内容和信息必须真实、全面、准确；四是特种行业对其登记的经营内容和信息必须保存一定时间，一般为一年，但对不同的特种行业也有不同的要求，如对旅馆业一般要求实时报送旅客住宿登记信息，对典当业经营场所内设置的录像设备，其录像资料至少保存 2 个月。

三、监督特种行业履行治安义务

特种行业自觉履行治安义务对于公安机关搞好治安管理工作具有较好的促进作用，但是在实践中，往往存在一些特种行业为了经济利益而规避甚至违反其治安义务的情况。因而，公安机关应当监督特种行业履行治安义务的情况。

（一）旅馆业应当履行的治安义务

旅馆业在经营过程中应当履行的治安义务有：

一是岗位安全责任制度。旅馆业内部安全管理应首先建立岗位安全责任制，明确各岗位的权利和责任。实行岗位安全责任制，要贯彻谁主管、谁负责的原则，将安全管理与企业日常经营相结合，一级抓一级，落实到各部门、各岗位。

二是登记验证制度。《旅馆业治安管理办法》第 6 条第 1 款规定：“旅馆接待旅客住宿必须登记。登记时，应当查验旅客的身份证件，按规定的项目如实登记。”登记验证是所有旅馆都必须采取的措施。登记时应仔细查验旅客的身份证件，按规定项目填写“旅客住宿登记表”。旅馆旅客住宿登记表应保存一定时间，以备查询。旅馆服务台的登记员负有认真核对通缉犯、核查可疑人员的责任。登记员应严把登记关，注意识别假造伪冒证件，发现可疑情况应妥善控制，及时报告公安机关。

三是财物保管制度。《旅馆业治安管理办法》第 7 条规定：“旅馆应当设置旅客财物保管箱、柜或保管室、保险柜，指定专人负责保管工作。对旅客寄存的财物，要建立登记、领取和交接制度。”旅馆应设立旅客财物寄存处，保管室要符合安全要求，并确定专人负责保管工作；寄存处严禁存放易燃、易爆等危险物品和职工私人的物品；寄存的钱物存放要分开，严格存取手续；旅客携带的枪支、弹药一律按规定交当地军事部门、公安机关保管，严禁存放在寄存处，发现可疑的持枪人员，应当立即报告公安机关。保管员交接班时，要严格办理交接手续。

四是值班、巡查制度。旅馆应实行24小时值班、巡查制度，值班人员必须坚守岗位，为旅客的人身和财产安全负责。

五是情况报告制度。旅馆业工作人员发现旅客中有违法犯罪分子或其他各种可疑情况，应立即向旅馆保卫部门和当地公安机关报告，不隐瞒包庇，否则将追究相应的责任。对可疑人员，旅馆工作人员应采取有效措施进行监控，在民警到达后，如实地向民警提供情况，积极配合民警工作。

（二）公章刻制业应当履行的治安义务

公章刻制业在经营过程中应当履行的治安义务有：

一是承接公章刻制业务时履行验证登记义务。印章业承接单位印章，必须查验委托单位的证明和公安机关出具的公章刻制证明，按照有关规定严格检查要刻制的公章规格、式样是否符合规定，是否与公章刻制证明上批准的规格、式样相一致，严防伪造假冒。对擅自更改已批准的公章的规格、式样或没有公安机关出具的公章刻制证明的，一律不予制章。印章业要建立专门的登记簿册，由专人登记、承接。登记内容包括委制单位和经办人姓名、地址，承制公章的全称及其数量、规格、式样、使用材料和取货日期等。登记簿册应妥善保管，以备公安机关查验。

二是监制、监销、保管义务。重点单位、要害部门的公章，须在指定的保密车间或特定的工作室指定专人制章，委制单位要派人监督。承制过程中的成品、半成品以及样品应由专人专柜严格保管，防止被盗和丢失。试制的样品和损坏的残品、废品，必须在监销人员监督下进行销毁。底版、图案、设计样品，应全部归还委制单位。印章业不得私自留样、仿制。委托制作公章的单位取货时，取货人凭单位证明和本人身份证件，在登记簿上签收。承制单位在交货时应严格把关，仔细验证，在手续完备的条件下，方可交货，严防违法犯罪人员冒名顶替，领取成品。

三是违法犯罪情况上报义务。印章业经营者在工作中应随时提高警惕，注意发现和控制违法犯罪嫌疑人，并及时向公安机关报告，积极协助公安机关调查处理，不得包庇或知情不举。有条件的印章业应建立内部治安保卫组织或设置专人负责保卫工作，加强内部安全防范。发现私刻、伪造、仿造印章的违法犯罪活动和可疑情况．要及时报告公安机关。同时，公安机关也应根据印章业的特点，经常深入印章业进行指导、监督、检查，了解掌握印章业的动态，以便密切掌握印章业的治安状况，获取较深层次的治安信息。

（三）典当业应当履行的治安义务

典当业在经营过程中应履行的治安义务有：

一是建立内部安全管理制度的义务。经营典当行应当建立健全收当、续当、赎当查验证件（照）制度，当物查验、保管制度，通缉协查核对制度，可疑情况报告制度，配备保安人员。典当行应当如实记录、统计质押当物和当户信息，并按照所在地县级以上人民政府公安机关的要求报送备查。典当行发现公安机关通报协查的人员或者赃物，应当立即向公安机关报告有关情况。对属于赃物或者有赃物嫌疑的当物，公安机关应当依法予以扣押，并依照国家有关规定处理。对明知是赃物而窝藏、销毁、转移的，依法给予治安管理处罚；构成犯罪的，依法追究刑事责任。典当行采用暴力、威胁手段强迫他人典当，或者以其他不正当手段侵犯当户合法权益，构成违反治安管理行为的，由公安机关依法给予治安管理处罚；构成犯罪的，依法追究刑事责任。

二是安装安全防范设施的义务。经营典当业应当在经营场所内安装录像设备（录像资料至少保存 2 个月），营业柜台、门窗安装防护设施，设置符合安全要求的典当物品保管库房和保险箱（柜、库），安装报警装置，配备必要的消防设施及器材。

四、治理整顿突出的治安问题

对特种行业开展治理整顿，要求公安机关相对集中警力和其他社会力量，在一段时间内针对全部或者部分特种行业相对突出的某些治安问题，依法进行综合治理，以打击特种行业中的违法犯罪活动，消除安全隐患，维护特种行业正常的治安秩序。

（一）治理整顿违法经营活动

未申领特种行业许可证，擅自经营特种行业的，应受治安管理处罚。按照《治安管理处罚法》第 54 条的规定，未经许可，擅自经营按照国家规定需要由公安机关许可的行业的，公安机关应予以取缔，处十日以上十五日以下拘留，并处五百元以上一千元以下罚款；情节较轻的，处五日以下拘留或者五百元以下罚款。

公安机关还应当查处和治理特种行业经营过程中的违法犯罪活动，为违法犯罪行为提供条件等。对于不同类型的特种行业，存在的问题又不一样，如旅馆业存在的主要问题主要是不按规定进行登记，一人登记多人住宿，介绍、容留卖淫嫖娼，为卖淫嫖娼、赌博等违法犯罪行为提供条件，庇护违反犯罪分子。又如，典当业经营者可能为了追求经济利益，不问当物来源，收当限制流通物和赃物；公章刻制业经营者可能存在不经公安机关批准，擅自刻制公章，甚至为违法犯罪分子伪造公章等问题。这些都属于违法经营问题，公安机关不仅应加强日常治安检查和管理，还应针对特种行业存在的上述突出问题，适时开展治理整顿工作。

（二）治理整顿严重的安全隐患

特种行业经营者为了追求经济利益，甚至是非法利益，往往挤占经营场地，堵塞消防通道，不及时更新消防设施和保管设备等，极易产生火灾和失盗事件，影响治安。公安机关应重点针对特种行业中的这些问题及时开展集中整顿和整改工作，以消除安全隐患，确保经营安全。

五、特种行业管理的特殊措施

（一）针对旅馆业的实时监督制度

特种行业经营者必须接受公安机关的治安管理和监督，向公安机关及时报告可疑情况及通过“旅馆业治安管理信息系统”实时报送与治安有关的经营内容情况。按照公安部

1997年发布的《关于加强旅馆业治安管理工作的通知》、1999年发布的《旅馆业治安管理信息系统》及《关于贯彻执行〈旅馆业治安管理信息系统标准〉的通知》的要求，各地公安机关普遍建立旅馆业治安管理信息系统，在公安机关和旅馆业设立终端，对旅馆业进行实时治安管理和监督。

根据以上规定，公安机关在对旅馆业进行日常监督检查的基础上，要求旅馆业设置前台登记系统，由旅馆业负责录入各项旅客信息（包括身份证扫描图片），并将信息实时地通过电话线、专线传递给公安后台中心系统；通过与公安部发布的在逃犯数据库比对，对符合布控、通缉条件的对象，立即自动报警，以实现对旅馆业的实时监督。

有的地方为落实实时监督制度，还通过立法规定了对旅馆业不按规定安装和使用旅馆业治安管理信息系统及不按照规定准确、如实、及时登记录入、传送旅客信息的相应处罚措施。如《广东省旅馆业治安管理规定》第20条规定："违反本规定第五条，不按照规定安装使用旅馆业治安管理信息系统的，由县级以上公安机关责令限期改正，逾期不安装的，对旅馆处以5 000元以上1万元以下罚款。"第21条规定："违反本规定第十条，不按照规定准确、如实、及时登记录入、传送旅客信息的，由县级以上公安机关责令限期改正，逾期不改正的，对旅馆处以1 000元以上5 000元以下罚款。"

（二）针对公章刻制业的业务批准制度

需要刻制公章的单位，经办人必须持单位证明到县级以上公安机关治安管理部门办理准刻手续，由公安机关出具公章准刻证明后，到公安机关指定的印章刻制单位刻制公章，不得自行选择印章刻制单位。没有公章刻制业务特种行业许可证的印章刻制业不得接受公章刻制业务。公章刻制业不得承接手续不全、无公安机关出具准刻证明的公章刻制业务；在承接公章中发现有违法犯罪嫌疑人员或公安机关查缉的案犯，要及时向公安机关报告，不得隐瞒、包庇。

（三）针对公章刻制业的公安机关监销及处理弃章制度

弃章是委刻单位换制新章或者委刻单位被撤销后废弃不用的公章。弃章不及时收回或者销毁，流失到社会，必然会危害社会，给违法犯罪分子以可乘之机，因此，弃章必须在公安机关监督下及时销毁或者封存处理。公安机关在执行监销制度时，应要求特种行业指定专人保管报废公章，及时按照公安部门的要求进行销毁。对于委刻单位超过取货期限30日不领取的公章，特种行业应造册登记后，送交公安部门处理。

【导入案例简析】

根据我国《旅馆业治安管理办法》第5条的规定，旅馆经营者应当建立配套的安全管理制度，指派专门力量负责旅馆的安全保卫，维护住宿旅客的人身财产安全和旅馆治安秩序。根据该办法第6条的规定，旅馆在接待旅客住宿时，应当进行身份登记，查验旅客身份证件，并作如实的记录，以备查验。根据该办法第14条的规定，公安机关负有指导、监督旅馆建立安全管理制度和落实各项安全防范措施的职责，有权纠正旅馆有关违反安全防范义务的行为。

"江浙大酒店"自开业以后，没有落实旅客实名登记管理制度，没有按照规定登记住宿旅客的身份信息，曾因此先后11次被公安机关处罚；其次，该旅馆没有按照规定落实旅店安全保卫义务，内部安全管理混乱，安全保卫措施缺失，导致多次发生违法犯罪案件，并且在公安机关多次对酒店经营者进行约谈、训诫和处罚后，该酒店依然没有采取切实措施改进酒店管理，落实相关安全管理义务，其行为不但违反了《旅馆业治安管理办法》的规定，同时触犯了《治安管理处罚法》第54条第3款的规定："取得公安机关许可的经营者，违反国家有关管理规定，情节严重的，公安机关可以吊销许可证。"因而，公安机关对其处以吊销该酒店的特种行业许可证，并责令其停止营业的处罚，同时通报工商部门依法处理，是必要和及时的。

【延展阅读】

开锁业治安管理一瞥①

开锁行业因其特殊性而备受关注。2004年前，扬州从事开锁经营仅30余家，而今，扬州已有98家列入名录，另有6家待批。然而，技术性开锁入室盗窃案件高发，电动车、自行车被盗屡见不鲜。另外，师傅带徒只管收钱不问来历，只要给钱什么锁都敢开。这些问题的出现，既破坏了开锁业的行业形象，也降低了群众的信任度和安全感。

2015年3月，扬州公安机关治安部门组织开展了开锁业集中整治行动。经过半年的整治，警方完成了锁匠背景资格审查、理论考试和技能考核。最终，警方对全市98家开锁单位的148名开锁匠逐人建库建档，实现"底数清、情况明、不失控"。

现在，当开锁人来到扬州市民身边时，市民可以观察其使用的车辆是否有"扬州开锁"徽标，服装上是否印有"扬州开锁"字样，"扬州市开锁业从业人员工作证"中间贴有开锁人照片、姓名和锁行名称，工作证上还有治安支队场所行业管理大队的印章。同时，扬州治安支队将列入名录的开锁业单位和锁匠信息与110指挥中心对接，并提供给电信查号台，方便市民安全查询和选择。

市民还可以用微信直接扫描工作证上的二维码，手机上会显示由公安机关认证的身份识别，显示内容为"某某开锁服务中心，扬公名锁字第××号许可证"。目前，警方已对148名开锁匠建立工作实名制度，新增、变动的，须经准入培训后在公安机关专用系统注册变更；离职的，须及时备案登记。

过去，只要市民愿意花钱，开锁人员就可帮其开锁，今后可不行了。目前，扬州警方已经为148名开锁匠的手机中免费安装的开锁业APP软件，均通过公安机关后台审核确认，并自动生成用户名，输入密码后方可登录系统操作。市民提供身份证后，开锁匠会将市民身份证信息、现场图片和开锁服务信息实时上传至市公安局，也就是进行开锁前的登记过程。进入家门后，市民还要提供房产证等类似证明。"如果能快速找到家庭合影也可以，只要出示身份证后又能证明是房屋居住人都行。"

据扬州警方透露，他们制定《特种行业从业人员违法行为累计记分制管理办法》，印制《开锁业从业人员累计记分手册》，随工作证一并发放，对开锁匠日常行为进行记分管理。一年内记8分以上的，予以书面警告；达12分的，从名录中删除或取消从业资格，并向社会公布。此外，对规范录入信息，协助抓获网上在逃犯罪嫌疑人、部省通缉协查对象，破获重大案件的，由公安机关一案一奖、逐月兑现。扬州公安创新管理开锁业的经验做法得到了省公安厅、公安部的认可。

---

① 参见曹波、殷长庆、裴雨：《扬州公安规范管理开锁业》，载《江苏法制报》，2015-10-23：1～2版。

【本章小结】

“特种行业”是公安机关的专业用语，是指在社会服务业中由于业务内容和经营方式同社会治安密切相关，容易被利用进行违法犯罪活动，根据法律、法规规定，由公安机关实行特殊治安管理的行业。实践中，可简称为“特行”或“特业”。

特种行业的范围随着不同时期社会经济、治安状况的变化在不断地调整。随着我国行政审批制度的改革，需要公安机关进行行政许可，发放《特种行业许可证》的行业仅剩下旅馆业、公章刻制业、典当业。

公安机关对特种行业的管理措施主要有开业许可、治安检查、监督特种行业履行治安义务、治理整顿突出的治安问题以及针对不同具体行业的特殊治安管理措施。在特种行业治安管理措施中比较重要的是旅馆业的住宿旅客身份信息登记验证制度、公章刻制业的业务登记验证制度和典当业的收当、续当、赎当查验证件（照）制度。

【关键术语】

特种行业　行政许可　备案　登记　验证　治安检查　治安义务

【推荐阅读与学习资源】

1. 熊一新、谢惠敏：《论我国特种行业的概念和管理范围》，载《中国人民公安大学学报》，1998（2）。

2. 谢惠敏：《简论我国特种行业的概念》，载《公安论坛》，1998（1）。

3. 台运启：《论特种行业的界定》，载《中国人民公安大学学报》，2010（5）。

4. 吴明山、廉旭：《论新时期特种行业治安管理》，载《公安研究》，2003（2）。

5. 韩小国主编：《特种行业管理双向实用手册》，北京，中国人民公安大学出版社，1999。

第五章　公共复杂场所管理

【学习目标】

了解公共复杂场所的概念、特点；了解娱乐场所的概念、特点，掌握娱乐场所治安管理基本管理措施和娱乐场所应履行的治安义务；了解休闲服务场所治安特点。

【导入案例】

河南省公共娱乐场所从业人员在上岗之前，必须接受性病、艾滋病检测，并接受相关知识培训；公共娱乐场所的业主必须对从业人员进行详细的实名登记，上报政府疾控部门备案。否则，从业人员不能上岗，娱乐场所不得营业。（摘自《中国青年报》2005 年 2 月 20 日）

问题：如何评价河南省对公共娱乐场所从业人员的管理规定？

第一节　公共复杂场所概述

一、公共复杂场所的含义和分类

公共场所，是相对于企事业单位、私人住所等而言的，它是指向社会开放的，供社会成员自由往来并进行社会活动的场所。如公园、广场、游乐场、商场、火车站、电影院、歌舞厅、桑拿按摩场所等。公共复杂场所是公共场所的重要组成部分，是指人员密集，成分复杂，流动频繁，人员之间没有特定关系，容易发生违法犯罪和治安灾害事故的公共场所。为治安管理方便，公安机关将公共复杂场所分为公共文娱场所、公共交通中转场所、游览场所、商品交易市场等四种类型。

公共文娱场所包括娱乐场所和休闲服务场所，本章第三节将详细阐明。交通中转场所，主要是指人们乘坐公共交通工具所停靠的火车站、长途汽车站、客运码头、民用飞机场等公共交通运输中的中转站点。游览场所，是指供人们参观、观光、游玩、游乐、休闲的游览区域，公园、园林等公共场所。商品交易市场主要指人们交易生产、生活用品大、中、小型商场、集贸市场、农贸市场、旧物交易市场等，这些交易活动通常都在长期的、专门的、固定的经营地点进行，一般称为市场，因而，公安机关采取“场所管理”的方式；商品展销、展览会等也有大量的商品交易活动，但由于展销、展览活动具有活动的临时性、经营地点的临时性和不固定性，因而公安机关将其列为大型群众性活动，按照《大型群众性活动安全管理条例》进行“大型活动”安全许可和管理，从而区别于“场所管理”。

二、公共复杂场所的特点

（一）公共复杂场所涉及社会生活的各个领域

公共复杂场所的社会功能强大，是人们出行、娱乐、健身和进行商品交易、休闲活动的主要场所。公共复杂场所中的活动内容极为广泛，为丰富人们的业余文化生活起到了极其重要的作用；但同时，一些有损精神文明，甚至是违法犯罪的活动也趁机披上娱乐、休闲、健身、商品交易的外衣，利用公共复杂场所大行违法犯罪之道，引起诸多社会治安问题，扰乱了社会治安秩序。

（二）公共复杂场所人员密集、构成复杂

车站、码头、影剧院、歌舞厅等公共复杂场所，均是人员高度密集的地方，且人员的构成极为复杂，既有社会各阶层的人员，也可能有不法人员混迹其中，伺机作案，危害社会治安秩序。同时，人们在公共复杂场所中参与活动具有临时性，匿名性，彼此之间没有特定关系，缺乏集体的、家庭的约束，易做出过激行为或受过激行为的“感染”，继而引发或参与到群体越轨行为中去，从而影响他人生命、财产安全，危害社会治安秩序。

（三）公共复杂场所的种类和数量具有变化性

公共复杂场所对满足人们不同的社会生活需要创造了条件，其中，娱乐、服务场所的发展变化较为突出。传统的娱乐、服务场所主要是电影院、餐馆、理发店等。近 20 多年来，娱乐、服务场所的变化日新月异。电子游戏厅、台球室、保龄球馆、桑拿洗浴场所、酒吧、咖啡馆等场所，均经历了从无到有、从有到繁荣发展的过程，而足浴、网吧等，更是 20 世纪 90 年代末期新近出现的娱乐、服务场所。目前，娱乐、服务场所已遍及城镇、乡村，并且，新的娱乐、服务项目及场所仍将不断涌现。

（四）公共复杂场所中各类信息丰富

人作为信息的一种载体，在公共复杂场所高度聚集、频繁交往和流动，决定了公共复杂场所是信息的集散地，不仅信息交流量大，而且传递速度快。尤其是在电子和通信技术高度发达的时代，信息在人们社会生活中起着越来越重要的作用。对于公安机关来说，充分利用公共复杂场所搜集信息，积极掌握社会动态，对侦查破案、预防群体性事件和采取有效措施进行治安管理，都是很重要的。

（五）公共复杂场所易于发生各种治安问题

公共复杂场所的各类人员之间，容易发生各种矛盾、冲突和纠纷；一旦发生矛盾冲突，易发生连锁反应，诱发新的问题，而且影响面广，处理不当还会引起群众不满，诱发群体性事件。公共复杂场所的特殊环境容易隐藏、容纳违法犯罪分子，而场所的某些经营者，为了追求经济效益，常为违法犯罪提供条件。某些场所的管理者、活动的主办者违反禁令，置社会效益于不顾，片面追求经济效益，会产生治安隐患和灾害事故。公共复杂场所人员密度高，一旦受到自然灾害袭击，容易造成重大伤亡和财产损失，等等。

第二节　公共复杂场所管理的一般方法

公安机关为维护公共复杂场所治安秩序，通常采取以下基本的管理方法。

一、对经营性场所进行备案、登记

经营性公共场所开业后应向公安机关备案。治安管理部门对辖区经营性公共场所进行备案登记，可以掌握各类公共场所的底数，这是对其治安管理的前提。备案时，还应详细记录公共场所的名称、法定代表人、经营地点、经营内容以及从业人员的基本情况，建立和完善场所治安管理信息系统，逐步实行规范化、科学化管理。

二、宣传治安防范意识

公安机关在各种公共复杂场所应加强对群众的治安防范意识的宣传和教育。例如，通过广播、电视、黑板报、宣传栏、警示标语等各种形式向群众宣传治安防范知识，培养群众的防范意识，在交通中转场所宣传严禁旅客携带易燃易爆等危险物品和其他违禁物品乘坐交通工具等安全常识和法律要求，督促浏览场所、商品交易市场管理单位在场所内张贴具有安全警示作用的图片或文字，有条件的也可利用音频、视频设备宣传安全防范知识，防盗、防火、防止意外事故的发生。

三、日常治安监督和检查

在我国加入世界贸易组织后，政府的职能和角色正在向“服务”和“宏观调控”功能转变。我国公安机关的行政审批职能已经并将进一步减小，而行政监督和检查正在并将进一步成为治安管理的主要方法。

监督检查是治安管理部门对辖区内公共复杂场所日常管理的主要方式。例如，在交通中转场所、游览场所和商品交易市场，治安管理部门应加大巡逻力度或者组织经营、承办单位的保安人员加强巡逻，一方面可以起到震慑作用，维护场所的治安秩序；另一方面民警可以及时了解公共场所的治安情况，发现问题及时解决。对于娱乐场所、服务场所，治安管理部门日常管理的主要方式是治安检查，既可以是经常性的治安检查，也可以进行突击性的治安检查，以监督场所是否有违法犯罪活动，或者存在治安隐患，发现问题后，采取其他治安措施进行处理。

通过对公共复杂场所的治安监督和检查，治安管理部门要督促各单位落实场所内各项安全管理措施，使之负起安全责任。例如，在一些游览场所，公安机关可督促场所承办单位安装报警装置，增加应急处置的装备，指导场所管理人员进行应急处置演练，以应付各种突发事件和意外事故。一些带有危险性的设施和活动，如架空索道、缆车、滑道、游船、快艇、跳伞、蹦极跳运动，等等，治安管理部门关要督促承办这些活动的单位落实场所的安全责任，并对其进行经常性的安全监督、检查和指导。

通过对公共复杂场所的治安监督和检查，发现治安隐患或者治安问题后，可采取相应的治安措施督促其整改。发现公共复杂场所存在的治安隐患或治安问题较轻微的，可以当场指出并对场所负责人进行教育，责令其当场改正；治安隐患或治安问题较大的，可以采取限期整改的治安强制措施；对治安隐患和问题非常严重，或者经整改不合格或屡教不改的，可以对责令场所停业整顿、对场所处以大额罚款，同时对公共场所的直接责任人员及主管人员进行治安处罚。

四、适时开展专项整治行动

在不同季节、时间，不同路段、地形，不同类型的交通中转场所，治安问题发生的规律有所不同。例如，在火车站、客运码头、长途汽车站容易发生扒窃、诈骗等违法犯罪活动，尤其在全国铁路、航运客票比较紧张的春运期间、十一黄金周期间，不仅这些活动更为突出，而且在一些主要城市火车站、码头容易发生倒卖火车票、客船票的活动。适时地在交通中转场所开展打击扒窃、诈骗、倒卖车船票的专项行动可以有效地打击嚣张的违法犯罪气焰，维护交通中转场所的正常秩序。

在商品交易市场，一些人欺行霸市、哄抬物价或强压物价，强买强卖，故意扰乱市场秩序，他们往往形成帮派、流氓团伙和流氓恶势力，公安机关应当发现一个打击一个，及时摧毁流氓团伙和流氓恶势力；对活跃在商品交易市场进行扒窃、偷盗、抢夺、诈骗等侵财活动的不法分子，要及时组织力量进行打击，以保障商品交易市场正常的商品交易活动。治安管理部门对商品交易市场中拒绝、阻碍国家工作人员依法执行职务的行为，可以依法给予治安管理处罚，情节严重者，依法追究其刑事责任。

对公共交通中转场所、游览场所、商品交易市场这三类公共复杂场所，公安机关主要采取上述基本管理措施，并根据场所的具体情况作出相应调整，可以收到较好的治安效果。然而近些年来，我国娱乐场所和休闲服务场所出现的治安问题较多，管理的方法也有一定的特殊性和更强的针对性，因而，第三节予以详述。

第三节　娱乐和休闲服务场所治安管理

公共文娱场所可以分为娱乐场所和休闲服务场所，这两类场所由于存在治安问题较多，因而，是当前治安管理的重点场所。

一、娱乐场所治安管理

（一）娱乐场所的管理范围

根据《娱乐场所管理条例》中对娱乐场所的定义，治安管理部门所指的娱乐场所，是指以营利为目的，向公众开放、消费者自娱自乐的歌舞、游艺等场所。包含以下三个要素：第一，是以营利为目的。即经营者开办娱乐场所的目的在于获取经济利益，因而向公众免费开放的或者公众自发组织的非营利性的活动场所，不在娱乐场所管理的范围。第二，是向社会公众开放。这主要区别于单位内部场所，那些在单位内部设立的、仅针对本单位人员开放的娱乐场所，不在管理的范围。但是，那些实行会员制的娱乐场所并不是单位内部场所，由于它是向所有具有入会资格（通常是交纳会费）的公众开放，因而仍是娱乐场所的管理范围。第三，是消费者自娱自乐的场所，消费者单纯地观看各种演出的场所不在《娱乐场所管理条例》所规范的娱乐场所范围内，酒吧、茶馆、桑拿按摩等为消费者提供休闲服务的场所也不被称为娱乐场所。

（二）娱乐场所主要的治安问题

当前，娱乐场所的治安问题主要集中在治安灾害事故、吸贩毒活动、涉黄、涉赌、寻衅滋事等方面。

（1）火灾、挤压伤亡等治安灾害事故在娱乐场所发生的伤亡和损失大、社会影响严重。有的娱乐场所为了赚取更高的利润、降低成本而忽视安全防范工作，导致治安灾害事故不断发生。近些年来在娱乐场所中因火灾事故造成的群死群伤事故较为严重，例如，2000年12月25日在河南省洛阳市东都商厦发生火灾，引致东都商厦歌舞厅309人死亡；2008年9月20在深圳市龙岗区舞王俱乐部发生的火灾致44人死亡、64人受伤。这些事故发生后，都在社会上引起了极大的影响，一方面暴露出娱乐场所管理中存在的诸多问题，另一方面也产生一定的社会恐慌。

（2）吸贩毒活动在歌舞娱乐场所非常猖獗。近年来，吸贩毒人员利用歌舞娱乐场所中的兴奋、刺激环境，大肆从事吸贩毒活动，K粉、摇头丸等新型毒品充斥着歌舞娱乐场所，以至于一些涉世不深的年轻人误认为服用K粉、摇头丸是一种时尚。公安部于2003年对十个省的300家娱乐场所暗访，发现60％的娱乐场所存在涉毒问题。这几年娱乐场所的吸贩毒活动仍呈蔓延之势，亟须公安机关进行大力的整治。

（3）赌博、卖淫、嫖娼活动在娱乐场所滋生、蔓延。在游艺场所中的赌博活动比较突出，甚至有的场所以娱乐为幌子直接开办赌场或者为赌博提供方便和条件；娱乐场所同时还可能成为卖淫、嫖娼人员的搭识场所，有的歌舞厅、卡拉OK厅为卖淫、嫖娼活动提供方便和条件，不仅污染了社会环境，而且影响其他消费者从事健康、文明的娱乐活动。

（4）寻衅滋事、斗殴等违法行为在娱乐场所较易发生。人们在娱乐活动中容易兴奋和激动，同时娱乐场所销售各种酒类饮料，饮酒娱乐时，一些人在亢奋情绪下，容易做出过激行为，有些人借助亢奋的情绪故意滋事、聚众斗殴，扰乱了公共复杂场所的治安秩序和正常的娱乐休闲活动。

（三）娱乐场所的治安管理措施

1. 督促娱乐场所经营者及从业人员履行其治安义务

娱乐场所的治安义务，就是指娱乐场所经营单位在经营过程中，依照有关治安管理的法律、法规，在保障安全、协助公安机关治安管理等方面，所应承担的必须作为或不作为的责任。

公安机关应当主动向娱乐场所经营者及其从业人员宣传法律和法规，使对方明确在经营及从业过程中应依法履行哪些方面的治安义务，并督促娱乐场所履行好其应承担的义务。娱乐场所经营者及从业人员应承担的治安义务主要有：

（1）保障场所消防安全。娱乐场所的法定代表人或者主要负责人应当对娱乐场所的消防安全负责；娱乐场所应当确保其建筑、设施符合国家安全标准和消防技术规范，定期检查消防设施状况，并及时维护、更新；娱乐场所应当制定安全工作方案和应急疏散预案；在营业期间，娱乐场所应当保证疏散通道和安全出口畅通，不得封堵、锁闭疏散通道和安全出口，不得在疏散通道和安全出口设置栅栏等影响疏散的障碍物；娱乐场所应当在疏散通道和安全出口设置明显指示标志，不得遮挡、覆盖指示标志。

（2）依法配备硬件及软件设施、依法调整场所内部结构。娱乐场所应当在营业场所的大厅、包厢、包间内的显著位置悬挂含有禁毒、禁赌、禁止卖淫嫖娼等内容的警示标志、未成年人禁入或者限入标志，标志应当注明公安部门、文化主管部门的举报电话；歌舞娱乐场所应当按照国务院公安部门的规定在营业场所的出入口、主要通道安装闭路电视监控设备，并应当保证闭路电视监控设备在营业期间正常运行，不得中断，并应当将闭路电视监控录像资料留存30日备查，不得删改或者挪作他用；歌舞娱乐场所的包厢、包间应当安装展现室内整体环境的透明门窗，在包厢、包间内不得设置隔断，包厢、包间门不得有内锁装置；营业期间，歌舞娱乐场所内亮度不得低于国家规定的标准；迪斯科舞厅应当配备安全检查设备，对进入营业场所的人员进行安全检查，以防止有人携带枪支、弹药、管制器具或者携带爆炸性、易燃性、毒害性、放射性、腐蚀性等危险物品和传染病病原体进入娱乐场所，危害公共安全。

（3）合法经营、守法经营。娱乐场所的合法经营、守法经营义务主要包括两方面的内容：一是娱乐场所的经营内容本身不得违反法律、法规的规定。例如，我国法律禁止赌博、卖淫嫖娼、色情表演、吸贩毒等活动。因而娱乐场所不得经营赌博业、娼妓业、色情表演业，不得开设赌场、毒馆，不得设置具有赌博功能的电子游戏机机型、机种、电路板等游戏设施设备，在游艺场所不得以现金、有价证券作为奖品，或者回购奖品。二是娱乐场所在经营过程中必须遵守法律、法规的规定。例如，娱乐场所从业人员不得吸食、注射毒品，不得卖淫、嫖娼，娱乐场所不得贩卖、提供毒品，或者组织、强迫、教唆、引诱、欺骗、容留他人吸食、注射毒品，不得为赌博提供条件，不得提供或者以营利为目的的陪侍活动，不得容留或介绍卖淫、嫖娼，娱乐场所发现场所内违法犯罪活动的，有义务立即向所在地县级公安部门、县级人民政府文化主管部门报告。

（4）配合治安监督检查。治安管理人员进入娱乐场所依法监督检查时，娱乐场所应当予以配合，不得拒绝、阻挠，治安管理人员需要查阅闭路电视监控录像资料、从业人员名簿、营业日志等资料的，娱乐场所应当及时提供。

（5）必须依法雇佣并管理从业人员。娱乐场所的从业人员包括娱乐场所的管理人员、服务人员、保安人员和在娱乐场所工作的其他人员。《娱乐场所管理条例》以及一些地方性法规均对娱乐场所从业人员的年龄、健康情况、所需证件等方面做出了一些规定，如果从业人员未达到法律、法规的要求，场所负责人应承担相应的治安责任。

2. 进行治安监督和检查，并承担监督和检查不力的责任

治安管理部门应对辖区内的娱乐场所进行经常性的治安监督检查，也可以适时采取突击检查方式，以便发现问题、及时解决。治安检查的内容主要是：检查娱乐场所是否存在消防安全隐患；检查娱乐场所的闭路电视监控设备、安全检查设备、悬挂的警示标志是否配备、是否能够正常使用；检查娱乐场所的经营结构和布局是否符合法律规定的标准；检查娱乐场所从业人员是否依法统一着装并佩带工作标志，娱乐场所是否按规定建立从业人员名簿、营业日志；检查娱乐场所是否存在违法犯罪活动、其从业人员是否存在吸贩毒、侵害消费者人身权利等违法行为；检查在娱乐场所活动的人员是否存在违法犯罪活动、娱乐场所治安秩序是否正常等。

国家赋予治安管理部门监督、检查娱乐场所的权力，同时，如果由于治安管理部门监督、检查不力导致发生治安事故时，治安管理部门应当承担相应的责任。例如，治安管理部门不履行监督管理职责，或者发现擅自从事娱乐场所经营活动不依法取缔，或者发现违

法行为不依法查处的；接到对违法行为的举报、通报后不依法查处的；利用职务之便，索取、收受他人财物或者谋取其他利益的；利用职务之便，参与、包庇违法行为，或者向有关单位、个人通风报信的；有其他滥用职权、玩忽职守、徇私舞弊行为等情形的，应当依法给予直接负责的主管人员和其他直接责任人员行政处分，构成犯罪的，依法追究刑事责任。

3. 对从业人员进行法制宣传

治安管理部门可以通过娱乐场所提供从业人员名簿了解从业人员的基本情况。治安部门应采取多种形式对从业人员进行法制宣传，向他们宣讲当前的治安形势以及预防、发现违法犯罪，预防治安灾害事故的技能，提高他们守法和维护场所治安秩序的能力，促使他们积极主动向公安机关提供线索。通过对从业人员进行法制宣传，一方面可以防止一些从业人员利用工作上的便利从事违法犯罪活动，另一方面可以提高从业人员的防范意识，争取从业人员积极发现和配合公安机关打击违法犯罪的活动。

4. 搜集娱乐场所的治安信息，预测并预防违法犯罪活动

治安管理部门搜集娱乐场所治安信息的渠道可以是多样的，既可以通过保安人员、服务人员、经理等正面了解治安信息，也可以向娱乐场所周围单位及群众进行侧面了解，既可以公开地调查场所的活动情况，也可以通过秘密力量调查场所的治安信息。准确掌握娱乐场所的治安信息，不仅可以及时打击发生在场所的违法犯罪行为，而且便于分析和研究场所治安问题发生的规律，有针对性地做好各种预防工作。

5. 适时整治突出的治安问题

治安管理部门通过对娱乐场所经常性的检查、调查研究，对发现的违法犯罪案件及时查处。例如，当吸贩毒活动在一些迪斯科舞厅日益猖獗时，可以集中对辖区所有迪斯科舞厅进行整治，打击吸贩毒的嚣张势焰。

二、休闲服务场所治安管理

（一）休闲服务场所的范围

休闲服务场所，是指那些以向社会公众提供休闲服务为主，从事营利性经营活动的场所。休闲服务场所和娱乐场所具有很多相似的特点，首先，娱乐场所在为消费者提供自娱自乐活动的同时也为消费者提供服务，从此意义上说娱乐场所本身也是一种服务场所；服务场所在为消费者提供各种服务的同时，消费者也获得了休闲和娱乐。其次，有些经营场所集餐饮、洗浴、按摩、歌舞、游艺甚至住宿于一体，其娱乐功能和服务功能相辅相成，很难强行将这类场所归为某一类场所。第三，服务场所存在的治安问题主要集中在治安灾害事故、卖淫、嫖娼、赌博、吸贩毒、寻衅滋事等方面，与娱乐场所存在的治安问题基本相同。基于上述三个原因，公安机关也常常把娱乐场所与休闲服务场所合并管理，统称为娱乐服务场所。但是，鉴于2006年1月18日国务院公布、自2006年3月1日起施行的《娱乐场所管理条例》中明确地将娱乐场所界定为歌舞娱乐场所与游艺类娱乐场所，因而本书在对公共复杂场所分类时，将服务场所与娱乐场所分开，服务场所中不包含那些提供歌舞娱乐活动、游艺活动的场所，仅包括餐饮服务场所，美容美发服务场所，洗浴、按摩服务场所，健身休闲服务场所等。

（二）休闲服务场所的治安特点

休闲服务场所存在的治安问题与娱乐场所基本相同。但是，不同的休闲服务场所的治安特点有所不同。其中，我国各地的餐饮服务场所曾经出现过利用包间进行卖淫嫖娼活动的问题，公安机关曾经将餐饮服务场所列为治理卖淫嫖娼的重点场所，经过整治后，目前利用餐饮服务场所进行卖淫嫖娼活动的情况已经非常少见，除消防安全检查外，不再需要公安机关对餐饮场所进行过多的治安管理。当前，在部分美容美发场所、洗浴服务场所、按摩服务场所仍存在着卖淫、嫖娼问题，公安机关通过治安检查或者集中整治可以对卖淫嫖娼活动起到一定的控制作用。

（三）休闲服务场所的治安管理措施

公安机关对休闲服务场所的治安管理措施主要是备案、登记，治安检查，针对突出的治安问题进行集中整治等。同时，应当注意涉及休闲服务场所管理的部门规章和地方性法规和规章。例如，商务部于2004年9月23日发布、自2005年1月1日起施行《美容美发业管理暂行办法》，对美容美发场所经营活动进行了规范。一些省市也对休闲服务场所管理进行了地方立法，如《北京市洗浴和美容美发经营场所管理若干规定》《长春市洗浴美容美发业治安管理规定》等。这些部门规章、地方性政府规章对相关休闲服务场所的结构、经营内容、从业人员等做出了详细的规定，公安机关应当依照这些法规进行管理，有权对这些场所进行治安检查，监督休闲服务场所是否依法经营，发现违法犯罪行为的，依法予以治安管理处罚。

【导入案例简析】

《娱乐场所管理条例》第25条规定：娱乐场所应当与从业人员签订文明服务责任书，并建立从业人员名簿；从业人员名簿应当包括从业人员的真实姓名、居民身份证复印件、外国人就业许可证复印件等内容。但是《娱乐场所管理条例》并没有规定“公共娱乐场所从业人员在上岗之前，必须接受性病、艾滋病检测，并接受相关知识培训；公共娱乐场所的业主必须对从业人员进行详细的实名登记，上报政府疾控部门备案。否则，从业人员不能上岗，娱乐场所不得营业”。

河南省对在娱乐场所从业人员的规定有利于切断艾滋病等性传播疾病的传染源，但是，该规定对娱乐场所从业人员施加的限制性条款并没有足够的立法依据，此规定超出了《娱乐场所管理条例》对从业人员的限制。

【延展阅读】

性服务业合法化再引全球热议[①]

2013年8月26日，瑞士苏黎世设立的木制开放式、外形像车库的“车震”专区在苏黎世的工业区内开园。瑞士如此开放的尺度让人大跌眼镜。据地方当局称，这项于一年前获选民通过的计划，令性交易移离市中心，并可让当局密切注视性交易情况，防范发生罪案，减少地下性交易，及确保性工作者人身安全。

---

① 参见《性服务业合法化再引全球热议》一文，见 http：//xmzk. xinminweekly. com. cn/News/Content/2762（2016年1月16最后浏览）。

根据苏黎世地方政府预计，这个区域可容纳约 30 名妓女同时工作。届时，妓女们将采取先到先服务的原则，在停放的车辆上接客。妓女们需要出示健康证明以及缴纳 40 欧元（约合人民币 320 元）购买工作牌照。除此之外，她们还被要求每天打卡上班，打卡时还需把 5 瑞士法郎（约合人民币 33 元）投到售票机中。

苏黎世地方政府还对来此“车震”的人设了一系列明文规定，必须要 18 岁以上，必须要开车来，不得两人同行，不许拍摄录音，等等。

一睹新型区域“风姿”的民众指出，停车位的设计非常特别，司机不能自由下车，但性服务者却可以随便上下车。同时，在靠近性服务者的方向还安装有一个紧急按钮，以保证她们的安全。此外，该停车场区域还建设有浴室和卫生间，每周都会有医生过来检查卫生。有女士形容特区“很有趣”，有律师认为特区为性工作者及嫖客提供了安全舒适的环境。

对于这样的“新生事物”，反对者的理由有很多，诸如有损风化、可能造成性传染疾病（STD）失控、社会秩序恶化、侮辱妇女尊严，等等。而支持者也有他们的理由：社会在发展，道德观念也在不断刷新；做好安全防护措施就能避免 STD；允许性服务业合法存在并不一定危害社会秩序，相反，可能还会让一些人的性张力得到释放而有利于社会治安；人有权利选择如何处置自己的身体。

到 20 世纪八九十年代，不少国家、地区又开始反思对性服务业的管制政策。在这方面，荷兰人走在了最前列，早在 70 年代，阿姆斯特丹的警方对于性服务业就已经是睁一只眼闭一只眼了；到 1988 年，法律正式修改，个人的有偿性服务行为变得合法。

不过，性工作者并不满意，因为这样意味着依然只能是“散兵游勇”式的经营，于是继续提出抗议。到 2000 年 10 月，历史性的一步终于达到了：法律再次被修改，开设妓院也变成了合法行为。

从此，阿姆斯特丹变成了蜚声海外的“性服务之都”，性工作者人数和风月场所也越发壮大，甚至有不少国外游客慕名而来，成了另一种特别的观光之旅。夜幕降临，妙龄女郎们站在临街的玻璃橱窗里展示她们的身姿，暧昧的玫瑰色灯光笼罩着街巷，“红灯区”的称号还真是名副其实。

然而，在一片繁荣昌盛的表象之下，一股股黑色的暗流也在涌动着。

2007 年 12 月，也就是在妓院合法化 7 年之后，时任阿姆斯特丹市市长的乔布·科恩宣布，市政府将会通过赎买的方式，在未来 10 年之内，将该市红灯区内的合法妓院减少将近一半。同时，将加强该区域的警力，对那些非法的（未领取执照、没有合法公民身份的）风化场所、性工作者予以取缔。而收回来的土地，将被改建为商业中心、观光广场和停车场。

此言一出，当地业者普遍觉得困惑不解：刚刚开禁没多久，怎么又要收紧呢？有执照也交了税，难道仅因为市长大人不喜欢，就要砸了别人饭碗吗？一些性工作者甚至来到市政厅，衣衫不整地站在那儿表示抗议。

对此，科恩市长的解释很直白：阿姆斯特丹的红灯区，已经快要失控了，再不限制就来不及了。具体而言，是当地合法红灯区的存在，让许多意想不到的犯罪行为在其中滋生，以至于为整个社会秩序都带来了极大的麻烦。

最严重的问题，就是强迫他人从事性服务业的犯罪屡屡出现。

当然，这里的“强迫”，多数并不是明火执仗，用暴力非法拘禁、威胁他人从事性服务业。然而，警方多次发现，一些东欧国家的少女，因为欠下高利贷无法偿还，或是被“男朋友”花言巧语哄骗，落入了犯罪组织的魔掌，以旅游或留学之类的合法理由来到荷兰，然后不情愿地堕入风尘，而犯罪组织则把她们当成“会说话的工具”牟取脏钱。

理论上说，她们有机会打电话报警；然而，出于对国内家人被犯罪组织报复的恐惧，同时也担心自己会被遣返回国甚至坐牢，其中大多数人选择了逆来顺受。

在阿姆斯特丹的性工作者中，外国人已经占据了半壁江山，其中有多少属于“会说话的工具”，尚不可知。那么，为什么这些犯罪组织，乐于将本国的受害者拐骗到荷兰来呢？也许是因为这里的客人川流不息，更容易赚取不义之财。

最可怕的，这些被强迫提供性服务的受害人中，有些还尚未成年。

从这个意义上说，所谓“没有买卖就没有杀害”，那些高扬着“我的身体我做主”旗帜的人，不知道对受害者的遭遇作何感想？

政府警方不作为？

即便是荷兰本国人，在这一行里也依然要受到诸多盘剥。

性服务业的顾客往往更愿意以现金付账，而那些在私人住宅中工作的性工作者更是没得选择；再加上性服务毕竟还是在封闭空间里进行的，这让她们很容易成为抢劫的目标。

同时，性工作者需要客源，需要在“势力范围”内安稳地拉客，这些都让她们不得不交出一部分收入作为保护费，交给当地的犯罪组织，否则就可能无法立足，更没法养家糊口。

即便如此，性工作者的遭遇依然是充满危险的，客人往往认为自己是付过钱而忽略她们的不满，为所欲为地践踏她们的自尊。因此，在20世纪90年代时，大概就有10%的性工作者对药物滥用成瘾，更多的人则是常常酗酒，以此来安抚自己的心灵。

另外，性服务业实际上也是吃青春饭，30岁以上的性工作者收入锐减，再想要改行又缺乏必要的经验与技能，往往只能靠存款惨淡度日，而她们未来的养老问题该如何处理呢？

对此，很多批评者认为，阿姆斯特丹官方不过是在推卸责任而已。既然对性工作者征收了高额的税款（税率在19%左右），警方为什么不能尽到责任保护她们？

答案是：力所不逮。

首先，荷兰警方对于持牌经营的风月场所，并不拥有随时检查的权力；必须有合理的怀疑，还得法官签发搜查令，否则不能擅自进行检查。对于那些在私人住宅从事性服务业的从业者，警方就更加无奈：除非抓个现行，否则你凭啥进我家来？

同时，警力的总量毕竟是有限的。倘若警方真的把大量警力都用于维持红灯区的治安和秩序，就不得不减少在其他地区的日常安防工作，可能导致整个社会的治安水平下降。当然，市政府可以雇佣更多的警察——也就得给他们付更多的薪水，这等于是让其他市民来为性工作者的人身安全买单，恐怕很难得到公众的支持。

再者，该国性服务业的繁荣，还引发了其他一些麻烦，如洗钱、非法移民涌入、针对外国顾客的敲诈与盗窃等，也需要消耗大量的警力来处理。

总之，引用阿姆斯特丹前市长科恩的话来说，“你不可能为她们（性工作者）创造出一个安全、可控的区域，却又能把有组织犯罪关在外头进不来。”

阿姆斯特丹官方的两难选择，也许正是任何一个打算让性服务业合法化的国家或地区都迟早要面对的，这个行业注定将伴随着诸多的社会问题出现。

【本章小结】

公共场所，是指相对于企事业单位、私人住所等而言的，它是指向社会开放的，供社会成员自由往来并进行社会活动的场所。

公共复杂场所，是指公共场所的重要组成部分，是指人员密集，成分复杂，流动频繁，彼此之间少有了解，没有特定关系且容易发生违法犯罪和治安灾害事故的公共场所。

公共复杂场所的特点：公共复杂场所中的活动内容多样，涉及社会生活的各个领域；公共复杂场所人员密集、构成复杂；公共复杂场所不断发生变化，尤其是娱乐服务场所的种类及数量不断增加；公共复杂场所中各类信息丰富；公共复杂场所易于发生各种治安问题。

娱乐场所，是指以营利为目的，并向公众开放、消费者自娱自乐的歌舞、游艺等场所。

娱乐场所的治安管理措施：督促娱乐场所经营者及从业人员履行其治安义务；进行治安监督和检查，并承担监督和检查不力的责任；对从业人员进行法制宣传；搜集娱乐场所的治安信息，预测并预防违法犯罪活动；适时整治突出的治安问题。

【关键术语】

公共复杂场所　交通中转场所　游览场所　商品交易市场　娱乐场所　休闲服务场所

【推荐阅读与学习资源】

1. 谢川豫：《卖淫、嫖娼行为的认定及办案程序》，载《公安教育》，2002（2）。

2. 谢川豫：《社会变迁中娱乐场所治安管理模式的嬗变》，载《江西公安专科学校学报》，2008（2）。

3. 武浩：《加强公共复杂场所治安管理创新的思路探析》，载《法制与社会》，2011（8）。

4. 林道明：《浅谈娱乐场所涉毒问题》，载《法制与社会》，2014（2）。

5. 凌宁、熊烨：《“运动式扫黄”困局与出路——来自旧金山治理卖淫嫖娼的启示》，载《中共浙江省委党校学报》，2014（6）。

第六章　危险物品管理

【学习目标】

掌握危险物品管理的范围，了解各类常见危险物品的基本性能、识别方法等，熟悉危险物品管理的法律依据，掌握危险物品管理的基本措施以及应履行的管理职责。

【导入案例】

2014年1月5日18时30分许，一辆由陕西省西安市开往渭南市蒲城县的长途大巴车发生爆炸，致5人死亡、24人受伤。

犯罪嫌疑人党某由于家庭矛盾，几次试图将其妻樊某炸死。党某为了获得爆炸物品，通过与爆破员杨某拉拢关系，让其利用下井爆破的机会私自带出400克硝铵炸药、2枚电雷管，并利用这些爆炸物品私自制造了一枚定时爆炸装置。2014年1月5日，党某与其妻樊某一起乘坐长途大巴车回家，党某企图在两人下长途大巴车换乘公交车时借故离开，让其妻樊某保管定时爆炸装置将她炸死，却在大巴上拨弄爆炸装置时不小心将自己炸死。

问题：本案中暴露出民用爆炸物品管理过程中存在哪些漏洞？

第一节　危险物品管理概述

一、危险物品的含义及其管理的范围

（一）危险物品的含义

国家各个部门和行业根据各自的工作范围、工作性质和特点，将凡是有害于人体健康或在生产、运输、装卸和储存保管过程中，容易引起燃烧、爆炸等的物品，称作危险物品。

公安机关所指的危险物品，是指具有杀伤、爆炸、易燃、毒害、腐蚀、放射性等性质，在生产、储存、销售、运输、使用和销毁等过程中，容易造成人身伤亡和财产损毁或可能危害公共安全而需要特别防护或管制的物品。

（二）危险物品管理的范围

危险物品管理是治安管理的主要内容之一。根据现行的法律、法规规定，目前列入治安管理范围的危险物品主要有以下六大类：

1. 枪支弹药

具体包括公务用枪、民用枪支、各种非制式枪支、枪支的主要零部件以及上述各种枪支使用的弹药。

2. 管制器具

立法部门根据管制器具自身对公民人身财产、公共安全和社会治安秩序构成的危害程度来确定管制器具的范围。目前，纳入管理范围的管制器具主要是管制刀具和弩。

3. 爆炸物品

爆炸物品分为民用爆炸物品、烟花爆竹和军用爆炸物品三大类。公安机关主要是对民用爆炸物品和烟花爆竹实施安全管理。

4. 剧毒化学品

根据2003年6月24日国务院颁布的《剧毒化学品目录》的规定，剧毒化学品是以化学品毒性指标作为判定界限而收录的。包括人工合成的化学品及其混合物（含农药）和天然毒素。

5. 放射性物品

根据2005年12月1日起施行的《放射性同位素与射线装置安全和防护条例》等有关法律规定，放射性物品包括放射性同位素、放射源、射线装置、非密封放射性物质、放射性废物、伴有产生X射线的电器产品、具有放射性能的核材料、军用放射性同位素、射线装置等。

6. 易燃化学物品

我国公安机关列入安全管理的易燃化学物品包括压缩气体和液化气体、易燃液体、易燃固体、自燃物品、遇湿易燃物品、氧化剂和有机过氧化物。易燃化学物品作为危险物品，其安全管理与防火有密切关系，公安机关将其安全管理划归公安消防监督部门，因此本章不对它展开详细讲述。

二、公安机关危险物品管理的职责

（一）登记、备案、审批发证

对从事危险物品相关作业的单位、企业进行登记、备案和审批发证工作，是公安机关治安管理部门的一项重要职责，它在整个危险物品安全管理中起着重要作用。公安机关通过登记、备案、审批发证等工作，可以严密掌握危险物品的生产、储存、销售、运输、持有、携带、使用、销毁等情况，从而保证危险物品管理的相关环节处在公安机关的有效监督之下，以利于进行安全管理工作。

在进行审批发证工作时，公安机关应当依据《中华人民共和国行政许可法》及其有关规定，明确自我职责分工和许可权限，通过实施审批许可，严格依法审查申请者的从业条件，控制不符合条件的公民、法人和其他组织进入危险物品行业，从而保障社会公共安全。

（二）监督检查

监督检查，就是指公安机关为了履行管理职责，依法对危险物品管理相对人是否遵守国家法律、法规、规章和安全管理制度及规程的情况进行检查、了解、监督，对违反法律、法规的行为，责令改正，并依法实施处罚的一种行政行为。监督检查的对象可以是危险物品的从业单位及其从业人员。

公安机关在监督检查中如发现危险物品从业者非法生产、储存、买卖、使用危险物品的，可以依法采取查封、扣留等措施，防止违法行为人毁灭、转移或处理危险物品；同时，按照法定程序对违法行为人进行询问、调查，并在全面了解行为人违法事实的基础上依法实施行政处罚。在监督检查中如发现从业单位在场所、设备设施、工人操作等方面存在安全隐患的，可以视隐患的严重程度，对于一般隐患可令其立即改正或限期改正；对于可能严重威胁国家生产建设和公民生命财产安全的重大隐患，经再三督促仍不能积极整改的，可令其停业整顿或给予吊销许可证的行政处罚。

（三）日常指导

日常指导是指公安机关要在其职责范围内，对涉及危险物品的单位及其从业人员以引导管理对象接受或认同为目的，以建议、劝告、示范等方式作出，但不产生法律效力的行为。

在危险物品的生产、储存、运输、使用过程中，一些从业人员往往对安全防范的方法、措施了解甚少，安全意识也不强，因而会作出一些不安全的行为，致使安全防范工作出现一些不足。为了提高从业人员安全防范工作的有效性，公安机关要重视对涉及危险物品的单位及其从业人员进行安全防范方面的行政指导，即在职责范围内以建议、劝告、示范等方式，对从业人员的安全防范工作出谋划策，进行有目的的引导，不断提高涉及危险物品的单位及其人员的安全防范措施的能力。

（四）审查、考核和培训工作人员

危险物品不仅需要有健全的组织机构和严密的规章制度，而且需要训练有素的管理人员和从业人员去贯彻执行安全管理制度。因此，审查、考核和培训工作人员是公安机关对危险物品管理的重要职责。

由于危险物品的危害性，对直接接触危险物品的工作人员必须有严格的标准。公安机关应当积极协助有关单位或企业，对危险物品管理人员和从业人员进行认真、必要的审查，防止不合乎条件的人员从事危险物品相关工作。同时公安机关还要对从事危险物品工作的人员进行严格的考核和培训，包括危险物品基本知识、基本法律法规、安全规章制度、安全常识的培训考核等，使他们具备从业所需的知识、技能和法规常识。从业人员经考核合格的，方可上岗作业，对有资格要求的岗位，应当配备具有相应资格的人员。

（五）收缴散失在社会上的危险物品

在危险物品生产、储存、经营、运输、使用和销毁过程中，常常会因管理不善、制度不严而发生从业人员私拿、私藏、转借、转让、盗窃、丢失等现象，导致一些危险物品落入无关人员之手，散失在社会上；同时，非法生产、私自买卖危险物品行为的存在，也使部分危险物品流入社会。这些失控的危险物品给社会安全留下了巨大的隐患。因此，公安机关通过清查收缴散失在社会上的危险物品来减少危险物品对社会的危害。

公安机关通过广泛深入地向群众宣传私藏危险物品的危险性、违法性和收缴工作的重要性，号召群众自觉交出，同时发动群众揭发检举、提供线索，采取各种措施，认真追查，及时收缴，依法处理。或者根据本辖区特点适时开展集中收缴专项行动，大力收缴散失在社会上的危险物品。

（六）查处事故

在危险物品的生产、储存、运输、销售和使用过程中，经常会因为疏忽大意、违反操作规程和安全管理制度或其他原因而造成各种事故。如炸药储存仓库爆炸事故、剧毒物品泄漏事故、易燃化学品起火爆炸事故、放射事故等，这些事故都可能造成严重的人员伤亡和财产损失。事故发生后，公安机关必须立即赶赴现场，与有关部门和单位密切配合，调查事故原因，进行善后处理。

事故的调查和处置应遵循“四不放过”的原则，即：事故原因未查清不放过；事故责任未追究不放过；责任者和群众未受到教育不放过；安全措施未落实不放过。公安机关通过事故的调查处理，弄清事故的性质，搜集有关证据，确定事故责任者，准确地打击犯罪分子利用制造事故进行的破坏活动，保卫国家经济建设顺利进行。

（七）安全防范宣传教育

安全防范宣传教育是指以普遍提高全社会的安全防范意识和安全防范能力为目的，以宣传危险物品管理工作的方针、原则、法律和危险物品基础知识、安全防范基本技能为内容的宣传教育活动。为了预防犯罪分子利用危险物品作案、避免治安灾害事故的发生，公安机关必须开展经常性的宣传教育工作。

公安机关不仅要对危险物品的经营单位、企业的管理人员和从业人员进行经常的思想教育、法制教育、安全教育和业务知识教育，还要在社会上利用广播、电视、报刊、公告等形式，对广大人民群众进行安全教育。通过宣传教育，使广大群众增强法律意识和安全意识，懂得必要的安全防范知识，并积极协助公安机关和有关部门做好危险物品的有关工作。

第二节　枪支管理

一、枪支管理的范围

所谓枪支，是指以火药或者压缩气体等为动力，利用管状器具发射金属弹丸或者其他物质，足以致人伤亡或者丧失知觉的各种枪支。

根据《枪支管理法》的规定，除中国人民解放军、中国人民武装警察部队和民兵装备的枪支的管理，国务院、中央军事委员会另有规定的，适用有关规定外，在中华人民共和国境内的枪支，都是公安机关枪支管理的范围。主要包括以下三类：

（一）公务用枪

公务用枪，是指有关国家执法机关工作人员和担负国家重要军工、金融等单位守护、押运任务的专职守护、押运人员，因依法履行职责或担负守护、押运需要，经主管公安机关依法核准配备的枪支。主要有手枪、冲锋枪、步枪、机枪和防暴枪等。

（二）民用枪支

民用枪支，是指企业事业单位或公民个人，因为生产、经营、工作、科研、生活等必需，经主管公安机关依法核准配置的枪支。主要有射击运动枪支、猎枪、气枪和麻醉注射枪等。

（三）非制式枪支

非制式枪支，是指国家规定标准之外，禁止制造、买卖和持有的其他各种类、性能和样式、规格的枪支。如仿真枪、钢珠枪、火枪等。

二、枪支的配备与配置主体

（一）公务用枪的配备主体

根据《枪支管理法》第5条的规定，下列单位人员在依法履行职务时，可以配备公务用枪：

1. 公安机关、国家安全机关、监狱、劳动教养机关的人民警察，人民法院的司法警察，人民检察院的司法警察和担负案件侦查任务的检察人员，海关的缉私人员。

2. 国家重要的军工、金融、仓储、科研等单位的专职守护、押运人员。

（二）民用枪支的配置主体

根据《枪支管理法》第6条和第47条的规定，下列单位及人员可以配备民用枪支：

1. 经省级人民政府体育行政主管部门批准专门从事射击竞技体育运动的单位、经省级人民政府公安机关批准的营业性射击场可以配置射击运动枪支。

2. 经省级以上人民政府林业行政主管部门批准的狩猎场可以配置猎枪。

3. 野生动物保护、饲养、科研单位因业务需要，可以配置猎枪、麻醉注射枪。

4. 猎民在猎区、牧民在牧区，可以申请配置猎枪。

5. 单位和个人为开展游艺活动，可以配置口径不超过4.5毫米的气步枪。

三、枪支的制造和配售管理

（一）实行特别许可制度

国家对枪支制造、销售实行特别许可制度。未经许可，任何单位和个人不得制造、买卖枪支。制造民用枪支的企业由国务院有关主管部门提出，由国务院公安部门确定并核发“民用枪支制造许可证”。配售民用枪支的企业，由省级人民政府公安机关确定并核发“民用枪支配售许可证”。

民用枪支制造许可证件、配售许可证件的有效期限为三年；有效期届满，需要继续制造、配售民用枪支的，应当重新申请领取许可证。

（二）实行限额制度

国家对制造、配售民用枪支的数量实行限额管理。制造民用枪支的年度限额，由国务院林业、体育等有关主管部门、省级人民政府公安机关提出，由国务院公安部门确定并统一编制民用枪支序号，下达到民用枪支制造企业。制造民用枪支的企业不得超过限额制造民用枪支。配售民用枪支的企业年度销售限额，由国务院的林业、体育等相关部门和省级人民政府公安机关根据实际需要提出，由公安部在民用枪支年度生产限额内统一分配，并下达到民用枪支配售企业。省级人民政府公安机关要监督确定本辖区内民用枪支销售流向。

（三）对民用枪支制造企业的要求

制造民用枪支的企业，必须严格按照国家规定的技术标准制造民用枪支，不得改变民用枪支的性能和结构；必须在民用枪支指定部位铸印制造厂的厂名、枪种代码和国务院公安部门统一编制的枪支序号，不得制造无号、重号、假号的民用枪支。制造民用枪支的企业必须实行封闭式管理，采取必要的安全保卫措施，防止民用枪支及其零部件丢失。

（四）对民用枪支配售企业的要求

配售民用枪支的企业，必须核对配购证件，严格按照配购证件写明的品种、型号、数量配售。配售弹药，必须核对持枪证件，其所购弹药与持枪证件上的型号必须匹配。民用枪支配售企业必须掌握枪支、弹药的流向，对已售出的枪支、弹药要登记、造册，并长期保管以备公安机关查验。

（五）禁止制造、销售仿真枪

近年来，涉及仿真枪的违法犯罪案件不断增多，造成了十分严重的后果。因此，《枪支管理法》第 22 条规定：严禁制造、销售仿真枪。

公安部在 2008 年出台了《仿真枪认定标准》，标准中规定凡符合以下条件之一的，可以认定为仿真枪：符合《枪支管理法》规定的枪支构成要件，所发射金属弹丸或其他物质的枪口比动能小于 1.8 焦耳/平方厘米（不含本数）、大于 0.16 焦耳/平方厘米（不含本数）的；具备枪支外形特征，并且具有与制式枪支材质和功能相似的枪管、枪机、机匣或者击发等结构之一的；外形、颜色与制式枪支相同或者近似，并且外形长度尺寸介于相应制式枪支全枪长度尺寸的二分之一与一倍之间的。其中枪口比动能的计算，按照《枪支致伤力的法庭科学鉴定判据》规定的计算方法执行。

四、枪支的运输管理

（一）枪支运输许可制度

运输枪支实现许可证制度。任何单位和个人未经许可不得运输枪支弹药。需要运输枪支的单位和个人，应向公安机关如实申报运输枪支的品种、数量和运输的路线、方式等内容，同时还应提供拥有枪支的合法证明，如持枪证、配售许可证、配购枪支许可证等。公安机关依法进行审查，并决定是否发给枪支运输许可证。在本省、自治区、直辖市内运输的，向运往地设区的市级人民政府公安机关申请领取枪支运输许可证件；跨省、自治区、直辖市运输的，向运往地省级人民政府公安机关申请领取枪支运输许可证件。射击运动单位配置的已办理持枪证件的射击运输枪支，因训练、比赛的特殊需要，按规定可以办理枪支携运许可证件。

（二）枪支运输的安全规定

1. 必须依照规定使用安全可靠的封闭式运输设备，由专人押运；运输途中停留住宿的，必须报告当地公安机关。

2. 枪支、弹药必须分开运输。这里的“分开”是指不得在同一时间、运用同一交通工具同时运输枪支和弹药。

3. 严禁邮寄枪支，或者在邮寄物品中夹带枪支。

五、枪支的日常管理

（一）枪支的安全使用

枪支是杀伤力很强的武器，如果不能正确使用，不但不能发挥作用，而且有可能导致严重的后果。因此使用枪支的人员，必须掌握枪支的性能，遵守使用枪支的有关规定，保证枪支的合法、安全使用。所有的配枪单位都必须建立枪支的安全使用制度并严格执行。依法配备和配置枪支的人员，在使用枪支时应遵循以下事项：

1. 携带枪支时必须同时携带持枪证件。根据《枪支管理法》的规定，任何单位和个人配备、配置枪支，都必须向公安机关申请相应的持枪证件。配备、配置枪支的单位和个人在携带、使用枪支时，必须同时携带持枪证件，否则视为非法持枪，公安机关有权扣留枪支，视情节进行处理。

2. 不得在禁止携带枪支的区域、场所携带枪支。禁止携带枪支的区域和场所包括大型体育场馆、机场、公园等公共场所以及民航班机、大型客轮等公共交通工具，另外还规定外地配枪人员非因公进京的，一律不准携带枪支。

3. 枪支被盗、被抢或者丢失的，立即报告公安机关。枪支被盗、被抢或者丢失后，一旦落入犯罪分子手中，会给社会治安和公共安全造成严重危害。如果因丢失枪支不及时报告，造成严重后果的，应负刑事责任。

4. 人民警察使用枪支，必须是在依法履行相应职责时，确有必要使用枪支时才能使用。并且应当遵守枪支使用的有关法律规定，主要有《枪支管理法》《人民警察法》《人民警察使用警戒和武器条例》等。

5. 营业性射击场、狩猎场配置的民用枪支不能携带出营业性射击场、狩猎场；猎民和牧民的猎枪也不能带出猎区和牧区；麻醉注射枪只能用于不定期对大型动物进行麻醉注射。

（二）枪支的保管制度

完善的枪支保管制度是确保枪支安全的前提。为了防止枪支丢失、被抢、被盗的发生，防止枪支流入社会进而造成极大的危害，必须加强枪支的保管工作。

1. 配备、配置枪支的单位应当采取的保管措施

（1）明确枪支管理责任，制定专人负责。配备、配置枪支的单位由其单位负责人承担枪支管理责任。同时，要明确专门的枪支管理人员，承担日常枪支管理工作。

（2）应当有牢固的专用保管设施，枪支、弹药分开存放。存放枪支、弹药的库房应当具备防盗门、铁窗、枪弹保险柜和入侵探测报警器等“三铁一器”设施。

（3）集中保管的枪支需要交给个人使用的，要建立严格的枪支领取、退还、保管、检查、保养等各项规章制度，使用完毕，要及时收回。

2. 配备、配置枪支的个人应采取的保管措施

配备、配置枪支的个人要有安全可靠的保管设施，枪支、弹药要分开存放；携带枪支时要严格遵守有关规定，做到枪不离身，不能随便乱放，防止发生意外情况。枪支被盗、被抢、丢失必须及时报告公安机关。

（三）枪支的查验制度

所谓查验制度，是指国家为加强枪支的管理，对持有枪支的单位和个人及其枪支进行

审查和检验的一种管理制度。持有枪支的单位和个人，应当在公安机关指定的时间、地点接受查验。

1. 查验内容

一是对持枪单位和个人进行审查，主要审查其是否符合枪支管理法规定的配备、配置枪支的条件，是否有违法使用枪支的情况。二是对枪支的技术状况进行检查，确保枪支技术状况符合国家规定的技术标准，以保证枪支的安全使用；三是核对枪支与持枪证件、持枪人三者是否相符。

2. 查验结果

在查验的过程中，如果发现有违法使用枪支的、不符合持枪条件的，或者是枪支应当报废的，查验的公安机关必须收缴其枪支和持枪证件；对于拒绝接收查验的，不管是否有违法行为，负责查验的公安机关有权收缴其枪支和持枪证件，并可根据有关规定对其予以处罚。

（四）枪支的销毁

需要销毁的枪支包括不符合国家技术标准、不能安全使用的报废枪支和公安机关依法收缴的非法枪支。

枪支的销毁由省级人民政府公安机关负责组织实施，单位和个人不能自行销毁报废枪支。销毁枪支一般采取在符合条件的钢铁企业回炉熔化的方式进行。首先，指定销毁单位，并与该单位的保卫部门协调好具体销毁的时间；其次，做好前期的准备工作，即将销毁的枪支进行分解、毁型、装车等；最后，安全运输到现场后，现场监督全部待销毁的枪支入炉熔化。

第三节　管制器具管理

一、管制器具管理概述

（一）管制器具的范围

《治安管理处罚法》第32条规定："非法携带枪支、弹药或者弩、匕首等国家规定的管制器具的，处5日以下拘留，可以并处五百元以下罚款；情节较轻的，处警告或者二百元以下罚款。"这是我国法律当中首次提出的"管制器具"的概念。

对管制器具的分类和范围根据管制器具自身对公民人身财产、公共安全和社会治安秩序构成的危害程度来确定是比较科学的。根据现有的法律法规，应纳入管理范围的管制器具主要包括管制刀具和弩这两类。

（二）管制器具管理的原则

管制器具，特别是管制刀具，既是生产、生活中不可或缺的物品，又可能对公民人身财产安全、公共安全和社会治安秩序构成较大危害。如果管理不严，极易被不法分子利用进行违法犯罪活动，导致严重后果。如果管理不恰当，又会影响公民正常的生产和生活。因此，管制器具管理应遵循以下原则：

1. 严格管控原则

由于管制器具特别是管制刀具具有便于携带、攻击性强等客观属性，极易被违法犯罪分子用于杀人、抢劫、打架斗殴等违法犯罪活动以及涉黑、涉恐活动，严重危害公民人身、财产安全和社会治安秩序，因此管制器具管理应充分体现严管、严防、严惩的基本原则。首先对管制器具实施分环节管理，对各个环节都要采取各类措施严格管理；其次健全对管制器具的生产、销售、购买、持有、携带、使用等环节的日常监督检查，重视日常防控。最后加大对非法生产、销售、购买、持有、携带等行为的处罚力度，重点惩治源头犯罪，为打击涉及管制器具的违法行为提供有力武器。

2. 利于生产、方便群众的原则

由于很多普通刀具是生产、生活必需品，如果对管制刀具的认定范围过宽，管理措施不恰当，势必将影响老百姓的正常生产和生活。所以对管制器具的管理必须体现利于正常生产、方便群众生活的原则。具体体现在：一是公安机关在执法过程中，应严格按照管制刀具的认定标准进行执法，避免随意扩大管制刀具的范围；二是在特殊时间和特定地域对普通刀具采取集中封闭销售、限制携带进入公共场所等特别管制措施，通过时间、地域范围的限制，把对个人生产、生活的影响降到最低必要限度。

二、管制刀具管理

（一）管制刀具的认定

1983 年 3 月 12 日由公安部颁布实施的《对部分刀具实行管制的暂行规定》（以下简称《暂行规定》）第 2 条规定："本规定所管制的刀具是：匕首、三棱刀（包括机械加工用的三棱刮刀）、带有自锁装置的弹簧刀（跳刀）以及其他相类似的单刃、双刃、三棱尖刀。"

2007 年 1 月 14 日，公安部又颁布了《管制刀具认定标准》，更进一步地明确了管制刀具的认定标准，提高了管制刀具管理的可操作性。根据该标准，凡符合下列标准之一的，可以认定为管制刀具：

1. 匕首：带有刀柄、刀格和血槽，刀尖角度小于 60 度的单刃、双刃或多刃尖刀。

2. 三棱刮刀：具有三个刀刃的机械加工用刀具。

3. 带有自锁装置的弹簧刀（跳刀）：刀身展开或弹出后，可被刀柄内的弹簧或卡锁固定自锁的折叠刀具。

4. 其他相类似的单刃、双刃、三棱尖刀：刀尖角度小于 60 度，刀身长度超过 150 毫米的各类单刃、双刃和多刃刀具。

5. 其他刀尖角度大于 60 度，刀身长度超过 220 毫米的各类单刃、双刃和多刃刀具。

少数民族因为风俗和生活习惯需要佩戴的藏刀、腰刀、靴刀、马刀等刀具的管制范围认定标准，由少数民族自治区（自治州、自治县）人民政府公安机关参照《管制刀具认定标准》制定。少数民族刀具只能在民族自治地区销售、使用和携带，由民族自治地区具体制定管理办法。

未开刀刃且刀尖倒角半径大于 2.5 毫米的各类武术、工艺、礼品等刀具不属于管制刀具范畴。

（二）管制刀具管理制度

2002 年国务院 11 月 1 日，国务院下发了《国务院关于取消第一批行政审批项目的决定》（国发〔2002〕24 号），取消了原来依据《暂行规定》由公安部实施的特种刀具生产许可证核发、匕首佩带证核发、管制刀具经销审批、特种刀具购买证核发四项行政审批。但《暂行规定》并未完全废除，除了有关以上内容的条款废除外，其他的条款依然有效。

1. 管制刀具生产管理制度

生产、制造管制范围内刀具的工厂、作坊，首先必须向县、市以上其主管部门申请，经主管部门审查同意，才能生产管制范围内的刀具。同时，制造管制刀具的工厂、作坊，必须将其制造的刀具样品及其说明，包括刀具的名称、规格、型号、用途、产量，送交其所在地县、市公安局备案，以便公安机关查阅、检查和监督。

为了便于公安机关识别和管理，生产出的管制刀具必须有明显的标志，即必须铸刻产品商标和号码（顺序号或批号）。

2. 管制刀具经销与购买制度

建立健全管制刀具经销制度有利于公安机关掌握管制刀具的流向。经销管制范围内刀具的商店在经销管制刀具时，要对购、销管制刀具的情况进行详细登记，以备检查。

购买管制刀具的单位和个人必须符合《暂行规定》关于购买主体的规定。根据《暂行规定》的规定，中国人民解放军、人民警察、专业狩猎人员、地质及勘探等野外作业人员、从事机械加工的工作人员，因工作需要可以持有和使用管制刀具。

3. 管制刀具使用保管制度

使用管制刀具的单位，必须建立相应的使用保管制度，加强刀具的管理和检查，确保管制刀具用途合理、安全，防止丢失、被盗。持有管制刀具的个人，应妥善保管刀具，不得随意转送、转借他人。使用单位和个人发现管制刀具丢失、被盗，要立即报告当地公安机关和所在单位保卫部门。

《暂行规定》对机械加工用三棱刮刀的使用区域和使用人员作了明确规定。其使用区域是需要使用三棱刮刀进行机械加工的“工作场所”，使用主体只限从事机械加工的“工作人员”。任何人不得随意把三棱刮刀带出工作场所。

4. 管制刀具携带制度

国家对管制刀具的限制携带区域作了明确规定：一是严禁携带管制刀具进入县级以上人民政府公安机关确定的限制区域。此限制区域由县级以上人民政府公安机关确定并公告，并在进出区域的通道处设立明显标记。另《戒严法》第 16 条规定：戒严期间，戒严实施机关或指挥机构可以在戒严地区对管制刀具采取特别管制措施。此戒严地区在戒严期间也作为严禁携带管制刀具的限制区域。因公务活动或生产、生活需要，确需携带管制刀具进入限制区域的，必须事先报县级以上人民政府公安机关批准。二是严禁携带管制刀具进入公共场所和乘坐公共交通工具。公共场所通常指车站、码头、机场、公园、商场、影剧院、展览馆、旅馆饭店及文化、娱乐、健身、休闲等场所。公共交通工具通常指汽车、火车、轮船、飞机等营运性交通工具。

少数民族使用的藏刀、腰刀、靴刀等民族刀具，只准在民族自治地区（自治区、自治州、自治县）内佩带、销售、使用。在非民族自治地区，只要少数民族人员所携带的刀具属于管制刀具范围，公安机关就应当严格按照相应规定予以管理。根据公安部文件（公复字〔2001〕6 号）的精神，少数民族人员违反《中华人民共和国铁路法》和《中华人民共和国铁路运输安全保护条例》携带管制刀具进入车站、乘坐火车的，由公安机关依法予以没收，但在本民族自治地区携带具有纪念意义或者比较珍贵的民族刀具进入车站的，可以由携带人交其亲友带回或交由车站派出所暂时保存，并出具相应手续，携带人返回时领回。

三、弩的管理

（一）弩的概况

弩是一种利用弹簧装置等机械力量发射箭头和钢球的器具，主要由弩臂、弩弓、弓弦和弩机等组成。弩比弓的射程更远，杀伤力更强，命中率更高，对使用者的要求也比较低，在古代是一种攻击性、杀伤力很强的远距离杀伤兵器。经过现代科技改进后的弩具有便于携带、射程远、精度高等特点。进口弩还分为手枪式、步枪式、冲锋枪式等多种式样。

由于弩具有枪支、管制刀具的部分功能和特性，《治安管理处罚法》中明确把弩作为一种管制器具进行管理，属于危险物品的范畴，如不严加控制和管理，极易被犯罪分子利用，危害公共安全。一些地区已发现犯罪分子持弩作案，并在犯罪分子窝点中缴获大量弩。为防止弩流入社会被犯罪分子利用，危害公共安全，1999 年 9 月 28 日，公安部、国家工商行政管理局颁布了《关于加强弩管理的通知》，要求各级公安机关将弩纳入治安管理范围。2010 年 7 月 10 日公安部又颁布了《关于进一步加强弩治安管理的通知》（公治〔2010〕360 号），来进一步规范弩的行政许可，切实加强弩治安管理，严密防范、严厉打击涉弩违法犯罪活动。

（二）弩的安全管理

制造、销售、进口、使用弩的企业和单位在生产、运输、保管、使用等环节中要落实安全防范措施，实行规范化管理，建立完善的规章制度。各级公安机关要将弩纳入治安管理的范围，掌握弩的生产、销售、进口情况和营业性弩射活动情况，监督安全防范措施和安全管理制度的落实，严防弩丢失、被盗、被抢及安全事故的发生。

1. 审批登记

进口、制造、销售弩或营业性射击场开设弩射项目必须经省、自治区、直辖市公安厅、局批准，市场监督管理部门凭公安部门的批注文件办理登记注册。各类运动会设置弩射项目须由主办单位向运动会举办地所在省级公安机关申请批准后方可进行。

2. 凭证购买、携运

企业和单位购买弩须持营业执照和省级公安机关开具的购买证明；销售单位只能向国内经批准的弩使用单位销售弩，严禁将弩销售给个人。销售时必须在查验有关手续后方可售出，需查验的证件包括公安机关批准使用弩的许可证明和营业执照等。弩的携运和运输须持有营业执照副本和省级公安机关开具的携运证明。

3. 规范化信息管理

制造、销售、进口、使用弩的企业和单位须使用计算机进行管理，定期将弩的品种、数量、编号、进货和销售情况向省级公安机关备案。弩制造企业须在产品及其包装上标明企业名称、地址、联系电话及产品编号等。

4. 年度审验

省级公安机关和市场监督管理部门分别对制造、销售、进口、使用弩的企业和单位实行年度审验。

5. 查处违反安全管理规定的行为

对非法制造、销售、运输、进口弩或者非法从事营业性弩射活动的单位以及个人持有的弩，一律由公安机关登记收缴；对因经营管理不善致使弩流失社会，被违法犯罪分子利用实施违法犯罪活动的，取消有关企业和单位经营资格并追究其负责人及直接责任人员的责任。

第四节 爆炸物品管理

一、爆炸物品的管理范围

爆炸物品，是指炸药和含有炸药的可爆炸的制品，分为民用爆炸物品、烟花爆炸和军用爆炸物品三大类。公安机关主要是对民用爆炸物品和烟花爆竹实施安全管理。

2006 年国务院公布实施的《民用爆炸物品安全管理条例》和《烟花爆竹安全管理条例》，分别对管理适用范围进行了重新界定。根据《民用爆炸物品安全管理条例》规定，民用爆炸物品是指用于非军事目的、列入民用爆炸物品品名表的各类火药、炸药及其制品和雷管、导火索等点火、起爆器材。根据《烟花爆竹安全管理条例》规定，烟花爆竹是指烟花爆竹制品和用于生产烟花爆竹的民用黑火药、烟火药、引火线等物品。

二、民用爆炸物品管理

（一）管理职责

《民用爆炸物品安全管理条例》明确规定了民用爆炸物品安全管理有关部门职责分工，其中公安机关负责民用爆炸物品公共安全管理和民用爆炸物品购买、运输、爆破作业的安全监督管理，监控民用爆炸物品流向。具体包括：

1. 监督管理民用爆炸物品使用单位的购买、使用以及相应的储存。
2. 监控民用爆炸物品的流向。
3. 许可民用爆破企业和作业人员。
4. 监督指导民用爆炸物品从业单位安全保卫、工程爆破的安全警戒。
5. 许可民用爆炸物品的运输和确定运输路线。
6. 组织销毁处置使用、运输环节废旧和罚没的非法民用爆炸物品。
7. 侦查非法制造、买卖、储存、运输、邮寄、使用民用爆炸物品的刑事案件。

（二）民用爆炸物品购买、运输管理

1. 购买管理

民用爆炸物品使用单位申请购买民用爆炸物品，应当向所在地县级人民政府公安机关提出购买申请，并提交如下材料：工商营业执照或者事业单位法人证书；“爆破作业单位许可证”或者其他合法使用的证明；购买单位的名称、地址、银行账户；购买的品种、数量和用途说明。

受理申请的公安机关应当在5日内作出决定，对符合条件的核发“民用爆炸物品购买许可证”；对不符合条件的，不予核发“民用爆炸物品购买许可证”，并书面向申请人说明理由。

"民用爆炸物品购买许可证"应当载明许可购买的品种、数量、购买单位以及许可的有效期限。

2. 运输管理

运输民用爆炸物品，收货单位应当向运达地县级人民政府公安机关提出申请，并提交如下材料：民用爆炸物品生产企业、销售企业、使用单位以及进出口单位分别提供的"民用爆炸物品生产许可证"、"民用爆炸物品销售许可证"、"民用爆炸物品购买许可证"或者进出口批准文件；运输民用爆炸物品的品种、数量、包装材料和包装方式；运输民用爆炸物品的特性、出现险情的应急处置方式；运输时间、起始地点、运输路线、经停地点；驾驶员、押运员从事危险货物运输的资格证明；运输车辆危险货物运输的资格证明。

受理申请的公安机关应当在3日内作出决定，对符合条件的核发"民用爆炸物品运输许可证"；对不符合条件的，不予核发"民用爆炸物品运输许可证"，并书面向申请人说明理由。

"民用爆炸物品运输许可证"应当载明收货单位、销售单位、承运人，一次性运输有效期限、起始地点、运输路线、经停地点，民用爆炸物品的品种、数量。

运输民用爆炸物品时必须携带"民用爆炸物品运输许可证"；民用爆炸物品送达目的地，收货单位应当进行验收后在"民用爆炸物品运输许可证"上签注，并在3日内将"民用爆炸物品运输许可证"交回发证机关核销。

（三）爆破作业管理

1. 爆破作业单位管理

爆破作业单位分为非营业性爆破作业单位和营业性爆破作业单位。公安机关对营业性爆破作业单位实施分级管理，其资质等级由高到低分为一级、二级、三级、四级；非营业性爆破作业单位不分级。

申请从事爆破作业的单位，应当按照国务院公安部门的规定，向有关人民政府公安机关提出申请，并提供符合《爆破作业单位资质条件和管理要求》规定的材料。受理申请的公安机关应当自受理申请之日起20日内进行审查，对符合条件的，核发"爆破作业单位许可证"；对不符合条件的，不予核发"爆破作业单位许可证"，书面向申请人说明理由。其中"爆破作业单位许可证"（营业性）应当载明爆破作业单位的资质等级和从业范围。

2. 爆破作业项目管理

《爆破安全规程》（GB6722）将爆破作业项目分为A、B、C、D四个等级，不同等级的爆破作业项目，只能由相应资质等级的爆破作业单位承担爆破设计施工、爆破安全评估和爆破安全监理业务。

（1）爆破作业项目许可。在城市、风景名胜区和重要工程设施附近实施的爆破作业项目，应当向爆破作业所在地设区的市级人民政府公安机关提出申请，提交"爆破作业单位许可证"和具有相应资质的安全评估企业出具的爆破设计、施工方案评估报告。受理申请的公安机关应当自受理申请之日起20日内对提交的有关材料进行审查，对符合条件的，作出批准的决定；对不符合条件的，作出不予批准的决定，书面向申请人说明理由。

（2）爆破作业项目备案。首先，营业性爆破作业单位接收委托实施爆破作业，应事先与委托单位签订爆破作业合同，并在签订爆破作业合同后3日内，将爆破作业合同向爆破作业所在地县级公安机关备案。其次，对由公安机关审批的爆破作业项目，爆破作业单位应在实施爆破作业活动结束后15日内，将经爆破作业项目所在地公安机关批准确认的爆破作业设计施工、安全评估、安全监理的情况，向核发“爆破作业单位许可证”的公安机关备案，并提交“爆破作业项目备案表”。

三、烟花爆竹管理

（一）管理职责及分工

烟花爆竹安全监管部门有：安全生产监督局，负责烟花爆竹的安全生产监督管理；质检总局，负责烟花爆竹的质量监督管理；公安部门，负责烟花爆竹的公共安全管理，具体包括：许可烟花爆竹运输和确定运输路线，许可焰火晚会燃放，组织销毁处置废旧和罚没的非法烟花爆竹，侦查非法生产、买卖、储存、运输、邮寄烟花爆竹的刑事案件。

（二）烟花爆竹运输管理

经由道路运输烟花爆竹的，托运人应当向运达地县级人民政府公安机关申请“烟花爆竹道路运输许可证”；受理申请的公安部门应当自受理之日起 3 日内对提交的材料进行审查，对符合条件的，核发“烟花爆竹道路运输许可证”；对不符合条件的，书面说明理由。“烟花爆竹道路运输许可证”应当载明托运人、承运人、一次性运输有效期限、起始地点、经停地点、烟花爆竹的种类、规格和数量。

运输过程中随车携带“烟花爆竹道路运输许可证”，烟花爆竹运达目的地后，收货人应当在 3 日内将“烟花爆竹道路运输许可证”交回发证机关核销。

（三）烟花爆竹燃放管理

1. 个人和单位燃放管理

（1）限制燃放地点。以下属于禁止燃放的地点：文物保护单位；车站、码头、飞机场等交通枢纽以及铁路线路安全保护区内；易燃易爆物品生产、储存单位；输变电设施安全保护区内；医疗机构、幼儿园、中小学校、敬老院；山林、草原等重点防火区；县级以上地方人民政府规定的禁止燃放烟花爆竹的其他地点。

（2）限制燃放品种。按照《烟花爆竹安全和质量》（GB10631）的规定，将烟花爆竹产品分为 A、B、C、D 四级。其中，A、B 级产品只有由取得燃放专业资质的专业燃放人员燃放，C、D 级产品除了需加工安装的由专业燃放人员燃放外，其他可以由个人燃放。各地区还可以自行规定一些禁止燃放的品种。

（3）限制燃放时间和日期。一些大、中城市或其他一些城镇可规定出准许燃放烟花爆竹的日期和时间，在其他时间不许燃放。

（4）限制燃放方式。烟花爆竹燃放不当会造成伤人或火灾事故，因此必须限制燃放方式，按照燃放说明燃放，不得随意燃放。未成年人燃放烟花爆竹时其监护人应当对其进行安全燃放烟花爆竹的教育。

2. 大型焰火燃放活动管理

举办大型焰火燃放活动，由主办单位按照分级管理的规定向相应公安机关提出申请，并提交下列有关材料：举办焰火晚会以及其他大型焰火燃放活动的时间、地点、环境、活动性质、规模；燃放烟花爆竹的种类、规格、数量；燃放作业方案；燃放作业单位、作业人员符合行业标准规定条件的证明。

受理申请的公安机关应当自受理申请之日起 20 日内对提交的有关材料进行审查，对符合条件的，核发“焰火燃放许可证”；对不符合条件的，应当说明理由。

焰火晚会以及其他大型焰火燃放活动的燃放作业单位和作业人员，应当按照《大型焰火燃放安全技术规程》（GB2484）的规定和经许可的燃放作业方案进行燃放作业。公安机关应当加强对危险等级较高的焰火晚会以及其他大型焰火燃放活动的监督管理。

四、爆炸物品销毁

（一）公安机关在爆炸物品销毁中的基本任务

1. 监督管理

民用爆炸物品从业单位自己拥有的民用爆炸物品需要销毁的，应当向所在地公安机报告。其中，民用爆炸物品生产企业、销售企业的产品，由省级行政主管机关组织监督销毁；爆破作业单位的爆炸物品由所在地县级公安机关组织监督销毁。

2. 组织实施

由公安机关收缴的、公众拣拾上交的、民间发现的无主爆炸物品，以及战争遗留的军用爆炸物品，由公安机关组织实施销毁。实践中，除数量较少、性质明确、不宜或不便转移，并且销毁方式简单的爆炸物品，可以由专业民警或在技术人员指导下，在执法现场就近销毁外，通常采取委托销毁方式，由具有销毁资质的单位实施销毁。

（二）公安机关组织实施爆炸物品销毁的工作要点

1. 确定安全销毁条件

在组织实施销毁作业前，公安机关应当先核实确认实施销毁的安全条件。包括：确定销毁方式及销毁场地、确定专业处置单位。

2. 方案审查和批准

销毁设计（施工）实施方案与爆破作业项目的设计施工方案相似。公安机关主要审查方案中的销毁目标、安全目标、执行标准是否与公安机关要求一致，安全风险、防范措施、安全投入等是否满足销毁实际需要等。对于规模大、风险高或者首次采取的销毁方式，公安机关应当组织对销毁方案进行安全评估，并根据评估意见完善方案。对于规模大、施工作业质量控制要求高、公共安全风险较大的爆炸销毁作业，公安机关应当委托实施安全监理。完成审查、评估或论证，落实必要的监理措施后，可以批准实施销毁设计施工方案。

3. 监督和保障

销毁单位要严格按照相关的规程和规范实施爆炸物品销毁的各项作业，公安机关要特别注意针对销毁活动中的重点公共安全风险，组织开展监督和保障工作。包括组织实施运输安全保障，对销毁现场开展区域清理、安全警戒和监督管理等。

第五节　剧毒化学品、放射性物品管理

一、剧毒化学品管理

（一）剧毒化学品的概念和界定

剧毒化学品是指具有非常剧烈毒性危害的化学品，包括人工合成的化学品及其混合物

（含农药）和天然毒素。

以化学品的急性毒性数据为依据，剧毒化学品的毒性判定界限是：大鼠试验，经口服半数致死量 LD_{50} 在 50mg/kg 以下，或者吸入半数致死浓度 LC_{50} 在 500ppm 以下的气体，均属剧毒化学品。习惯上，人们通常把侵入人体不足1克，即可引起中毒、机体损伤或致死的毒害物称为剧毒化学品。

（二）剧毒化学品管理

1. 公安机关在剧毒化学品管理中的职责

依据《危险化学品安全管理条例》的规定，公安机关负责危险化学品的公共安全管理，核发剧毒化学品购买许可证、剧毒化学品道路运输通行证，并负责危险化学品运输车辆的道路交通安全管理。

2. 剧毒化学品的购买管理

依法取得危险化学品安全生产许可证、危险化学品安全使用许可证、危险化学品经营许可证的企业，凭相应的许可证件购买剧毒化学品。

前款规定以外的单位购买剧毒化学品的，应当向所在地县级公安机关申请取得剧毒化学品购买许可证，并提交以下材料：营业执照或者法人证书（登记证书）的复印件；拟购买的剧毒化学品品种、数量的说明；购买剧毒化学品用途的说明；经办人的身份证明。县级公安机关应当自收到前款规定的材料之日起 3 日内，作出批准或者不予批准的决定。予以批准的，颁发剧毒化学品购买许可证；不予批准的，书面通知申请人并说明理由。个人不得购买剧毒化学品（属于剧毒化学品的农药除外）。

剧毒化学品的销售企业、购买单位应当在销售、购买后 5 日内，将所销售、购买的剧毒化学品、易制爆危险化学品的品种、数量以及流向信息报所在地县级公安机关备案，并输入计算机系统。

3. 剧毒化学品的运输管理

通过道路运输剧毒化学品的，托运人应当向运输始发地或者目的地县级公安机关申请剧毒化学品道路运输通行证，并提交以下材料：拟运输的剧毒化学品品种、数量的说明；运输始发地、目的地、运输时间和运输路线的说明；承运人取得危险货物道路运输许可、运输车辆取得营运证以及驾驶人员、押运人员取得上岗资格的证明文件；购买剧毒化学品的相关许可证件，或者海关出具的进出口证明文件。县级公安机关应当自收到前款规定的材料之日起 7 日内，作出批准或者不予批准的决定。予以批准的，颁发剧毒化学品道路运输通行证；不予批准的，书面通知申请人并说明理由。

剧毒化学品在道路运输途中丢失、被盗、被抢或者出现流散、泄漏等情况的，驾驶人员、押运人员应当立即采取相应的警示措施和安全措施，并向当地公安机关报告。公安机关接到报告后，应当根据实际情况立即向安监部门、环保部门、卫生部门通报。有关部门应当采取必要的应急处置措施。

二、放射性物品管理

（一）放射性物品的概念

所谓放射性物品，是指某些元素和它们的化合物结构不稳定，衰变时能从原子核中射出肉眼看不见的、具有穿透性的射线，具有这种特性的元素及它们的化合物，称为放射性物品。广义上，凡是具有放射性能的物品都是放射性物品，它既包括放射性同位素、放射性废物，也包括具有放射性能的核材料。但对于核材料的管理，适用 1987 年《核材料管制条例》以及 1991 年《核材料管制条例实施细则》，不属于公安机关管理的范畴。

能够自发放射射线的元素是放射性元素。其中，原子核不稳定，能够自发地放射出射线而变成其他元素的同位素，通常又称为放射性同位素。无论是放射性元素还是放射性同位素，都有天然的和人工制造的两种。

（二）公安机关在放射性物品管理中的职责

《放射性同位素与射线装置安全和防护条例》第 3 条规定：国务院环境保护主管部门负责对全国放射性同位素、射线装置的安全和防护工作实施统一监督管理。国务院公安、卫生部门按照职责分工和条例的规定，对有关放射性同位素、射线装置的安全和防护工作实施监督管理。

公安机关在放射性物品管理中的职责主要有：

1. 对涉源单位安全保卫工作实施监督检查

生产、销售、使用、储存放射性同位素和射线装置的场所，应当按照国家规定设置明显的放射性标志，其出入口应当按照国家有关安全和防护标准的要求，设置安全和防护设置以及必要的防护安全连锁、报警装置或者工作信号。在室外、野外使用放射性同位素和射线装置的，应当按照国家安全和防护标准的要求划出安全防护区域，放置明显的放射性标志，必要时设专人警戒。

公安机关要与环保部门一起，建立健全放射源安全检查制度、预警和应急处理机制以及事故分级报告制度，有计划地开展经常性的安全检查工作，查找隐患，堵塞漏洞。

2. 对放射性物品的运输安全实施监督

运输放射性物品，必须妥善包装，并经卫生防护部门检查，开具“放射性物品剂量检查证明书”后方准发运。严禁个人随身携带放射性物品进入公共场所和乘坐车、船、飞机。运输放射性物品必须用机动车辆专程运输，运输车辆应当按照国家有关规定设置明显的放射性标志或者显示危险信号。运输量大的，还须指派专人护送押运，途中如经过大中城市、旅游地区，应报告当地市、县公安机关，并按照公安机关指定的路线、时间、车速行驶通过。途中停车要专人看守，防止丢失、被盗。

3. 对放射源丢失和被盗案件进行立案侦查和追缴

公安机关对利用放射性物品伤害他人，危害公共安全的刑事犯罪依法进行打击；对放射性同位素丢失、被盗的辐射事故负责调查处理，对丢失的放射源及时追缴；对人体受到超剂量照射的辐射事故协助卫生等行政部门进行调查。公安机关在进行上述工作时，要加强与环保和卫生部门的配合，要科学操作，注意安全，对可能拥有放射源的行业进行认真排查。

4. 参与放射性事故处置

放射性事故（辐射事故）是指放射源丢失、被盗、失控，或导致人员受到意外的异常照射。根据辐射事故的性质、严重程度、可控性和影响范围等因素分为特别重大辐射事故、重大辐射事故、较大辐射事故和一般辐射事故四个等级。

发生放射性事故时，公安机关要与卫生部门协同处理事故，并承担以下任务：弄清事故发生的地点、时间、造成事故的核素、核素现有活度、危害程度和范围；公安机关在弄清事故发生的详细情况后，应征求卫生部门的意见，立即采取措施防止事故继续发生和蔓延而扩大危害范围；保护好事故现场。在采取应急措施时，应尽量保护好现场，尤其不要让无关人员进入，必要时，可以划定警戒线和警戒区，如果区域面大，可用明显标志划出禁区，设立岗哨，严禁无关人员进入禁区；事故处理要及时、迅速、彻底。事故发生后，要迅速组织各方人力、物力采取果断措施进行处理，而且要处理彻底。

【导入案例简析】

本案例中党某利用爆破员杨某工作便利获得爆炸物品，暴露出该爆破作业单位没有严格落实爆炸物品收发和领取制度，且没有落实对出井人员的人身检查制度，从而导致爆破员能够私自携带爆炸物品出井。该案例也反映出：公安机关在日常管理中应当加强对爆破从业人员的背景审查，严防存在问题的人员接触爆炸物品、制造事端。

【延展阅读】

买刀实名制问题

买刀实名制，第一次走入人们视野，是在2008年北京奥运会期间。其后，2010年上海世博会、2010年广州亚运会、2011年深圳大运会期间，当地政府也出台了相同的临时管制措施。2012年1月媒体报道称北京一些大型超市出售刀具的区域贴着通知，提醒市民，根据公安机关的要求，在店内购买所有刀具都要出示身份证进行登记。通知上写明：严禁卖给行为异常、精神异常者以及未成年人。如遇上述人员买刀具要立即上报属地派出所。对购买管制刀具的单位和个人要实名登记身份证。媒体报道称沃尔玛、家乐福等大型超市在刀具销售位置也摆放了“实名制”提示，顾客买刀时也需要进行实名登记。网友对此热议纷纷，认为此举是惰政之举。不仅给市民买刀带来了不便利之处，而且对公民的隐私造成潜在的威胁。①

警方表示对“市民购买菜刀必须实名登记”的说法并不符实。北京严格执行公安部的有关规定，此外并无特殊规定。按照公安部《对部分刀具实行管制的暂行规定》，对购买一般生活用刀的，如方头切菜刀，由于其刀身长度一般不足22厘米，不属于管制刀具，购买时不需要出示身份证。如果市民购买超长菜刀等其他符合管制刀具标准的生活用管制刀具，购买时需出示身份证。警方提醒市民，对于符合管制刀具标准的生活用刀，要到正规的地方去购买，并且拿身份证进行实名登记，如果是替单位购买需要单位开具相关证明，商店也需要开具发票，保存完好的包装，当天便可以凭借发票携带回家。市民购买管制刀具后不允许乘坐公共交通工具。对于北京市曾在北京奥运会前、广州亚运会期间要求商家对菜刀购买实行实名制，警方表示，那是在特殊时期采取的临时管理措施，目前北京一些超市对菜刀也实行购买实名制，可能是为了简化管理，但实际上北京警方未强制要求商家作出这一规定。②

那么，买刀实名制是否合理？

本书认为：在大型活动期间实施买刀实名制是公安机关对危险性大的刀具在特殊时期

---

① 参见《超市买菜刀　得拿身份证》，载《法制晚报》，2012-01-28。

② 参见《买菜刀不超标不用实名》，载《新京报》，2012-01-30。

采取的特别管制措施，是行政紧急权力的合法使用。北京把这种特殊管制措施常态化，即凡符合管制刀具标准的刀具要实行实名登记，实施此项举措的初衷是为了维护首都治安秩序，减少犯罪分子利用刀具实施违法犯罪活动。但在具体实施这项措施时却变了味：一些商家为了方便操作，简单机械地落实这项措施，即所有刀具都要求购买者出示身份证件；再加上媒体的“菜刀实名制”式的宣传，才引得舆论哗然。其最大的争议就是此举是否侵害了公民的诸如自由买卖、隐私权等之类的合法权益？这就要关注于维护社会治安秩序与保障公民个体各项权利之间如何均衡的问题。很多情况下这两者都是互为矛盾的。这就要求公民与公安机关之间互体互谅，先把这种管束与管治，视作一种循序渐进的积极作为，然后再寻求逐步改进与完善，最终达到对公民权益损害最小化、又达到维护社会治安秩序的目的。

【本章小结】

危险物品，是指具有杀伤、爆炸、易燃、毒害、腐蚀、放射性等性质，在生产、储存、销售、运输、使用和销毁等过程中，容易造成人身伤亡和财产损毁或可能危害公共安全而需要特别防护或管制的物品。目前列入治安管理范围的危险物品主要有：枪支弹药，管制器具，爆炸物品，剧毒化学品，放射性物品，易燃化学物品。

公安机关在危险物品管理中的职责有：登记、备案、审批发证，监督检查，日常指导，审查、考核和培训工作人员，收缴散失在社会上的危险物品，查处事故，安全防范宣传教育。

公安机关枪支管理的范围包括：公务用枪，民用枪支，非制式枪支。枪支管理内容有：公务用枪的配备和民用枪支的配置管理，枪支的制造和配售管理，枪支的运输管理以及枪支的日常管理等方面。

我国现行法律法规设定的管制器具包括管制刀具和弩两类。公安机关进行管制器具管理时应遵循严格管控原则和利于生产、方便群众两项原则。

爆炸物品，是指炸药和含有炸药的可爆炸的制品，分为民用爆炸物品、烟花爆炸和军用爆炸物品三大类。公安机关主要是对民用爆炸物品和烟花爆竹实施安全管理。在民用爆炸物品管理中，公安机关职责是：在民用爆炸物品购买、运输环节实施许可管理，对爆破作业进行安全监督管理，监控民用爆炸物品流向。公安机关在烟花爆竹管理中的职责是：许可烟花爆竹运输和确定运输路线，许可焰火晚会燃放，组织销毁处置废旧和没收的非法烟花爆竹，侦查非法生产、买卖、储存、运输、邮寄烟花爆竹的刑事案件。

剧毒化学品是指具有非常剧烈毒性危害的化学品，包括人工合成的化学品及其混合物（含农药）和天然毒素。公安机关在剧毒化学品管理中的职责主要是核发剧毒化学品购买许可证、剧毒化学品道路运输通行证，并负责危险化学品运输车辆的道路交通安全管理。

放射性物品，是指某些元素和它们的化合物结构不稳定，衰变时能从原子核中射出肉眼看不见的、具有穿透性的射线，具有这种特性的元素及它们的化合物，称为放射性物品。公安机关在放射性物品管理中的职责主要是：对涉源单位安全保卫工作实施监督检查，对放射性物品的运输安全实施监督，对放射源丢失和被盗案件进行立案侦查和追缴，参与放射性事故处置。

【关键术语】

危险物品　管制器具　管制刀具　爆炸物品　民用爆炸物品　烟花爆竹　剧毒化学品　放射性物品

【推荐阅读与学习资源】

1. 张先福、张家忠主编：《危险物品管理》，北京，群众出版社，2009。

2. 熊一新、李健和主编：《治安管理学概论》，北京，中国人民公安大学出版社，2007。

3. 公安部治安管理局编：《爆炸物品安全监管执法手册》，北京，群众出版社，2014。

第七章　群体活动治安管理

【学习目标】

了解群体活动的概念和特征；掌握大型活动、集会、游行、示威的概念；了解大型活动的分类，了解公安机关在大型活动中的职责，掌握大型活动的现场管理措施；了解集会游行示威的许可程序。

【导入案例】

宁某某、孟某某、周某某于2014年6月27日上午，以要求对出租车营运手续进行改制等问题为由，通过电话、电台组织出租车业主200余人、出租车150余台集体罢运，并到本市交通局门前非法集会、示威，要求解决出租车改制问题，造成交通局门前秩序严重混乱、交通堵塞，公安机关多次劝解发布解散命令无效。在交通局答复不满意后，上述三名行为人又组织出租车业主到本市信访局非法集会要求解决问题，在仍没有得到满意答复后，上述三名被告人现场指挥出租车业主200余人，到市政府上访解决。公安机关、交通局等相关部门工作人员立即在本市某某镇某某村进行堵截，现场陆续聚集了200余人、出租车160余台，到达市政府门前10余台，由于现场造成交通秩序混乱，公安机关负责人现场下达解散命令，但是非法聚集人员拒不解散，僵持了10多个小时后才陆续撤离。①

问题：本案中，公安机关可以采取哪些措施进行现场处置？

第一节　群体活动概述

一、群体活动的含义

群体活动是相对于个人行为的一种社会现象，是指发生在公共场所，参与人数较多，参与目的同一，参与行为具有一定关联性，并且对社会治安产生一定影响，需要进行特殊管理的活动。群体活动既包括有组织的、对社会有益的大型活动，合法集会、游行、示威活动，也包括对现存社会秩序有一定破坏作用的非法集会、游行、示威活动。大型活动的组织者一般为单位或者政府有关部门；集会、游行、示威的组织者既可能是单位或者政

① 出处见 http：//www.lawxp.com/case/c10144195.html（2016年1月12日最后浏览）。

府，也可能是社会组织或者个人。

群体活动不仅包括具有积极意义的活动，也包括具有消极意义的活动。有些学者认为群体上访、群体性事件也应当包括在群体活动中。本书认为，广义的群体活动可以包括群体上访、群体性事件等由一定群体进行的对社会治安秩序产生一定影响的活动。但是由于此类活动通常涉及采用破坏秩序的非法方式进行利益表达，本书将其划为单章称之为“群体性事件”进行讨论。

二、群体活动的特征

群体活动具有以下特征：

一是参与人数众多；二是发生的地点多为公共场所；三是参与主体的目的同一，行为具有关联性。在群体活动中，参与主体通常是为了同一个目的参加到活动中来，因此各自的行为都是为了达到这一目的而展开，行为之间存在一定的关联性。四是对社会秩序的影响具有不确定性。大型活动如果控制或者处理得当，对维护社会秩序或者建立新的社会规范都具有一定的促进作用，反之，如果控制或者处理失当，就会破坏社会秩序或者加剧社会对立，影响社会稳定。例如，依法举行的集会、游行、示威，通过表达对社会现象、社会问题或者事件的看法或者意见，能够促进社会政策的调整或者新的社会规范的建立，但当集会、游行、示威秩序失控时，就可能出现严重破坏秩序的聚众闹事、打、砸、抢等违法犯罪行为或者发生挤压、踩踏等治安灾害事故。

三、群体活动的安全风险评估

风险评估工作是正确组织和处置群体活动的前提和基础，通过全面、系统、规范的评估，科学划分出群体活动相应的安全等级，可以为进一步组织落实各项处置工作提供依据。风险评估的主要作用是为预案的制定提供参考，以便科学配置警力，决定处置手段和措施等。风险评估首先要确定风险点，例如在集会游行示威中，通过分析研究参与者的成员结构，参与者以前是否参加过游行，判断参加游行是和平的还是非和平的非法集会游行示威等等；通过分析集会游行示威的内容和性质，判断可能影响集会游行示威的暴力程度等等。目前，风险评估可以根据三大类风险因素做出，分别是涉人的因素、场地的因素、事件的因素。每一个风险因素中应当包括不同的风险点。

（一）涉人因素的风险评估

在进行风险评估时人的因素应当包括：

（1）参加群体活动的群体性质、年龄比例、心理特性、文化程度、数量、宗教信仰、国籍等。

（2）群体活动组织者的身份与背景。

（3）是否有著名人士、国内外贵宾参加。

（4）可能引发社会不稳定因素的重点人员情况。

（5）活动组织人员的承办经验和管理能力。

（6）是否有可能涉及境外敌对势力等。

（二）场地因素的风险评估

场地因素主要包括群体活动中涉及的路线及活动场地，应当包括：

（1）活动场地的基本情况（是否涉及政治敏感场所）。

（2）活动场地开放程度、避难与紧急疏散能力。

（3）周边道路交通情况及人流、车流控制与管理。

（4）场地安全保障设施服务能力与运行状态，如应急广播、公共设施。

（5）周边建筑、商业密度、加油（气）站、危险化学品仓库、河流等状况。

（6）场地所处地理位置情况等。

（三）事件因素的风险评估

事件的因素应当包括：

（1）群体活动的内容与规模（社会关注度、社会影响力、知名度、热度情况）。

（2）参与人群的互动性、事件的社会敏感性。

（3）群体活动类型与性质。

（4）群体活动是否涉及政治、宗教、恐怖主义等敏感因素。

（5）医疗救护设置情况。

（6）媒体宣传及舆论导向情况等。

公安机关可以在对以上风险因素正确评估的基础上，对群体活动进行风险等级分类。

（四）气象因素的风险评估

主要评估举办群体活动期间可能发生的降雨、降雪、风暴、沙尘、雾霾等气象变化将对群体活动带来的影响，并在此基础上设计应对预案。

第二节　大型活动安全管理

随着社会经济的发展，国际间交往的扩大，各种体育赛事、文艺演出、灯会、庙会、游园会等大型活动与日俱增，大型活动已经成为人们日常休闲娱乐必不可少的一部分。因此，加强大型活动的管理，避免大型活动过程中发生的事件事故以及违法犯罪行为成为公安机关必须面对的问题。

一、大型活动的概念、特点和分类

（一）大型活动的概念

大型活动，即大型群众性活动，是指在特定的时间、空间所进行的，由众多人员参加的，具有一定影响的有益的社会活动，如体育比赛、文艺活动、展览展销、庆典、重大会议、民间传统活动等。

（二）大型活动的特点

1. 人群高度密集

人群高度密集是大型活动的典型特征。在大型活动中，参加的人员少则数千人，多则数万人，这些人群通常以较高的密度集中在某一特定场所。正是由于人群的高度密集，大型活动如果组织或者管理不善，极度容易出现踩踏或者其他危害公共安全的事故。

2. 活动空间相对封闭

大型活动项目可以多达十几个或几十个，地点多且分布广，有时几个项目同时在不同的地点进行。但是都有一个共同的特点就是活动空间相对封闭。大型活动在举办前主办方需要向公安机关就举办的时间、场所等相关内容进行审批。公安机关审核的其中一个主要内容就是对活动空间进行审核，活动空间设计不符合安全规定或者无法容纳相应人数的大型活动都将不会获准举办。

3. 群体心理难以掌控

在较多的大型活动中由于参与的主体不同因而会形成不同的群体心理。在某些特定的大型活动中甚至会形成对抗心理，例如大型球赛中由于球迷可能支持不同的球队，进而产生出相互对抗的群体心理。不同的群体心理会产生不同的行为和后果，这就为大型活动的管理增加了难度。

4. 参与人员成分复杂

一般大型活动都是向社会公众开放，参与人员及人数具有不确定性。参与的人员既包括普通老百姓，也可能包括各国政要。既包括遵纪守法的公民，也可能包括违法犯罪分子，甚至还可能包括某些别有用心的敌对分子或者恐怖分子。

5. 不确定因素多

大型活动的内容、时间、参与人员、安保方案等事项虽然都是在活动方案中预先规定的，但是受制于认知的局限，大型活动整个举办过程仍然充满了较多不确定的因素。例如，天气因素不能精确预估，参加人的个人行为无法准确的预测，等等。

（三）大型活动的分类

按照大型活动的举办目的，可以将大型活动分为以下两种：一是政府主办的非营利目的大型活动，如重要会议、大型商贸活动等；二是以营利为目的大型活动，如演唱会、音乐会等。

按照大型活动的内容，可以将大型活动分为以下五种：一是体育比赛活动；二是演唱会、音乐会等文艺演出活动；三是展览、展销等活动；四是游园、灯会、庙会、花会、焰火晚会等活动；五是人才招聘会、现场开奖的彩票销售等活动。

二、公安机关在大型活动安全管理中的职责

县级以上人民政府公安机关负责大型群众性活动的安全管理工作。公安机关在大型活动安全管理中的职责主要体现为事前审批、事中检查监督和事后总结评价。

（一）事前审批与检查

公安机关对大型活动实行安全许可管理，这体现在公安机关对大型活动的审批环节上。

1. 公安机关许可的权限

大型群众性活动的预计参加人数在1 000人以上5 000人以下的，由活动所在地县级人民政府公安机关实施安全许可；预计参加人数在5 000人以上的，由活动所在地设区的市级人民政府公安机关或者直辖市人民政府公安机关实施安全许可；对跨省、自治区、直辖市举办大型群众性活动的，由国务院公安部门实施安全许可。

2. 大型活动许可程序

（1）接受书面申请材料。大型活动承办者应当在活动举办日的20日前向主管公安机关提出安全许可书面申请。

(2) 受理。公安机关收到书面申请后，经核对，以下材料齐全时，予以受理：承办者合法成立的证明以及安全责任人的身份证明；大型群众性活动方案及其说明，2 个或者 2 个以上承办者共同承办大型群众性活动的，还应当提交联合承办的协议；大型群众性活动安全工作方案；活动场所管理者同意提供活动场所的证明。若经审查，上述申请材料不齐全的，公安机关不予受理，并指出应当补充的书面材料。

(3) 审查材料。公安机关自受理之日起 7 日内应当对大型活动安全情况进行详细审查：

1) 举办大型群众性活动的承办者应是依照法定程序成立的法人或者其他组织。

2) 大型群众性活动的内容不得违反宪法、法律、法规的规定，不得违反社会公德。

3) 具有符合规定的安全工作方案，安全责任明确、措施有效。

4) 活动场所、设施符合安全要求。

对符合以上条件的，公安机关应当做出许可的决定；对不符合安全条件的，做出不予许可的决定，并书面说明理由。

（二）事中监督和调控

大型活动举办前公安机关的主要任务是安全许可和检查落实安全管理措施，随着活动的进展，各种意外、突发情况和问题都有可能出现，安全管理的重心也发生了变化：由事前的静态控制变为事中的动态管理，即对主办方各项安全措施的落实情况进行安全监督，发现隐患立即责令整改。大型活动的参加者或者承办者违反大型活动安全管理法律、法规的，公安机关应当及时予以纠正，依法应予治安管理处罚或追究刑事责任的，依法处理。公安机关还可以根据具体情况组织相应警力维持活动现场的治安、交通秩序，及时查处活动中发生的违法犯罪行为，处置突发事件。

（三）事后总结与评价

大型活动结束以后，公安机关对安全管理工作应及时进行总结。一方面是总结工作中的成功之处，从中发现安全管理的一般规律和特点，积累经验，同时分析工作中存在的问题和不足，查找原因，及时改进。另一方面，公安机关应当建立大型活动不良安全信息记录制度，并向社会公布。

三、大型活动的现场管理

（一）大型活动开始之前及活动进行中的安全检查

在大型群体活动开始前，公安机关应对活动场所及附属设施的安全情况进行实地检查。检查内容包括：举办场所的建筑物或露天场地设施是否符合安全规定；通道及进出口是否畅通，电器设备是否符合用电标准并具备保护措施；是否已与电业部门取得联系，保证供电，并配备备用电源；消防器材是否配置齐全、有效；场内危险物品管理是否合格；场地内外的污物、砖瓦及有碍通行的障碍物是否彻底清除；活动现场有无爆炸可疑物，等等。通过安全检查，以确保大型群体活动在安全的场所内举办。公安机关在检查中，发现安全隐患和需要调整补充的措施，应当书面通知举办者予以整改，对拒不整改的，公安机关可以责令其停止举行活动。

在大型活动举办前公安机关还应当对活动现场周边地区进行全面安全检查，重点检查、落实建筑工地、私房出租户、商店和居民社区的防火、防爆等安全防范措施，消除事故隐患。强化现场周边的危险物品管理，确保周边地区治安秩序良好。

1. 场地检查

大型活动中应对场地的各个方面进行安全检查，既应检查地面和地面上的植被，也应检查地面上固定物和地面上临时搭建或放置的物品。安全检查时可采用直观检查、器材检查和动物检查相结合的方法，如可以采用手摸、探测器、扫雷器、警犬等开展检查。

2. 人身检查

大型活动中的人身检查，主要是检查参加大型活动的人员随身携带的物品中是否有危险品、违禁品等，如易燃易爆物品、管制刀具等。对人身进行检查可以通过观察，也可以通过各种仪器进行检查，如安全门、金属探测器等，对检查中发现的异常情况要及时处理。

人身检查时应当注意：对外国人或有宗教信仰的人检查时，既要坚持外事政策，又要尊重他们的风俗习惯、宗教信仰，在法律规范的范围内实施更为策略的检查方式，体现执法的人性化；对女性进行人身检查时原则上应由女性工作人员进行。

3. 车辆检查

公安机关应当对进入大型活动场内的车辆进行安全检查，检查时，应当注意检查机动车和非机动车的各个部位以发现有无异常现象和治安隐患等。当发现可疑情况或可疑物时，安检人员应当组织警力控制现场，在可疑物周边清理出检查和执法的安全范围，避免伤及无辜群众，必要时应通知专业排爆人员到达现场进行处置。

（二）大型活动进行期间现场内外的秩序维护

公安机关的人民警察维护活动现场内外及周围的治安秩序工作，又分为以下几个方面：

1. 维护大型活动现场周边的交通秩序

大型活动中人员流量大，车辆进出多，集散时间短，容易发生交通拥堵。公安机关应当科学规划、精心组织，保障参与活动的车辆、人员按时顺利集结和疏散，防止因发生交通阻塞或秩序混乱而引发事故，确保参与活动的首长、外宾及群众的交通安全。

大型活动由于参加人员众多，公安机关应事先设计好人员和车辆的进场和退场路线，指定参加活动人员的集结地点。根据活动的性质、规模、参加人员及人数，与公共交通部门进行协作，加大公共交通运量，延长开行时间，尽力缓解交通拥堵情况。对于重大的大型活动，公安机关还可以提前编制出行指南，同时开展交通出行宣传，引导市民尽量乘坐公交车、地铁等公共交通工具，以削减交通流量，保障道路畅通。

公安机关可以根据需要在一定时间和空间内进行交通管制。交通管制的内容可以是在一定时间和范围内，不准机动车辆通行，或者在特定时间内禁止一切车辆、行人进入现场，由交通警察及治安警察在各路口设定警戒线，指挥机动车辆或行人绕行。公安机关决定交通管制后，应当向社会公告交通管制的内容，并设立相应的交通管制标志。对持续时间较长的活动，应精确计算，分时、分段地实施管制，尽可能缩小管制范围和时间。

2. 合理安排停车场地

公安机关应当在大型活动的停车场地安排警力指挥机动车辆停放，如果停车场地不能满足需要，公安机关还应当根据大型活动的预计参加人数，在活动场所周边设置临时停车场并指挥机动车辆的停放。由于散场时间相对集中，人流、车流同时朝外涌，因而停车场设置不要过于集中，避免造成散场后人群及车辆在某一区域拥堵。

3. 在各入口处协助工作人员维护入场秩序

执行安全保卫任务的民警应提前一定时间到达各自岗位，承担各自的保卫任务及执勤区域。在活动的入口处，由主办方负责查验入场凭证，公安民警协助主办方组织群众有秩序地入场，在入场检查中发生争议时，公安民警有权对入场人员进行人身检查和物品检查。

4. 公开警力和秘密警力相结合，在活动现场及周围维护秩序

到大型活动现场维护秩序的警力可以分为两类、两部分。这两类是：着装警察和便衣警察；两部分是定岗警力和流动警力，定岗警力主要负责其岗位周围的治安秩序，流动警力主要以巡逻的方式维护现场治安秩序。

5. 指挥、控制出场、散场秩序

在活动即将结束时，各出口及主要交通路口的警力应当到位，准备维护出场、散场秩序，指挥人流、车辆有序离开现场，防止不法分子乘散场混乱之际捣乱破坏。公安机关可以事先和有关公共交通公司联系，在散场时段增派公交车辆及时疏散出场人群，以免由于乘坐交通工具困难致使散场后人们拥挤在现场周围。

（三）现场管理中公安机关有权采取的措施

1. 将正在实施违法犯罪行为的人强行带离现场

可以使用手铐、警绳、脚镣等约束性警械将违法行为人强行带离现场，然后予以调查，构成违反治安管理行为的，依据《治安管理处罚法》的具体规定予以处罚；构成犯罪的，依法追究刑事责任。

2. 出现严重安全隐患时，责令大型活动主办方停止活动

公安机关在维护大型活动现场秩序过程中，发现大型活动出现严重安全隐患时可以采取责令停止活动的措施：如大型活动现场人员严重超过核准安全容量的；现场秩序混乱，影响活动正常进行的；大型活动有发生安全事故危险或者发生可能危害公共安全的其他紧急情况的；大型活动进行过程中发生安全事故的；主办方、场所提供方不落实安全责任，公安机关责令限期改正、逾期不改正的；大型活动主办方擅自变更大型活动内容或地点的。

3. 对大型活动现场经公安机关命令解散而拒不离去的群体，可以强行驱散

强行驱散时，公安机关可以根据现场情况依法使用警棍、盾牌、催泪弹、高压水枪等驱逐性警械。

4. 采取交通管制或者现场管制措施

公安机关不仅可以在制定大型活动安全管理方案中，根据维护安全的需要依法采取交通管理或现场管理措施；在大型活动进行过程中，当出现可能导致现场秩序失控的紧急情形时，公安机关也可以采取交通管制、现场管制等措施。

第三节　集会游行示威管理

我国《宪法》第35条规定：公民有言论、出版、集会、结社、游行、示威的自由。《集会游行示威法》和《中华人民共和国集会游行示威法实施条例》（以下简称《实施条

例》）对公民行使集会、游行、示威权利的方法、应尽的义务作了具体规定，也对公安机关在管理集会、游行、示威中的职权作了具体规定。

一、集会、游行、示威的概念

集会，是指公民聚集于露天公共场所，发表意见、表达意愿的活动。“露天公共场所”，是指公众可以自由出入或者凭票证可以进入的室外公共场所，如公园、广场等。如果公民聚集在私人宅院或室内场所等非露天公共场所聚会，则不属于《集会游行示威法》调整的范围。

游行，是指公民在公共道路、露天公共场所列队行进、表达共同意愿的活动。“公共道路”，是指除机关、团体、企业组织内部的专用道路以外的道路和水路，如城市街道、公路等。《集会游行示威法》所调整的游行活动，必须有四个要素：首先，必须有一个由许多人构成的群体；其次，游行的地点或路线，是在公共道路上或者露天公共场所，如果在校园、工厂厂区等单位内部自管区界或室内进行的游行活动，则不属于该法的约束范围；再次，游行必须列队成形，集体行进，这是它区别于集会的重要特征；最后，参与游行的群体要表达群体的共同意愿。

示威，是指公民在露天公共场所或者公共道路上以集会、游行、静坐等方式，表达要求、抗议或者支持、声援等共同意愿的活动。

根据《集会游行示威法》及《实施条例》的规定，纳入公安机关管理范围的集会、游行、示威是在中华人民共和国境内的露天公共场所或者公共道路上为表达共同意愿而举行的集会、游行、示威活动。

二、集会、游行、示威的许可

（一）集会、游行、示威的管理范围

我国对集会、游行、示威活动的主管机关是公安机关，公安机关依法对集会、游行、示威活动实行预防式事前许可管理。

根据《集会游行示威法》的规定，以下两类活动不需审批即可举行：一是国家举行或者根据国家决定为庆祝、纪念、声援、抗议等而组织公民参加的集会、游行、示威活动；二是国家机关、政党、社会团体、企事业组织，为了表达对国内、国际某些事件的要求和意愿，依照法律、组织章程举行的集会、游行、示威。因而，除上述两类活动之外、凡是拟举行集会、游行、示威活动的，必须经过公安机关批准方可举行。

（二）集会、游行、示威许可的一般程序

1. 受理申请

举行集会、游行、示威必须依法向主管机关提出书面申请并获得许可方能进行。举行地市、县公安局、城市公安分局是集会、游行、示威的受理机关。游行、示威路线经过两个以上区、县的，主管机关为所经过区、县的公安机关的共同上一级公安机关。公安机关接到要求举行集会、游行、示威的申请时，要审核如下事项，以决定是否受理：(1) 申请人必须是集会、游行、示威的负责人，且申请人必须亲自递交申请书。(2) 申请人必须出示身份证件。申请人必须在集会、游行、示威的举行地有常住户口或者在举行地户口登记

机关办理了暂住登记并持续居住半年以上。(3) 申请人必须提交书面申请书，且必须在拟举行集会、游行、示威日期的5日前向主管公安机关递交书面申请。

上述事项经审核均符合受理条件的，公安机关予以受理；否则，做出不受理决定。公安机关对于未按法律规定提前5日递交申请书是由于突然发生的事件临时要求举行集会、游行、示威的，可以受理。

2. 审查申请书内容

公安机关受理集会、游行、示威的申请后，应当详细审查以下五个方面：

(1) 集会、游行、示威的内容。根据《集会游行示威法》的规定，申请举行的集会、游行、示威，有下列情形之一的，不予许可：反对宪法所确定的基本原则的；危害国家统一、主权和领土完整的；煽动民族分裂的；有充分根据认定申请举行的集会、游行、示威将直接危害公共安全或者严重破坏社会秩序的。

(2) 集会、游行、示威负责人的资格。集会、游行、示威的负责人必须在举行地有常住户口或者在举行地户口登记机关办理了暂住登记并持续居住半年以上。此外，经审查，集会、游行、示威的负责人具有下列情形之一的，不予许可：无行为能力人或者限制行为能力人；被判处刑罚尚未执行完毕的人；正在被劳动教养的人；正在被依法采取刑事强制措施或者法律规定的其他限制人身自由措施的人。

(3) 集会、游行、示威参加人员的资格。集会、游行、示威的参加人员应当是在举行地有常住户口或者在举行地户口登记机关办理了暂住登记并持续居住半年以上的人。

(4) 集会、游行、示威的目的、方式、标语、口号、起止时间、地点、路线。集会、游行、示威的目的、标语和口号不得违反我国法律、法规，不得违背社会公德和善良风俗，不得煽动民族分裂或宣扬民族歧视。集会、游行、示威的方式应当是和平地进行，不得使用暴力或者煽动使用暴力。凡是申请在节日、重要会议期间、敏感日期举行集会、游行、示威活动的，公安机关要慎重决定，申请在早六时前、晚十时以后的时间进行集会、游行、示威活动的，除了由当地人民政府决定或批准以外，公安机关应依法一律不予许可。集会、游行、示威活动可能危害到举行地及其周边的治安秩序的，不予许可。

(5) 以国家机关、社会团体、企业事业组织的名义组织或者参加集会、游行、示威，必须经本单位负责人批准，没有负责人批准而擅自申请举行或参加集会、游行、示威的，不予许可。

3. 作出决定

经过审查，治安管理部门应当作出是否许可举行集会、游行、示威的书面决定，并且应将此决定在申请举行日的2日前送达申请人，决定书应当载明许可的内容或者不许可的理由。根据《集会游行示威法》的规定，申请举行的集会、游行、示威，有下列情形之一的，不予许可：反对宪法所确定的基本原则的；危害国家统一、主权和领土完整的；煽动民族分裂的；有充分根据认定申请举行的集会、游行、示威将直接危害公共安全或者严重破坏社会秩序的。

集会、游行、示威的负责人对主管公安机关不许可决定不服的，可以自接到不许可决定书之日起3日内向同级人民政府申请复议。人民政府应当自接到复议申请书之日起3日内作出维持或者撤销原决定的复议决定。人民政府作出的复议决定，主管公安机关和集会、游行、示威的负责人必须执行。

（三）集会游行示威许可的特殊程序

在特殊情况下，公安机关也可以对集会、游行、示威申请采取非常规性的审批和变通的处置方法：

1. 对常规申请时限和审查时限的变通处理

确因突然发生的事件临时要求举行集会、游行、示威的，申请人可以立即报告公安机关，公安机关接到报告后，可以立即审查，并立即作出许可或者不许可的决定。

2. 与有关单位协商处理问题和矛盾

对那些要求政府或有关单位解决具体问题而申请举行集会、游行、示威的，公安机关受理申请后，可以通知政府部门或有关单位同集会、游行、示威的负责人协商解决问题，并可以将申请举行的时间推迟 5 日。若协商不成，可以再按一般程序作出许可或不许可的决定。

3. 变更有关申请事项

公安机关在受理集会游行示威申请后，若认为按照申请的时间、地点、路线举行集会、游行、示威将对交通秩序和社会秩序造成严重影响的，可以在作出许可决定的同时，直接变更集会、游行、示威的时间、地点或路线，在许可决定书中写明变更的事项，并及时通知其负责人。

公安机关对集会游行示威申请事项的变更可以有两种形式：一种形式是直接变更，即公安机关在作出许可决定时，有下列情形之一的，可以直接在许可决定书中变更举行集会、游行、示威的时间、地点、路线：（1）申请举行的时间是在交通高峰期，可能造成交通较长时间严重堵塞的；（2）申请举行的地点或者行经路线正在施工，不能通行的；（3）申请举行的地点为渡口、铁路道口或者是毗邻国（边）境的；（4）所使用的机动车辆不符合道路养护规定的；（5）在申请举行集会、游行、示威的同一时间、地点有重大国事活动的；（6）在申请举行集会、游行、示威的同一时间、地点、路线已经许可他人举行集会、游行、示威的。

另一种形式是在作出许可决定后变更，即公安机关已经作出了许可举行集会游行示威的决定，但是在举行日前公安机关发现申请举行集会、游行、示威的地点、经过的路段发生自然灾害事故、治安灾害事故，尚在进行抢险救灾，举行日前不能恢复正常秩序的，公安机关可以决定变更举行集会、游行、示威的时间、地点、路线。这时，公安机关应当重新制作“集会游行示威事项变更决定书”，并于举行日之前送达集会、游行、示威的负责人。

三、集会游行示威的现场管理

公安民警如果发现公共场所有集会、游行、示威队伍，但尚不清楚其是否是经过许可的，应首先对其合法性进行审查。发现未向公安机关申请以及虽然申请但未获许可而举行的非法集会、游行、示威活动，公安机关有权命令停止或者命令解散。

对已经许可的集会、游行、示威活动，公安机关应派人民警察维护现场秩序。集会、游行、示威的现场管理主要包括以下几个方面：

（一）集会、游行、示威现场的安全检查

公安机关在集会、游行、示威现场安全检查的内容包括：

(1) 对集会场所和游行、示威经过的道路、公路等进行检查，排查可能影响集会、游行、示威顺利进行的障碍和隐患，并及时予以消除。

(2) 检查集会、游行、示威的标语、口号等是否与许可的内容相符，如有违反应通知其负责人立即改正。

(3) 检查集会、游行、示威的参加人员有无携带武器、管制刀具或者易燃易爆危险物品参加集会、游行、示威，一经发现，应当场予以收缴，并将携带人员带离现场予以调查。

(4) 检查集会、游行、示威现场音响设备的数量、功率是否与许可的内容一致。

(5) 检查交通车、宣传车等机动车是否符合安全要求，有无超高、超长、超宽、超载等不符合安全要求的情况。

(二) 设置警戒区域

集会、游行、示威在国家机关，军事机关，广播电台，电视台，外国使、领馆等单位所在地举行或者经过的，公安机关应当增派警力保护这些要害单位的安全。公安机关可以根据需要设置警戒区域，划定临时警戒线，将集会、游行、示威人群引导在警戒线以外的路段聚集或行进，以防止集会、游行、示威过程中发生冲击要害单位的情形。

(三) 维持交通秩序

负责维持交通秩序的人民警察应当对游行、示威经过的路线予以交通疏导和指挥，必要时可以对其他车辆采取临时限行措施，以保障游行、示威队伍顺利通过有关路段。

当游行队伍在行进中遇有前方路段临时发生自然灾害事故、交通事故及其他治安灾害事故时，或者游行队伍之间、游行队伍和周围群众之间发生严重冲突和混乱，以及突然出现其他情形致使游行队伍不能按照许可的路线行进时，人民警察现场负责人有权临时决定改变游行队伍的行进路线，并应当将临时决定立即告知游行负责人，游行负责人及其他参加游行人员应当服从决定。

(四) 督促负责人维持集会、游行、示威队伍的秩序

公安民警应督促集会、游行、示威负责人采取有效措施维持集会、游行、示威队伍的秩序，防止其他人员加入集会、游行、示威队伍。公安机关对临时加入集会、游行、示威队伍的人员，可以予以劝阻和制止。

(五) 视情况临时改变游行队伍的行进路线

当游行队伍在行进中遇有前方路段临时发生自然灾害事故、交通事故及其他治安灾害事故时，或者游行队伍之间、游行队伍和周围群众之间发生严重冲突和混乱，以及突然发生其他不可预料的情况，致使游行队伍不能按照许可的路线行进时，人民警察现场负责人有权临时决定改变游行队伍的行进路线，并应当将临时决定立即告知游行负责人，游行负责人及其他参加游行人员应当服从决定。

(六) 处置集会、游行、示威中出现的违法犯罪行为

在集会、游行、示威现场可能出现的违法行为有：未按照公安机关许可的目的、方式、标语、口号、起止时间、地点、路线进行集会、游行、示威的；违反治安管理法规，携带武器、管制刀具或者爆炸物品，使用暴力或者煽动使用暴力等危害公共安全或者严重

破坏社会秩序情况的；擅自进入依法不得举行集会、游行、示威特定场所周边范围的；未经人民警察许可越过人民警察依法设置的警戒线、障碍物的；其他人员扰乱、冲击、破坏依法举行的集会、游行、示威的；其他违反集会、游行、示威具体规定的行为。

在集会、游行、示威过程中发生局部秩序混乱的，公安机关应责令集会、游行、示威负责人立即采取有效措施维护现场秩序，或者直接命令参加人员保持秩序；如果局部秩序混乱情形不能立即得到纠正，可能危及到公共安全时，公安机关有权命令解散集会、游行、示威活动，并以明确的方式告知在场人员在限定时间内按照指定通道离开现场；对在限定时间内拒不离去的，人民警察现场负责人有权命令使用警械或者其他警用手段强行驱散；对继续滞留现场的人员，可以强行带离现场。

在集会、游行、示威行进中出现危害公共安全、破坏社会秩序或者其他违法犯罪行为时，公安民警应立即将违法犯罪人员带离现场，并依法追究违法人员的法律责任。

【导入案例简析】

本案中，三名违法行为人未经过公安机关的许可即进行集会、示威，违反了我国《集会游行示威法》的相关规定。在现实中，非法集会、游行、示威常常会以上访或者群体性事件的形式表现出来。在本案中，公安机关可以针对此类非法集会、游行、示威采取的措施有：(1) 设置警戒区；(2) 控制非法集会游行示威的组织者；(3) 下达解散命令，并以明确的方式告知在场人员在限定时间内按照指定路线离开现场；对在限定时间内拒不离去的，人民警察现场负责人有权命令使用警械或者其他警用手段强行驱散；(4) 对继续滞留现场的人员，可以强行带离现场；(5) 对有其他违法行为的，直接采取法律强制措施。

【延展阅读】

西方发达国家大型活动公共安全管理社会化的实践经验①

从西方发达国家的经验看，大型活动公共安全管理社会化运作已经取得了明显效果。在美、英、德、法等国，举办各种大型活动无须经警察机关行政许可，只要在规定的时间告知警察机关即可。大型活动的承办方对公共安全管理工作负有一定责任，政府和警察机关积极予以指导和监管，如协调相关部门开展安保工作、指导开展大型活动公共安全风险评估、帮助招募社会志愿者、制定突发事件应急预案件等。在大型活动公共安全管理工作中，政府、警察机关、承办方、企业、社会组织等相互合作，责任共担。其基本理念是，大型活动公共安全管理涉及社会公共安全，属于政府的公共服务范畴，政府必须承担最终责任。但是，这并不意味政府要包揽全部安全保卫工作。在市场经济条件下，政府要最大限度地提供公共安全服务，必须大力推进公共安全管理社会化以及与此相联系的公共安全服务市场化。从操作层面看，西方发达国家的主要做法是：

(一) 合同出租与委托代理

英国《波森调查》中将警察的工作分为核心任务和附带任务，英国警察局长协会和皇家警队督察处提出了19项可以转让的附带任务，其中包括为大型活动担任警卫任务等。他们认为，这些附带任务可以文职化或者对外承包，通过竞标并最终选定承包方并签订合

---

① 参见秦立强、董亭《关于推进大型活动公共安全管理社会化的几点思考》，载《中国人民公安大学学报（社会科学版）》，2009 (2)：20～26页。

同。这种方法极大地提高了大型活动安保工作的效率和效能，而且有效地降低了成本。美国"合同外包"方式也非常普遍，至少有两百种公共服务是由承包商向政府提供的，其中不少涉及警察机构的业务。美国若干城市通过签订合同的形式委托私家警卫人员执行政府有关的警卫工作，大型活动公共安全管理的大部分业务都是政府委托承包商办理的。

（二）保安业市场化运作

在西方发达国家，保安业安全服务实行市场化运作。英国保安业在20世纪后半期得到了空前的发展，在各种大型活动中，保安公司承担着重要安保任务，通过市场化运作，与承办方利益共享、责任同担。近年来，美国保安业蓬勃发展，从安全警卫到电脑欺诈调查，从反窃听到反恐怖，几乎无所不在。目前，美国保安业已发展成为拥有从业人员210万人、4万多家保安公司、年营业收入1 000亿美元的庞大产业，其从业人员是全美警察人数的3.5倍，经费开支比警察机关多出58%，营业收入约占美国GDP的1%。此外，美国还在全球30多个国家和地区成立了数千家保安公司。警察机关将许多"附带职能"交由保安业承担，保安业提供专业化和市场化的公共安全服务，是西方发达国家实现大型活动公共安全管理社会化的重要保障。

（三）社会化安全管理网络

西方发达国家通过整合社会资源，建立社会化公共安全管理网络，不断提高公共安全保障的快速反应能力。社会化公共安全管理网络主要由四个部分构成：一是人员流动联络网，主要包括运动员、游客和一般公民等；二是安全管理联络网，主要包括公共安全规则、公民安全规则和保健规则等；三是安全管理及信息控制指挥中心联络网，主要包括建立各种控制室、各级指挥中心、项目办公室及联络系统等；四是信息传递联络网，主要包括针对一般公民、游客及传媒的信息联络网等。

（四）社会公众积极参与

西方发达国家历来有"自我警务"的传统，大型活动公共安全管理社会化是其警务工作社会化的重要体现，有利于激发公众参与大型活动安保工作的热情。"公民通过各种类型的预防性措施，能够防止许多类型犯罪的发生。"在西方发达国家，警察机关通过支持邻里守望、辅助警察、公民治安自治组织、招募志愿者等多种形式，推进公共安全管理社会化。在大型活动公共安全管理中，由于公众自觉自愿义务参加安保工作，工作态度和工作效果较好，公众满意度较高。

【本章小结】

群体活动是相对于个人行为的一种社会现象，是指发生在公共场所，参与人数较多，参与目的同一，参与行为具有一定关联性，并且对社会治安产生一定影响，需要进行特殊管理的活动。具有参与人数众多、发生的地点多为公共场所、参与主体的目的同一且行为具有关联性以及对社会秩序的影响具有不确定性的特点。对群体活动可以根据三大类风险因素（涉人的因素、场地的因素、事件的因素）进行有效的风险评估。

大型活动和集会游行示威是公安机关管理的两种典型的群体活动。大型活动具有人群高度密集、活动空间相对封闭、群体心理难以掌控、参与人员成分复杂、不确定因素多的特点。

公安机关在大型活动安全管理中的职责主要体现为事前审批、事中检查监督和事后总结评价。

公安机关对集会、游行、示威活动主要采取预防式事前许可管理。对集会游行的现场管理包括：集会、游行、示威现场的安全检查；设置警戒区域；维持交通秩序；督促负责人维持集会、游行、示威队伍的秩序；视情临时改变游行队伍的行进路线；处置集会、游行、示威中出现的违法犯罪行为等措施。

【关键术语】

群体活动　安全风险评估　大型活动管理　集会游行示威管理

【推荐阅读与学习资源】

1. 刘金龙：《大型活动安全保卫工作教程》，北京，中国人民公安大学出版社，2010。

2. 佟瑞鹏、高平、刘欣、李春旭、万海燕、邓凯：《大型活动事故风险评价模型与方法研究》，载《中国安全科学学报》，2014（3）：150～155页。

3. 陈亮、孙永生：《大型活动公共安全风险防治策略研究——基于密集人群管理视角》，载《中国行政管理》，2015（4）：12～15页。

第八章　群体性事件的预防与处置

【学习目标】

理解群体性事件的概念、特征和分类；理解群体性事件形成的原因和预防对策；掌握群体性事件处置的原则和机制；掌握并尝试应用群体性事件的处置方法。

【导入案例】

2008年发生于贵州瓮安的“6·28”事件，不是一起孤立的事件。种种迹象表明，这一事件从事件聚集、围观、参与人数，事件的剧烈、破坏程度，都可称为近年来的“典型群体性事件”。

调解与发酵漫长

从6月22日凌晨李某芬溺水身亡停尸河边到6月28日，是瓮安事件的“发酵期”。

22日凌晨0时27分，瓮安县公安局“110”指挥中心接到报警，称西门河大堰桥处有女生跳河，请求处警。瓮安县城所在地雍阳镇派出所两名民警出警，与路上相遇的李某芬亲属一同到达现场。约20分钟后，十多名消防队员赶到现场，借助工具打捞半个多小时未果，便提出等天亮后再打捞。

凌晨2时许，消防队员撤离，民警交代家属继续打捞，并按家属请求，将3名在场人员带回雍阳镇派出所询问，但未做笔录。

凌晨3时40分左右，死者家属将李某芬的尸体打捞上岸，停放在桥头七星村村民的玉米地边上。

7时23分，民警向“110”指挥中心回复，死者家属怀疑死者系他杀，请求转刑侦处理。刑侦队民警对相关人员做了笔录，并到现场进行了勘查和调查走访。

根据死者家属要求，当天下午，县公安局法医对死者尸检，鉴定死者系溺水死亡。

23日，李某芬的父亲、母亲等人提出再次尸检等要求。

6月24日，瓮安县公安局调查认定死者溺水死亡系自杀，于当天下午向死者家属送达了“不予立案通知书”和“尸体处理通知书”。死者家属对公安机关的结论不服，未将尸体领回处理。

当晚，县政法委维稳办一名副主任参与继续组织双方调解，调解再次失败。

6月25日上午9时许，李某芬的亲属到刑侦队做笔录。其间，与刑侦队一民警发生争执，双方互有抓扯，动手打人的两名亲属被带到看守所关押。

下午18时许，死者的叔叔到雍阳镇派出所做笔录结束后返回县教育局途中，被几个不明身份的人突然从后面冲上来追打，致使其轻微脑震荡、头皮损伤、胸腹部软组织损伤、鼻骨骨折。

县公安局决定没收涉嫌幕后指使打人的刑侦队民警的佩枪，停止其执行职务15天。同时，安排将李某芬的两名亲属释放。

此时，关于李某芬之死，瓮安县城正谣言四起。中间发生的这一节外生枝的插曲，使更多市民对李某芬的死因产生了怀疑，对公安机关执法的公正性也产生了怀疑。

6月26日凌晨1时左右，黔南州公安局指派法医对李某芬的尸体再次进行尸检，仍维持溺水死亡的结论，家属则坚持有奸杀嫌疑。瓮安县县委领导等人继续做家属工作至凌晨4时40分，调解最终失败。

27日零时左右，死者亲属表示同意调解方案，并约定28日上午9时签订协议，下午安葬。

6月28日9时30分，死者家属反悔。

当天上午，公安局再次向死者家属送达了“尸体处理催办通知书”，限死者家属必须于当天下午5时前把尸体抬走处理。

谣言与事实混杂

从李某芬22日凌晨溺水身亡起，一些“小道消息”就在瓮安县城内传播：最初说王某是县委书记王勤的侄女，因为中考时李某芬不把试卷给王某抄，王某找了两个社会青年来报复；之后又说凶犯被公安机关放走，是因为其中某人是县里某个副县长的儿子，李某芬的叔叔被打，也是这些人叫黑社会的人打的；最后出现了李某芬尸体被打捞上来时一丝不挂等等说法。

这些传言中，有的是事实，如李某芬在班上平时学习成绩确实比较好，王某则较差；李某芬死亡后，其叔叔在大街曾被不明身份的人殴打，也确有其事。但王某是王勤侄女、给李某芬要试卷抄、李某芬被打捞上来时一丝不挂等，则完全不符合事实。

这些事实与谣言混杂，激起了不少群众对死者的同情。此时，公安局再次给死者家属下发了“催办通知书”。

6月28日下午大约4点钟，大堰桥头的围观群众买了一块白布，现场签名写字制作成横幅，让两个学生在前面举着，从西门河边上出发，到县政府请愿。游行开始时，现场学生只有十多人。

七星村是瓮安县城边上水库移民居住比较集中的村，游行队伍出发时，部分移民跟在后面看热闹。

游行队伍一路上边走边有人加入，在经过李某芬生前所在的瓮安三中时，加入学生较多，队伍规模已在200人以上。

另外，游行的消息传开后，瓮安县城此前在政府征地、城市折迁等行为中利益受损的一些失地农民和市民等，也纷纷跟在后面一起往县政府走。

最终游行队伍抵达县政府时，已达上千人的规模。

当天是星期六，县政府没人上班，请愿者在县政府门前表达诉求后，又转到距县政府100米左右的公安局大楼。公安局当时仅有的40余名警力赶紧在办公楼大厅内组成了人墙，防止游行队伍冲入大楼内。

下午4点半，游行人群开始向警方投掷矿泉水瓶和泥块。此时围观人群已有上万人。

有人向停在公安局门前的汽车投掷了燃烧瓶（矿泉水瓶里注满汽油后点燃），一时燃起熊熊大火。警方被迫向公安局大楼内转移。

几分钟后，一群人抬起停在公安局门口的一辆外地牌照皮卡车，扔到公安局一楼大厅里，然后用汽油点燃。整个大厅内浓烟滚滚，警方被迫退上二楼。

失守的一、二楼内，文件、办公桌被人点燃，浓烟和大火包裹了整个公安局大楼。

有人抬来液化气等点火焚烧，有人从一楼冲到五楼，翻抽屉、砸柜子、摔计算机，有人乘机把计算机主机和荧屏等物品抢了出来，有人在政府大院当场打开车库，将车推出来焚烧，然后烧县委大楼。

层层开会

当天14时50分，事件发生前，县委书记王勤、副县长肖松、县政府办主任宋辉等人正在县电信局参加“全国处理信访突出问题”电视电话会议。

16时许，游行队伍从李某芬死亡的大堰桥出发。收到消息的玉华乡政法委书记李安平、派出所所长陈甚学立即向肖松和公安局副局长周国祥等人报告了这一情况。

16时30分左右，周国祥分别向肖松，县委常委、政法委书记、公安局政委罗来平，公安局局长申贵荣作了汇报，肖松接到报告后，立即向会场内的王勤作了汇报，并按王勤的安排赶赴现场，王勤继续参加会议。

其间，宋辉接到县政府值班人员电话后，离开会场赶到县政府大楼劝说学生离开，并于16时40分左右电话报告了县长王海平。

肖松等人驱车赶到县公安局后，向王勤汇报现场小青年比较多，王勤立即打电话给县教育局局长张世德，要求其通知各校校长带教师到现场去劝散学生。接到指示的张世德立即通知城区各校校长安排老师到现场疏散学生。但此时聚集围观的人越来越多，警戒线已开始受到冲击，并有人冲进一楼开始打砸。此时，肖松将情况向王勤汇报，同时上楼召开会议，研究对策。

17时50分左右，结束了电视电话会议的王勤再次接到肖松报告后，安排工作人员通知县四家班子领导到电信局集中商量对策。

18时20分左右，县长王海平从都匀赶到瓮安县电信局临时指挥部。罗来平也从都匀赶到瓮安，并组织外围民警到县武警中队集中，由于没有防暴装备，无法开展工作，后接到州公安局负责人指示，要求由州里统一指挥。申贵荣赶回瓮安后，要求公安干警全部穿警服，并让35岁以下干警穿上防暴服后，由州统一指挥。

18时30分左右，电信局工作人员担心遭受围攻，临时指挥部转移到离现场更远的县武装部。

19时许，黔南州公安局负责人赶到现场，在外围转了一圈，未采取措施。

20时许，“等不来一个领导说话”的人群向县政府转移。

与此同时，黔南州委组织召开了处置瓮安事件专题会议。会后，原州委一位负责人赶往瓮安县城，在外围“转了又转”，等候从省里赶来的领导。

23时左右，与县政府大楼相邻的县委大楼被点燃，并因是木结构，最后全被烧毁。

20时10分左右，瓮安县政府开始被打、砸、抢、烧，但当时实际冲入县政府楼内的真正暴徒只有十多人，并且已基本没有学生。当时集结待命的公安和武警已有200多名，如果处置得当，至少县委大楼是完全可以不被烧毁的。

惯性思维的超前结论

有关部门统计，瓮安事件中，直接参与打砸烧的人员超过300人，现场围观群众在2万人以上，事件持续时间7个小时以上。

这一事件中，瓮安县县委、县政府、县公安局、县民政局、县财政局等被烧毁办公室160多间，被烧毁警车等交通工具42辆，不同程度受伤150余人，造成直接经济损失1 600多万元。

受访的有关专家认为，无论从事件参与人数、持续时间、冲突剧烈程度、在国内国际上造成的影响上看，瓮安事件在近年来我国发生的群体性事件中，都堪称“标本性事件”。

6月29日凌晨，数千群众继续到县政府、县公安局门前围观，甚至用石块等攻击部分值勤的公安干警、武警官兵。

当天下午事件基本平息后，瓮安县委有关负责人在与黔南州有关部门联合举行的新闻发布会上，称这一事件是“有组织、有预谋”的，事件起因是死者家属对公安部门的鉴定结果不服，组织了一些人员拉着横幅在街上游行，围观人员跟随聚集到县政府上访。在县政府有关负责人接待过程中，一些人煽动不明真相的群众冲击县公安局、县政府和县委大楼，随后，少数不法分子趁机打砸抢烧。

当地政府在尚未展开充分调查的情况下，就作出这一结论，稍显匆忙。有关部门依照惯性思维急于寻找幕后“黑手”的做法，也很难令人信服。随后，当地媒体即开始大规模地刊登和播放“瓮安群众愤怒谴责不法分子”等新闻，引起了更多群众的反感和猜疑。

“公安机关不作为，黑恶势力才能横行。要说黑恶势力能够煽动这么多‘不明真相的群众’围攻县政府，只怕三岁小孩也不相信。”当地一家茶叶店老板说。

也有群众怀疑说：“既然县公安局有人是黑恶势力的保护伞，那黑恶势力煽动群众火烧公安局，不是和自己过不去吗？”现已查明，参与这一事件的黑帮成员，基本上只是一些“小喽啰”，很多人是去看热闹时“自作主张”参加打砸烧的。①

问题：瓮安事件的形成原因是什么？瓮安事件的处置有何不妥？

第一节　群体性事件概述

一、群体性事件的概念

新中国成立以来，群体性事件的具体表述随着政治、经济形势的变化和社会现象表现形态的演化以及人们认识的逐步深入而不断变化，先后出现“群众性闹事”、“治安事件”、“突发事件”、“紧急治安事件”、“群体性治安事件”等不同名称，到2004年，中共中央办公厅、国务院办公厅转发的《关于积极预防和妥善处置群体性事件的工作意见》称“群体性事件”后，群体性事件的名称基本确定下来。

目前，关于群体性事件概念的表述比较多。本书认为，群体性事件是指由具有共同目标和利益的社会群体实施的，违反国家法律、法规、规章，扰乱社会秩序，危害公共安全，侵犯公民人身安全和财产安全，尚属于人民内部矛盾范畴的冲突行为。

---

① 参见《还原瓮安事件》，载《瞭望》，2008 (36)；吴伟：《贵州瓮安事件始末》，载《新世纪周刊》，2008 (20)。

群体性事件的表现形式主要有：（1）人数较多的非法集会、游行、示威；（2）集会、游行、示威和集体上访活动中出现的严重扰乱社会秩序或者危害公共安全的行为；（3）严重影响社会稳定的罢工、罢课、罢市；（4）非法组织和邪教等组织的较大规模聚集活动；（5）聚众围堵、冲击党政机关、司法机关、军事机关、重要警卫目标、广播电台、电视台、通信枢纽、外国驻华使馆、领事馆以及其他要害部位或者单位；（6）聚众堵塞公共交通枢纽、交通干线、破坏公共交通秩序或者非法占据公共场所；（7）在大型体育比赛、文娱、商贸、庆典等活动中出现的聚众滋事或者骚乱；（8）聚众哄抢国家仓库、重点工程物资以及其他公私财产；（9）较大规模的聚众械斗；（10）严重危害公共安全、社会秩序的其他群体性行为。

二、群体性事件的特征

（一）突发性

群体性事件是社会矛盾积累到一定程度的反映，在结果形成之前一般很难觉察，其爆发常常是由一些偶然因素引起，具有较强的突发性。在一些有组织的事件中，事件的组织者为了达到其不可告人的目的，往往事先在暗中准备、隐蔽活动、秘密串联，一旦认为时机成熟，即突然发难，很快就可能引发成百上千甚至万人围观聚集，有的则迅速转化为严重打砸抢烧事件。

（二）聚众性

引发群体性事件的社会矛盾往往有一定的影响，参与其中的群众因牵涉到某种共同利益，有共同的诉求，产生共同的思想情绪，情感上容易接近，思想上容易沟通，一旦事件发生，很容易形成人员聚集，并不断裹挟更多的人参与，甚至对其他社会问题不满的无直接利益关系人员也加入其中，使事态急剧扩大。在参与群体行动的过程中，个人处于相对匿名状态，责任感明显降低，对自己行为的约束松懈，会违反社会准则做出有危害性的过激行为。

（三）违法性

群体性事件的表现方式多种多样，主要是集体上访，围攻党政机关企事业单位，非法集会游行示威、罢工、罢市、罢课、绝食静坐，不听从现场处置公安民警的指令等。显然，群体性事件是聚众实施的违反国家法律、法规、规章，扰乱社会秩序，危害公共安全，侵犯公民人身安全和财产安全的违法性行为，已经触犯了《刑法》的有关条款以及《治安管理处罚法》等相关法律法规，应当受到处罚。

（四）互动性

在群体性事件发生过程中，参与者群体内部以及参与者群体和旁观者之间，由于空间上和注意力上的接近，很容易丧失理智，失去自我控制和自我意识，产生从众心理，互相感染、模仿，发生频繁的互动，使一个人的情绪迅速传递给身边的其他人，而这种加剧了的情绪反过来又会激起传递者本人更强烈的情感爆发，尤其是人群中“领袖”的紧急规范行为能迅速得到其他人效法，从而使事态进一步恶化。

（五）演变性

群体性事件的发生和发展，通常是一个由潜伏期、酝酿期、爆发期、激化期等若干阶段组成的逐步演进的过程。群体性事件最初的参与者为数并不多，但受到群众心理变化以及各种突发情境因素的影响，其演变过程可能在某个阶段产生突进式的变化，参加人员急剧增加，可能演化为打砸抢事件，甚至可能在更大范围、更多区域内爆发，严重影响到社会秩序和公共安全。

三、群体性事件的分类

科学划分群体性事件的种类，有助于正确认识和掌握不同类型群体性事件的特征和规律，以采取有针对性的措施进行处置。根据不同的标准，群体性事件可以作如下分类：

（一）按照事件的性质划分

按照事件的性质划分，群体性事件可分为政治性事件、经济性事件、社会性事件和涉外性事件。

（1）政治性事件，是指与公共权力活动和政治利益相关的群体性事件，事件的主体是为了实现某种政治目的，如具有政治目的的罢工、罢课、罢市，非法集会、游行、示威、静坐，以及受境内外反动势力煽动的群体性事件。

（2）经济性事件，是指与经济活动和经济利益相关的群体性事件，事件的主体是为了得到一定的经济利益，如因土地、矿产、水源、森林、草场等资源问题而引发的事件，聚众哄抢国家、集体或个人财产的事件，因失业就业、劳资纠纷、征地拆迁、移民安置、环境污染、公民维权等引发的事件，以及因非法集资、传销等涉众型经济犯罪活动引发的事件。

（3）社会性事件，是指事件主体针对某些社会问题，为促成有关部门及社会重视而引发的群体性事件，如因风俗习惯、民族宗教、历史遗留等问题引起的群体性事件，因决策不当、非正常死亡、执法不当等因素引发的群体性事件。

（4）涉外性事件，是指涉及不同国家之间的关系，需要通过外交途径解决的事件。如两国边民之间发生的矛盾纠纷事件、对外国驻华机构的包围冲击事件、外国在华人员或留学生举行的抗议活动等事件。

（二）按照是否采用暴力方式划分

按照是否采用暴力方式划分，群体性事件可分为非暴力型事件和暴力型事件。

（1）非暴力型事件主要有不采用暴力方式的罢工、罢课、罢市和非法集会、游行、示威、请愿、静坐等事件。

（2）暴力型事件主要包括聚众械斗、打砸抢烧等事件。

（三）按照事件有无准备来划分

按照事件有无准备来划分，群体性事件可分为预谋性事件和偶发性事件。

（1）预谋性事件，是指事件的发动者预先经过一定的策划、准备，有目的、有计划地实施的群体性事件。例如，某些有组织的罢工、罢课、罢市以及有针对性地聚众围堵、冲击党政机关、要害单位等事件。

（2）偶发性事件，是指没有明确的目的、没有经过策划准备，而是由特定环境下的偶然因素引发的群体性事件。比如球迷闹事引发的群体性事件等。

（四）按照事件发生的地域特征划分

按照群体性事件发生的地域特征划分，群体性事件可分为城市群体性事件、农村群体性事件、民族宗教地区群体性事件。

城市群体性事件是指在城市中由拆迁、企业改制、失业、拖欠工资和养老金等问题引发的群体性事件。

农村群体性事件是指农村中由于土地纠纷、土地征用、水源林地争端、村委换届选举等引发的群体性事件。

民族宗教地区群体性事件是指在少数民族聚居区域内各民族相互交往过程中因利益关系、生活习惯、宗教信仰等方面的误会、摩擦和冲突引起的群体性事件。

（五）按照事件主体与政府的关系划分

按照事件主体与政府的关系划分，群体性事件可以分为群众之间的矛盾引发的群体性事件、群众与政府之间的矛盾引发的群体性事件。群众之间的矛盾引发的群体性事件，如权属之争、宗族之争、债务之争和琐事之争引起的群体性事件。群众与政府之间的矛盾引发的群体事件，如执法问题、征地搬迁、分配不公以及体制改革等引起的群体性事件。

第二节　群体性事件的成因与预防

一、群体性事件的成因

每起群体性事件引发的直接原因各不相同，但就当前矛盾凸显、事件多发的情况看，其背后有着更深层次的原因。群体性事件作为一种客观的社会现象，是一定社会的政治、经济、文化、民族、宗教等各种矛盾的综合反映，是生产力和生产关系这一社会基本矛盾相互作用及其矛盾运动的结果。群体性事件的发生与一定社会发展阶段的政治制度、经济发展状况等因素密切相关，是这些社会因素综合作用并与特定环境和具体事件相互联系的产物。

（一）政治因素

在我国现阶段，导致群体性事件产生的政治因素主要有以下几方面：

1. 国内阶级矛盾在一定范围内长期存在

在我国现阶段，剥削阶级作为一个阶级已经被消灭，但是阶级斗争还将在一定范围内长期存在，并可能在特定的时期与环境中被激发，甚至以剧烈的形式爆发出来。

2. 国际上敌对势力的煽动和破坏

国际上的敌对势力从来就没有停止过对我国的颠覆和破坏。改革开放以来，国际上的敌对势力不断变换手法，在我国境内培植、支持和收买反共反社会主义势力，伺机策划并组织各种以颠覆社会主义制度为目的的活动。当前，境外敌对势力活动最突出的特点就是，通过互联网等新媒体施加影响，利用民间组织渗透，千方百计插手国内的企业、高校以及民族宗教、领土争端等问题，企图以此为突破口，制造动乱。

3. 民主与法治建设不健全

我国民主政治与法治建设逐步发展，但由于生产力水平不高以及其他历史与现实的原因，现行政治体制还存在着一些弊端，法治亦不健全。个别地方基层基础薄弱，社会管理滞后，群众合法正当的利益得不到保障；个别地区存在司法不公现象，信访制度也有明显的不足，群众反映的意见和问题不能通过正常渠道表达出来，致使各类矛盾长期沉淀积累，引起一些群体的不满，从而实施过激行为以求解决问题。还有一些不法分子歪曲民主的实质，打着民主的旗号，攻击、否定社会主义民主，否定四项基本原则，伺机制造事端，引发动乱。

4. 官僚主义与腐败现象

由于历史和社会环境等因素的影响，我国现实生活中，仍然存在着官僚主义与腐败现象。一些党政干部官僚主义思想严重，群众观念淡薄，服务意识不强，对群众反映的问题不管不问，部门之间互相推诿、推脱责任，对涉及群众利益问题的重要性认识不够，侵害人民群众的民主权利及其他正当权益，引起群众的强烈不满与愤慨，导致矛盾越积越多，就可能会引发群体性事件。

（二）经济因素

社会经济的发展状况，从根本上影响着社会的稳定和秩序。因此，与群体性事件相关的诸因素中，经济因素始终占据主导地位。在现阶段，导致群体性事件发生的经济因素主要有以下几方面：

1. 新旧经济体制转换过程中调控机制的弱化

目前，市场经济体制逐步建立，但对市场经济的社会调控还较为薄弱，主要是：国有企业自主经营、自负盈亏的制度很不完善；包含反垄断和维护公平竞争行为的较为完善的统一市场体系还有待建立；金融调控机制还很不健全，等等。这些问题的存在，必然导致相当一部分社会群体的切身利益在经济转轨的过程中受到损害。如果长期得不到解决，部分社会群体的不满就会以非正常的方式表达出来，很可能引发群体性事件。

2. 各种经济成分之间的利益冲突

我国目前建立的经济体制是，在公有制为主导的条件下，以个体经济、私营经济、外资经济、合资经济等多种经济成分为必要补充。各种经济成分并存，对生产力发展起着积极作用，但各种经济成分之间存在的经济矛盾和利益冲突，却是无法避免的，并可能在一定条件下激化。

3. 多元化分配方式导致的分配差异

多种所有制经济形式的存在决定了分配方式的多元化，并导致人们经济收入产生差异，贫富差距拉大，很容易使人们产生不公平感和相对剥夺感，导致对社会不满情绪的加剧。加之，受经济社会发展阶段性特征的影响，特别是受发展不平衡、不协调、不可持续的影响，必然会带来新的矛盾和问题。

（三）文化因素

改革开放以来，大众传播媒介的迅速发展和中西方文化的交融撞击，使我国社会的主文化与副文化的冲突更加激烈。这种文化冲突也必然对社会稳定产生影响。由于封建思想的残余、“文化大革命”带来的后遗症以及西方资本主义各种思潮、思想和生活方式的影响，在我国还存在着与社会主义主文化产生尖锐对立和冲突的副文化。

1. 传统不良文化的影响

首先，是封建伦理道德观念的影响。我国的封建社会经历了两千多年的历史，有着深厚的思想基础。其中，以宗法等级制度为基本内容的封建伦理道德观念，对广大群众的思想意识影响颇深，一些人头脑深处依然存在封建残余思想，往往同社会化生产、生活存在着极大的冲突，这种冲突的激化则会影响社会稳定与治安秩序。其次，是我国一些地区的农村传统文化中还滋生着一种畸形的凝聚力和向心力，即封建宗族意识，一些人利用封建宗族意识将本属个人或少数人的矛盾，挑拨成带有封建宗族色彩的事件。

2. 西方消极文化的影响

改革开放以来，在引进西方资本主义国家先进技术与管理经验的同时，资产阶级的思想意识也随之传播进来。西方资本主义国家通过经济、文化、外交等方面的交流活动，加紧意识形态的渗透，借助互联网等现代媒介宣扬资本主义的政治模式、经济模式、价值观念以及腐朽文化，散布社会主义危机论、失败论，诋毁马列主义，兜售资本主义的“民主”、“自由”，煽动人民群众。

3. 社会负面文化的影响

随着市场经济的建立，一些负面效应也显现出来，各种社会不良风气随之传播蔓延。有些人为了追逐最大的利益，不讲职业道德、社会公德，不负社会责任，损害群众利益。个别地方社会风气不好，精神文明滑坡，人际关系淡漠。在一些经济落后的地区，群众的文化素质低下，民主法制意识淡薄，其社会行为往往缺乏既定的目标、原则和规范，多是一些个人的任意行为或群体的盲动行为。一些人受这些负面文化的影响，在一定外界因素的诱导、刺激下，会以群体极端行为的形式表现出来。

（四）民族、宗教因素

民族与宗教是历史的产物，具有政治、经济、文化、教育等社会历史的综合内容，涉及语言文字、地域分布、生活习俗和心理特征等诸多因素。民族问题与宗教问题往往相互关联，常常与国家关系、种族问题、经济利益等交织在一起，对抗性矛盾与非对抗性矛盾交织在一起，相互影响，相互渗透。在建立健全市场经济体制过程中，随着利益关系的调整，民族之间还会产生出许多新的矛盾。此外，近年来，一小撮民族分裂分子，在国外敌对势力的支持下，利用宗教问题离间少数民族与党和政府的关系，披着宗教的外衣进行煽动，大搞民族分裂活动，企图通过发动暴乱、制造恐怖袭击，达到分裂国家的目的。

二、群体性事件的预防

（一）群体性事件的综合预防

群体性事件是国家、社会运转过程中，各个方面的消极因素影响制约和社会成员自我调节时空综合作用的结果。群体性事件发生的多因性，决定了预防对策的综合性。

1. 完善社会主义民主政治

发展社会主义民主政治，实现国家和社会的长治久安，必须坚持和完善人民代表大会制度，保证人民当家作主的主体地位，保证国家政治生活既充满活力又安定有序。推动多党合作和政治协商逐步走上制度化轨道，通过参政议政、民主监督，进一步扩大社会各方面成员的有序政治参与。完善民族区域自治制度，构建平等团结互助和谐的社会主义民族关系。加强民主制度建设，不断丰富民主形式，通过民主选举、民主决策、民主管理和民主监督等扩大基层民主，保障人民享有更多更切实的依法直接行使民主的知情权、参与权、表达权、监督权。提高工会及行业协会在利益表达和权利维护方面的实际效用，通过对话协商理性解决利益矛盾。

2. 健全利益诉求表达法律机制

要从源头上预防群体性事件，必须构建制度化的利益诉求表达机制，运用法治思维和法治方式破解社会治理中的矛盾和难题，充分发挥诉讼、复议、赔偿、仲裁、调解、听证等法律制度的作用，改进信访制度，及时化解社会中的大量冲突和矛盾，缓和对立情绪，使利益诉求与社会冲突尽可能地纳入到法治轨道。

3. 建立公平正义的利益分配和调节机制

确立公平正义的利益分配和调节机制是协调社会利益关系的根本要求。各级政府要着眼于人民群众的根本利益，正确反映和兼顾不同地区、不同部门、不同群众的利益，完善利益分配机制，把社会成员之间的收入差距和贫富差距控制在合理的限度内。政府要完善社会保障制度，保障全社会成员基本生存与生活需求，特别是保障公民在年老、疾病、伤残、失业、生育、死亡、遭遇灾害、面临生活困难时的特殊需要。政府要建立征地、拆迁、移民等方面的科学合理的利益补偿机制，减少社会不稳定因素，促进社会稳定与和谐发展。

（二）公安机关对群体性事件的预防方法

群体性事件的预防，应贯彻早期预防、综合治理的方针。只有立足于“早”才能摆脱被动局面，夺得运筹时空和人力、物力的主动权。公安机关应强化信息工作，及时发现和掌握那些带有苗头性、倾向性的问题，做好疏导教育工作，消除可能引发群体性事件的各种因素和条件。

1. 加强基层基础工作和情报信息工作

加强党和政府与群众的沟通，及时收集掌握社会舆论，准确把握社会利益矛盾的苗头和发展动向。要建立行之有效的社会情报信息预警报告系统，提供群体性事件苗头性信息。这个系统包括居委会、村委会；企事业单位保卫机构；工会、共青团、妇联组织；公、检、法基层单位；纪检、信访部门；仲裁、调解机构等。报告系统涉及的面最广、反馈最及时，是社会预警的传声筒。要健全预警报告系统，省、市、县各级组织、单位要定期反映职工联系人的思想状况，报送、处理、汇总、分析职工群体性不安定事件，把大型企业、困难企业，工资不能按时发放、养老保险金拖欠严重的企业，以及在经营管理、生产安全等方面存在严重问题、有可能酿成突发性事件的企业作为重点监测点；各单位要建档造册，确定监控员，实行动态管理，形成覆盖全社会的社会预警网络。在各种社会组织中，应建立人民内部矛盾的排查组织，各基层单位也要完善排查、调处机构。

居委会、村委会以及政策研究部门、信访部门要加强对社会问题的收集和反映，及时反馈重大社会问题、治安隐患和不安定因素，特别是在重大的政策、措施出台时，要加强对重大决策负面风险的评估，尽量减少社会不安定因素，采取有针对性的预防措施。各级组织和单位，对所辖部门出现的群体性不安定因素和突发性事件，要逐级上报，紧急情况可越级上报。任何单位和个人都不得向党委、政府、上级单位和公安机关瞒报群体性紧急情况、重大事件的情况，要使有关部门迅速得到情报信息，从而为预警系统提供强有力的情报信息保证。

2. 加强治安管理，做好各项防范工作

公安机关要完成维护社会稳定、确保一方平安的任务，必须在党委、政府的领导下，高度重视群体性事件的预防工作，组织各项业务活动。结合日常管理工作，加强包括预防群体性事件在内的各项防范措施；结合巡逻工作，严密社会面的控制；加强对党政机关、要害部门、要害部位的保卫工作，保证这些地方的绝对安全；利用国家赋予的特殊权力和手段，在职责范围内，积极会同有关部门，对各种可能引发群体性事件的矛盾、冲突、纠纷，积极参与调查了解，有针对性地排查不安定因素，做好预防、化解工作。实践证明，只要加强治安管理，做好各项防范工作，就能充分发挥治安管理各项专业业务在预防群体性事件中的综合效能。

3. 在一般预防的基础上，加强对重点人、重点时空的预防

公安机关应发挥自身的职能优势，加强对可能引发事件的重点人、重点时空的预防。一是对重点人或非正常群体的预防。对那些在引发事件过程中起骨干或关键作用的个人或群体，进行疏导教育或控制，瓦解非正常群体意识，防止事件爆发。二是对重点时空的预防。加强对事件主体易于选择的时间，比如重要的政治、经济、文化、外交活动期间和人、财、物流动高峰期的控制，预防事件在这些时间范围内引发；加强对重点场所，比如人群密集的公共场所和要害部位以及重要地区的控制，预防事件在这些场所引发。

进行重点预防，要在一般预防的基础上，首先，应通过日常广泛、深入的调查研究，及时了解社会动态，全面掌握群体性事件信息，确定重点人、重点时空，并随时掌握其动态。其次，要制订对重点人和重点时空的控制方案或应急预案，并根据客观情况的变化，及时进行修正。最后，要部署力量，严密控制。对重点人要随时掌握其动态，及时制止引发事件的行为。对重点时空要严密控制，防止事件的发生。必要时，应按照预案要求，经常进行模拟训练，提高民警的应变能力。

4. 加强技术监控，提高预测预警能力

群体性事件的发生一般都有一个酝酿过程，其选择的场所通常都是具有敏感性或者能够引起轰动社会效应的要害部门周边、重点场所、交通要道等。公安机关利用现代技术如视频监视设备、网络监控技术等对上述部位进行实时监控，能够及时发现群体性事件的苗头性信息和进展情况。目前，可以利用的途径主要有三方面：一是利用要害部门、重点场所周边的实时监视设备，进行全时空的监控；二是利用公安交通管理部门的城市道路监视设备、高速公路及交通干线监视设备进行监控；三是利用公安网络监管部门对网络监控的技术及设备，对网络上的热点问题及动向进行监控。

第三节　群体性事件处置的机制与方法

一、群体性事件处置的原则

公安机关处置群体性事件应当遵循下列原则：

（一）预防为主原则

妥善处置群体性事件，是新时期公安机关的一项经常性的重要工作。公安机关应当加强情报信息工作，建立和完善维护社会稳定的预警工作机制，对可能影响稳定的问题和群体性事件苗头，做到早发现、早报告、早控制、早解决，最大限度地把不稳定因素解决在初始阶段。公安机关和人民警察必须坚持把处置群体性事件作为维护政治稳定和社会安定

的重要任务，在各级党委、政府的领导下，充分发挥职能作用，认真做好各项处置工作，力争把各种问题和矛盾解决在基层，解决在内部，解决在萌芽状态，迅速平息事态。尽量避免和减少群体性事件对国家、集体和人民群众生命财产造成的危害和损失，维护社会治安秩序，保障公共安全，维护国家和社会的稳定。

（二）党委、政府领导下统一协调原则

党委、政府领导，是指要把群体性事件的处置工作置于各级党委、政府的直接领导下，自觉接受党委、政府的指挥；要成立以党委、政府为领导核心的群体性事件处置总指挥部，统一行使整个处置工作的指挥权。事件发生后，公安机关要积极建议党政领导和主管部门领导亲临现场，做好矛盾化解工作。要维护好现场秩序，确保党政机关等重点部位及现场人员的安全。

公安机关在坚持党委、政府统一领导的同时，要会同有关主管部门处置群体性事件。参与事件处置的各部门、各单位要在党委、政府的统一领导下，充分发挥各自的职能作用，统一认识，步调一致，以发挥整体功能。

群体性事件的发生，是社会诸多消极因素、各种复杂的社会矛盾和社会问题在一定程度上的综合反映，往往涉及多个部门和单位。对于这样一种政策性很强的群众工作，只有在党委、政府的统一领导下，各有关方面协同配合，发挥整体功能的优势，才能及时稳妥地做好。为此，要求各有关方面要当好党委、政府的参谋，相互配合，协调行动；正确处理党委、政府领导与分工负责的关系；严明纪律，增强整体观念，各单位和部门不能擅自行事；建立完备的通信网络，沟通上下级之间的联系。

（三）防止矛盾激化原则

群体性事件大多是人民内部矛盾引发的，有一个发生、发展的过程，如果教育疏导工作做好了，就能避免事件发生，或将事态控制在萌芽阶段，以减轻危害后果。因此，党政部门应积极做好教育疏导工作，督促有关部门和单位协调好各种社会矛盾，不使事件扩大蔓延。公安机关及涉事单位要讲究工作方法和策略，坚持“可散不可聚，可解不可结，可顺不可激”，以教育疏导为主，宣传党和国家的政策、法律，引导群众以理性合法的方式表达自己的利益诉求，采取科学有效的方式，慎重、妥善处置，力争把问题解决在萌芽状态或初始阶段，防止矛盾激化和事态扩大。其中，属于群众反映强烈的政府官僚主义、腐败问题，应向党委、政府反映，由有关部门出面解决；对于被煽动起来闹事的不明真相的群众，要做好解释说明工作；对不合理的要求，既要耐心说服教育，又不能无原则地迁就。

（四）慎用警力、强制措施、警械和武器原则

处置群体性事件，公安机关要根据事件的性质、起因和规模来决定是否使用、使用多少和如何使用警力；根据事态的发展情况和危害情势来决定是否采取强制措施以及采取何种强制性措施，是否使用警械以及使用何种警械。既要防止因使用警力和强制措施不当而激化矛盾，又要防止当用不用、贻误战机，使事态扩大。现场外围备勤的民警可以根据需要配备武器。使用警械和武器，要依照《人民警察使用警械和武器条例》的规定，使用催泪弹等警械和武器必须经现场指挥批准。

（五）依法果断处置原则

依法果断处置，是指在处置群体性事件中，要依照有关法律的规定，不失时机，当机立断，反应迅速，以较少的代价争取最理想的结果。事件处置时，如果能正确坚持这一原则，就能有效地将事件控制在一定的范围内，有助于实施事件的调查，及时了解情况，分清是非曲直，找出问题的症结，在短时间内采取措施平息事态。因此，在事件刚发生，事态尚未扩大时，要迅速组织力量赶赴现场，控制事态的发展，对已经给国家安全和社会稳定造成严重危害的事件，应及时采取果断措施，依法强行制止。对围堵、冲击党政机关，阻断交通，骚乱以及打砸抢烧等违法犯罪活动，要抓住时机，坚决依法果断处置，尽快平息事态，以防止事态的扩大和蔓延。

二、群体性事件的处置机制

群体性事件处置机制是指公安机关处置群体性事件所必须具备的相互联系的整体工作系统。一般包括组织指挥机制、信息收集研判机制、工作预案的编制与演练机制、警械装备机制等相互联系，相互作用的机制体系。

（一）组织指挥机制

处置群体性事件，实行高度集中统一领导、分级负责、分层组织、属地指挥的原则。县级以上地方党委、政府和上级公安机关，对本地区发生的群体性事件的处置工作，实行统一领导，可以以本级政府或者公安机关的名义发布有关处置群体性事件的命令、通告，决定对处置群体性事件采取重大措施，调用有关部门的人员、器械、交通工具、通信工具和其他物资。

群体性事件的现场处置工作由当地公安机关负责，上级公安机关可以派人到现场指导或者直接负责现场处置工作。跨地区发生的群体性事件的现场处置工作，由共同的上一级公安机关负责，也可以由上级公安机关指定的公安机关负责。现场指挥由负责现场处置的公安机关首长担任。现场指挥按照当地党委、政府和上级公安机关的决策、命令、指示，根据现场实际情况，行使下列职权：一是迅速采取控制现场事态的有效管制措施；二是统一组织使用各警种警力、装备和调用人员、器械、交通工具、通信工具以及其他物资；三是迅速采取平息事态、恢复正常社会秩序的紧急处置措施。

公安机关处置群体性事件，调动警力100人以下的，由县级公安机关主要负责人批准；调动100人以上、300人以下的，须报经地级公安机关主要负责人批准；调动300人以上的，须报经省级公安机关主要负责人批准并报公安部备案；跨区域调动的，应当由共同的上级公安机关批准。批准机关和出警机关应当分别及时把批准情况和警力调动部署情况向各自的上级公安机关报告。申请和批准调动警力应当以本级公安机关的名义用书面形式请示和批复。情况特别紧急的，可以先口头请示和批复，并补办书面手续。

（二）信息收集研判机制

信息收集研判工作是群体性事件处置工作的前提和基础。从一定意义上讲，群体性事件的处置过程就是信息转换的过程，即信息不断地被收集、传递、加工、处理和使用的过程。信息收集研判机制是群体性事件处置机制的一个重要方面。

1. 群体性事件信息收集的范围

群体性事件信息收集的范围主要包括：一是社情民意，社会动态。特别是某些重大决策、政策出台，重大事件的社会反映，社会各阶层的意见等。二是可能引发重大事件、酝酿成风潮的苗头性、倾向性问题。如抢购商品、挤兑现款、股市涨落、非法集资等。三是社会热点问题。如市场物价、社会治安、腐败现象等。四是集体上访、请愿、游行、示威、罢工、罢市、械斗、宗教纠纷等闹事苗头。五是境内外敌对势力渗透破坏的活动动态。六是重大事故和严重自然灾害，以及可能由此引发的群众性事件等。

2. 群体性事件信息收集的方法与渠道

根据群体性事件的特点，信息情报的收集可采用以下方法：一是通过社会治安信息收集处理系统进行收集，其中主要是通过“110”有线报警系统、闭路电视转播系统、闭路电视监视系统等进行收集；二是通过社会调查进行收集；三是依靠基层公安机关、社区和驻村民警、治安保卫组织和治安积极分子进行收集；四是通过与社会有关部门的横向联系与交流进行收集；五是通过互联网、手机短信进行收集；六是通过秘密力量进行收集。

3. 群体性事件信息的处理和研判

公安机关要对收集到的信息进行选择、分类、比较、综合分析和加工整理，供领导决策使用。对有关群体性事件的信息情报处理的总要求是：一要准确、及时、系统、适用；二要提高信息的密集度，降低多余度和模糊度；三要规范化。其处理程序是：第一，受理情况报告后，首先要核实重要情节，对主要情节一时弄不清的，要一边报告一边核实，并及时续报核实情况。第二，对信息情报进行筛选、分类处理。第三，对重要的信息情报，判明性质随时上报；对一般信息，应迅速通报有关部门处理。第四，对经过核查的情报信息进行综合、分析、研究、判断，加强对各种不稳定因素发展变化趋势，特别是可能引发群体性事件的预测，为领导决策提供具有前瞻性的决策参考。

（三）工作预案的编制与演练机制

公安机关通过对当前各种社会矛盾、治安动向的分析判断，结合已有的工作经验，制定处置群体性事件的工作预案，是争取工作主动权的重要一环，可以使公安机关从容应付各种复杂的情况和局面，做到处变不惊、临危不乱。

1. 工作预案的指导思想

工作预案的目的是争取处置工作的主动权，因此，工作预案应体现严密部署、掌握政策、果断处置、控制事态的指导思想。严密部署，就是工作预案要考虑到各种可能发生的情况，并在事件发生后，对相应的处置原则和方法、应急措施及需要的信息等问题作出周密的安排和规定。掌握政策，即工作预案要使参与处置的单位和人员明确自己的岗位和职责，明确处置不同性质的群体性事件的政策、法律界限。果断处置，即正确判明事件性质，采取针对性的措施，迅速处置。控制事态，即坚持预防为主、早期发现，力争把事件处置在萌芽或初始阶段；对事态已经扩大的，要果断处置，尽快平息，尽量缩小其影响和损失。

2. 工作预案的主要内容

工作预案主要包括以下内容：第一，处置原则。群体性事件处置原则是公安机关和人民警察处置事件时必须遵循的行为准则，直接关系到处置工作的成败。因此，制定工作预案，首先必须明确和制定处置原则。第二，组织指挥。处置群体性事件必须坚持高度集中统一领导，分层次组织实施的原则。因此，制定工作预案，必须明确规定处置事件的组织领导机构、指挥人员及其明确的职责、权限，避免多头指挥或指挥不灵。第三，任务分工。处置群体性事件是一项复杂的系统工程，需要各有关方面分工负责，密切配合，实现总的目标。因此，制定预案时，要根据事件性质和规模大小，确定各部门、各单位的职责任务，合理部署安排警力。第四，处置方法。处置各种不同的群体性事件，不能运用同一种模式去处理。不同类型的事件必须采用不同的方法进行处置。因此，制定预案时，应针对不同性质、不同类型的事件，制定相应的具体处置措施并且规定采用各种措施的程序和范围。第五，通信联络。通信联络工作是不失时机快速处置事件的重要环节。因此，制定预案时要规定通讯联络制度，包括建立联系通讯网、通讯工具的准备、现场通讯指挥车辆装备和指挥中心工作任务与制度。第六，应急措施。群体性事件涉及面广，原因复杂，应根据群体性事件的不同情况、特点、性质以及各种可能发生的复杂情况制定出相应的处置对策和措施。第七，纪律作风。工作预案应就参加处置工作的所有参战单位和人员的纪律作风做出严格的规定，做到工作要求具体，纪律作风严明。严禁擅离职守和违反政策纪律的现象发生。

3. 工作预案的完善

在工作预案制定之后，公安机关应根据形势的变化和实战的要求，经常深入实际，加强调查研究，不断完善各类预案。对各种不安定因素的类型、特点、成因、后果以及趋势，公安机关要通过深入细致地调查研究，增强对其规律性的认识，以不断完善各类预案。当前很多地方的预案，在处置原则、领导指挥、情报侦查、警力调用以及具体措施等环节，都存在着对问题研究得不透，针对性不强，可操作性差，不适应实战需要等问题。应努力改变这种状况，要根据群体性事件千变万化的特点，把预案考虑得更详尽，措施制定得更细致，加强预案的针对性、实战性，形成统一指挥、反应灵敏、协调有序、运转高效的联动机制。同时，参与处置事件的民警，特别是指挥员，应全面掌握预案，清楚自己的职责、任务和工作方法，防止临场慌乱，以保证处置工作有序进行。

4. 工作预案的演练

群体性事件应急处置预案编制后，应进行预案的演习和训练，分层次、分警种对人民警察和武警官兵进行处置各类群体性事件的模拟、应急合成演练，重点抓好集结警力、现场控制、攻防队形、警械使用和擒拿技术等训练，提高队伍的快速反应能力、应变能力和整体作战能力，提高指挥员的心理素质和临战决策指挥能力。特别是重大预案，一定要经过模拟演练，模拟演练分为单独演练和合成演练。单独演练是由参与预案实施的各个部门，根据预案的分工要求，分别就本部门、本单位承担的任务进行演练。通过单独演练，达到熟悉预案、明确任务、提高单兵作战能力和快速反应能力等目的。合成演练是在单独演练的基础上，全体参与应急预案实施的组织和人员按照应急预案的要求，全面进行演练，达到检验和提高指挥协调机构的临战指挥能力和控制局势的能力、检验和提高参与应急预案实施的组织和人员的整体协同作战能力。通过合成演练，不断调整、修改和完善应急处置预案。在模拟演练的基础上，公安机关应进一步深入研究群体性事件应急处置预案的具体内容，以提高实用性和针对性。

（四）警械装备机制

各种非杀伤性武器、特种防暴武器和防护器材等警械装备，是处置事件时减少对抗，使处置工作得以顺利进行的物质保障。根据群体性事件的性质、特点和事件处置工作的实际需要，公安机关应按照公安部《公安单警装备配备标准》以及其他有关规定，从以下几个方面做好警械装备的准备工作：一是装备适量的催泪弹、非催泪防暴弹等化学警械和非杀伤性警械，以对付和制止各种暴乱、骚乱等暴力事件；二是配备警棍、高压水枪、特种绳具、械具、警笛等驱逐性、制服性警械，增强人民警察的自卫和攻击能力。三是装备强光手电、声光弹、致盲弹、搜索灯、夜视仪、望远镜等光、声警械，提高公安机关处置暴力事件和夜间执勤的能力。四是装备防暴枪、防暴催泪喷雾器、橡皮弹、追捕车等警用武器以及为侦查破案提供线索用的染色弹，用于处置非法集会、游行、流氓斗殴、群体械斗等事件，提高公安机关抓捕嫌犯、驱散歹徒、恢复秩序的能力。五是配备盾牌、头盔、防弹衣、防刺眼镜、防化靴、作训服、防毒面具、防弹玻璃、防弹建材、防暴车、阻车路障等防护器材。配备必要的防护器材是处置工作中人民警察人身安全的有效保障。六是适量配备手枪、轻型冲锋枪和狙击步枪等武器。七是装备排爆水枪、排爆机器人、排爆工具箱、爆炸物储存装置、防爆毯、破门工具等器材。八是配备转信台、车载电台、手持电台、隐蔽式电台和短波台等通信设备。对于所有的器材装备，要进行统一规划，做好日常储备和随时调运的准备，以保证处置工作的需要。

三、群体性事件的一般处置方法

（一）初期处置

初期处置是中期处置和后期处置的基础和前提，初期处置是否得当，直接关系到事态是否扩大或平息，是整个处置工作的关键。公安机关在初期处置阶段可以按照以下步骤进行处置：

1. 迅速组织力量，赶赴事件现场

公安机关获得事件发生的信息后，应迅速组织力量，第一时间赶赴现场。到达现场后，应做好两项工作：一是选择便于观察全局、利于内外联系、宜于机动力量隐蔽和出动的有利地形，建立现场指挥所；二是根据现场情况迅速做好警力部署。

2. 观察动态，掌握情况

公安民警到达现场后，首先应通过直接观察和现场调查两个渠道，了解事件主体的情绪、状态、类型、规模，以及事件的发展趋势，弄清事件的起因、性质、动机、目的、指向目标、成员来源和事件核心层次人员的构成情况；其次，现场指挥应迅速选择或拟定处置方案，并将现场情况和处置意见报告上级，请求决策。

3. 管制现场，控制局势

在初步掌握情况的基础上，现场指挥按照当地党委、政府和上级公安机关的决策、命令、指示，根据现场情况迅速采取管制措施，控制现场事态。根据处置工作的实际需要，可以采取以下现场管制措施：第一，封闭现场和相关地区，未经检查批准，任何人不得进入；第二，设置警戒线，划定警戒区域；第三，实行区域性交通管制；第四，查验现场人员身份证件，检查嫌疑人员随身携带的物品；第五，未经批准，任何人不得在事件现场进行录音、录像、拍照、采访、报道、演讲等活动。另外，要对在事件中受伤的人员进行抢救；对仍在制造事端的危险分子和闹事骨干采取适当的方式进行隔离和强制；对不便采取强制手段的，应进行控制监视，并做好取证工作；对于正在进行违法犯罪的人员应将其设法带离现场进行拘捕。

4. 组织机动力量，做好进一步处置准备

群体性事件发生后，发展态势尚不完全明朗，因此初期处置一般不宜过早动用大量警力到达现场。如果过早将大量警力展现在群体性事件参与者面前，容易导致事件参与者与处置方的对立，因而发生地的公安机关各部门警力以及消防、武警等应当组成应急机动力量，根据具体情况在单位或者靠近现场的指定地点集结待命，其主要任务是增援现场，充实和替换一线警力。

（二）中期处置

中期处置是指在现场局势得到基本控制的条件下，疏散群众，平息事件，恢复正常秩序。公安机关在中期处置阶段应做好以下几方面工作：

1. 采取适当措施疏散现场群众

在事态得到基本控制或尚未恶化之前，公安机关应当及时做好宣传教育疏导工作。通过新闻媒体、现场广播、印发通告等方式，适时发布有关处置群体性事件的命令、通告，宣传有关法律、法规和政策，说明事件真相，揭露少数人的阴谋；教育群众遵守法律、法规，在依法维护自身的合法权益的同时不得妨害国家的、集体的和他人的合法权益，不得妨害正常的社会秩序，使群众懂得即使诉求合理合法，但表达方式不合法，也属于违法行为且必须承担相应法律责任。必要时，由当地党委、政府或者有关部门的负责人以及受群众信任的公众人物到现场和群众对话，有针对性地解释有关问题。通过宣传疏导和对话，说服卷入和尚未卷入事件的群众离开现场，并及时疏导交通。群体性事件发生后，公安机关应当密切关注互联网、自媒体等信息，及时封堵、删除有害信息，防止现实危害。争取在第一时间在主流媒体发布真实、可靠、权威信息，避免谣言伺机而入，根据舆情发展走向，把握媒体需求和受众心理，加强正面引导。

2. 采取强制措施，果断平息事态

在反复宣传、教育、劝导无效的情况下可以根据现场情况，经现场指挥批准，依法采取下列强制性措施：（1）发布命令或者通告，责令围观人员立即离开现场，责令聚众组织者立即解散人群，责令聚集的人员在限定时间内迅速疏散；（2）对超过限定时间仍滞留现场或者袭击人民警察、强行冲越警戒线的人员，经警告无效的，可以根据现场情况，依法使用警棍、盾牌、催泪弹、高压水枪、防暴枪等必要的驱逐性或者制服性警械强行驱散（使用警械前，现场民警应当以广播、举牌等方式明确告知聚集群众，并将告知方式以适当形式记录在案；使用警械处置群体性事件，应当以制止违法犯罪行为为限度，当违法犯罪行为得到制止时，应当立即停止使用）；（3）对经强行驱散仍拒不离去的人员或者进行煽动的人员，应当选择有利时机将其强行带离现场或者予以拘留；（4）对冲击党政机关和重点要害单位、卧轨拦截列车、阻断交通干线、聚众滋事、械斗等情况以及发生打砸抢烧等严重违法犯罪行为的，应当采取果断措施立即制止，并选择有利时机将首要分子和骨干人员强行带离现场或者予以拘留；（5）对非法携带的武器、管制刀具、易燃易爆等危险物品和用于非法宣传、煽动的工具、标语、传单等物品，予以收缴，并处理有关责任人员。在处置暴力性事件时，人民警察判明有暴力犯罪行为的紧急情形，经警告无效的，可以使用武器，当犯罪分子停止实施犯罪，服从人民警察的命令，或犯罪分子失去继续实施犯罪能力时，人民警察应当立即停止使用武器。使用武器时，应尽量减少人员伤亡和财产损失。

3. 做好取证工作，掌握犯罪事实

公安机关应做好现场取证工作，查清和掌握事件中有关人员的基本情况，可以使用录音、录像、照相和执法记录仪等记录手段，采取公开和秘密的方法及时取证，为后期处理做好准备。

4. 及时清理现场，迅速恢复秩序

事件平息后，应及时组织力量协助有关部门和单位清理现场，迅速恢复正常的社会秩序。公安机关还要会同有关部门及时救治受伤人员，清理现场遗留物品，撤除路障，解除现场交通管制，恢复交通秩序。

（三）后期处置

后期处置指群体性事件现场事态平息后，开展进一步的调查，处理违法犯罪者，消除危害后果。公安机关在后期处置阶段应做好以下几方面的工作：

1. 事件调查

事态平息后，公安机关应对事件进行全面深入的调查。采用多种方法和手段，从了解事件情况开始，从人到事、从事到人，重点调查事件的各个阶段和事件主体的层次构成，区分出“幕后操纵者”、“首要分子”、“参与者”、“围观者”等参加事件的各个层次。此外，还要查明事件的起因，确属工作失误的，要及时向有关部门反映；确属群众正当要求而未予解决的，要与有关部门联系，及时采取措施解决。

2. 对事件有关人员的处理

公安机关对经劝阻批评教育或疏导后退出现场，且没有违法行为的，不予追究责任，但要对其进行法制宣传和教育；对虽有危害行为但情节显著轻微的，给予批评教育，或建议其所在单位给予其行政处分；对扰乱社会秩序，构成违反治安管理行为的，要依法给予治安管理处罚；对外地人员参与闹事的，要做好遣送工作；对刑事犯罪分子要移交司法机关，依法严惩；对于对事件负有责任的法人，公安机关应协助有关部门对其进行调查，并向党委、政府报告，由党委、政府作出处理决定；对于属于民事纠纷引起的民事诉讼问题应及时移交审判机关处理。尤其要注意不能无原则地迁就违法行为，打消群体性事件参与者的法不责众心理。

3. 对事件危害后果的处理

公安机关应协同有关部门，做好正面宣传工作；尽快恢复正常秩序；对事件中造成的人身伤亡应做好善后工作，依法分清责任，区别对待；对造成人身和财产损失需要赔偿的，要依法做好赔偿工作；对处置中获取的有关物证，要进行登记造册归档，妥为保存。总之，消除危害后果的目的是彻底平息事态，教育广大群众通过合法合理的渠道解决问题，消除“不闹不解决、小闹小解决、大闹大解决”现象，防止类似事件再次发生。

事件平息后，相关部门要继续做好群众工作，并加强跟踪和督查，防止事件反复；协调各有关单位，及时开展伤亡人员的救治及其他善后处理工作，积极恢复社会秩序；根据事件处置过程中暴露出的问题，提出整改措施，修改完善各自预案。与此同时，对事件发生的时间、地点、经过，人员参与数量和伤亡数、财产损失情况进行评估，分析事件发生原因，事件发展趋势，事件处置得失，探求事件演变规律。

【导入案例简析】

瓮安事件的形成原因主要有以下几个方面：

一是社会治安状况差。对县城有组织的帮派虽有打击，但未从根本上铲除，“两抢一盗”、打架斗殴事件时常发生，年发刑事案件达600～800起，一些刑事案件不能及时侦破，积案较多，群众缺乏安全感。

二是各种社会矛盾交织。在移民搬迁后期扶持、违章建筑拆除、矿权纠纷处理、国企改革改制中，出现了各种矛盾，一些部门在化解过程中，力度不大、办法不多、灵活性不够，导致各种矛盾纠纷没有得到及时化解，一些合法权益得不到有效诉求，小部分群众有怨气。在矿产资源开发、移民安置、建筑拆迁等工作中，侵犯群众利益的事情屡有发生，一出事，就把公安机关推上第一线，群众意见很大，不但导致干群关系紧张，而且促使警民关系紧张。

三是对法制和品德教育重视不够。少数干部党性丧失，缺乏危机意识，难以树立正气，一些学校比较注重文化知识教育，但对思想品德教育重视不够，一些群众法律意识淡薄，对利益诉求的期望值太高。

四是部分干部作风不扎实。一些部门和干部不敢面对群众，深入群众、耐心细致做群众工作的力度不够，对群众的冷暖关心不够，在工作中不敢碰硬，怕得罪人，甚至存在执法不严，情大于法，以情代法的现象。

五是基层基础工作较薄弱，基层组织的战斗堡垒作用和党员的模范带头作用发挥不好。[①]

瓮安事件的处置有以下几个方面的问题：

一是处置不及时，使事态逐步升级。在紧要关头主要领导没有到位，领导指挥机构没有及时建立。初期出现群体性事件的苗头时，缺乏政治敏锐性，没有及时制止；当出现打、砸、抢、烧等严重暴力行为时，没有采取果断措施。

二是信息发布渠道的不畅通，没有满足公众的知情权。当地政府和负责处置的部门没有在第一时间召开新闻发布会，没有利用互联网、新闻媒体等发布渠道公开信息，更没有做好耐心细致的解释工作，致使谣言越传越甚，以致丧失了主动权，最终被利用，一发不可收拾，酝酿了群体性事件。

三是没有经过充分调查就草率作出不当结论，称事件是“有组织、有预谋”的。有关部门依照惯性思维急于寻找幕后“黑手”的做法，很难令人信服。随后，当地媒体即开始大规模地刊登和播放“瓮安群众愤怒谴责不法分子”等新闻，引起了更多群众的反感和猜疑，引发了广泛的争论。

【本章小结】

群体性事件是指由具有共同目标和利益的社会群体实施的，违反国家法律、法规、规章，扰乱社会秩序，危害公共安全，侵犯公民人身安全和财产安全，尚属于人民内部矛盾范畴的冲突行为。群体性的五个特征是突发性、聚众性、违法性、互动性、演变性。

群体性事件的形成原因包括政治因素、经济因素、文化因素、民族宗教因素等四个方面。对群体性事件要坚持综合预防，贯彻早期预防、综合治理的方针，采取切实可行的预

① 参见杨龙：《瓮安事件深层原因：一些干部不敢面对群众》，载《贵州日报》，2008-07-03。

防方法。

群体性事件处置的原则是：预防为主原则，党委、政府领导下统一协调原则，防止矛盾激化原则，慎用警力、强制措施、警械和武器原则，依法果断处置原则。

群体性事件的处置机制包括组织指挥机制、信息收集研判机制、工作预案编制与演练机制、警械装备机制。群体性事件的一般处置方式按照初期、中期、后期采用相应的处置措施。

【关键术语】

群体性事件　群体　聚众　应急处置

【推荐阅读与学习资源】

1. 崔亚东：《群体性事件应急管理与社会治理——瓮安之乱到瓮安之治》，北京，中共中央党校出版社，2013。

2. 许尧：《中国公共冲突的起因、升级与治理——当代群体性事件发展过程研究》，天津，南开大学出版社，2013。

3. 王赐江：《冲突与治理：中国群体性事件考察分析》，北京，人民出版社，2013。

4. 范铁中：《社会转型期群体性事件的预防与处置机制研究》，上海，上海大学出版社，2014。

5. 戚建刚：《我国群体性事件应急机制的法律问题研究》，北京，法律出版社，2014。

6. 周保刚：《社会转型期群体性事件预防处置工作方略》，北京，中国人民公安大学出版社，2009。

7. 中国行政管理学会课题组：《中国群体性突发事件成因及对策》，北京，国家行政学院出版社，2009。

8. 陈晋胜：《群体性事件研究报告》，北京，群众出版社，2004。

9：勒庞：《乌合之众——大众心理研究》，冯克利译，北京，中央编译出版社，2005。

10. ［美］奥尔森：《集体行动的逻辑》，陈郁等译，上海，三联书店，1995。

11. 杨海坤：《群体性事件有效化解的法治路径》，载《政治与法律》，2011（11）。

12. 代玉启：《群体性事件演化机理分析》，载《政治学研究》，2012（6）。

第九章　治安案件查处

【学习目标】

理解和掌握治安案件和治安违法行为的概念，了解治安案件与刑事案件、治安违法行为与犯罪行为的区别；掌握治安案件证据的种类和要求，了解调查取证的基本方法；掌握治安管理处罚的程序和治安调解的程序。

【导入案例】

2013年9月20日下午13时5分左右，江苏省南通市开发区某小区内1号门面店主与2号门面店主因空油桶堆放问题引发纠纷，双方人员由争执引发殴打。南通市公安局开发区分局（以下简称开发区公局）接到报警后，指令民警出警并对涉案人员及证人调查取证。2013年9月22日，开发区分局将该纠纷正式作为治安案件立案，并多次组织双方调解。10月9日，沈某在被传唤接受询问时明确表示不同意调解。12月2日，沈某、蔡某以开发区分局不履行治安管理行政处罚法定职责为由，向法院提起行政诉讼，要求确认被告未在法律规定期限内作出治安处罚决定行为违法。在诉讼期间，被告于12月9日根据《治安管理处罚法》的规定分别对涉案人员作出行政处罚决定。

南通市港闸区人民法院一审判决确认被告未在法律规定的期限内作出行政处罚决定行为违法。一审宣判后，双方当事人均未上诉。

问题：被告开发区分局是否在法定期限内履行了法定职责？

治安案件查处就是治安案件的调查和处理。根据《治安管理处罚法》及《公安机关办理行政案件程序规定》（以下简称《办案程序规定》）等相关法律规范的规定，查处治安案件的有关事务包括受理案件、调查取证、听证、决定、执行等程序，因此，治安案件查处是公安机关依据法定程序查明治安违法事实，按照治安法律规范，从而决定对行为人是否追究治安法律责任的行为。

治安案件查处作为公安机关依法对治安案件的调查处理过程，是规范、引导社会成员行为，教育、处罚治安违法行为人，预防与减少违法犯罪的重要手段，是公安机关治安管理部门的一项基本业务。依法查处治安案件，有利于维护社会治安秩序和公共安全，有利于保护公民、法人和其他组织的合法权益，有利于保障改革、开放和社会主义市场经济的顺利进行。

第一节 治安违法行为

一、治安违法行为的概念

治安违法行为，也就是违反治安管理行为，是指违反《治安管理处罚法》和其他有关治安管理法律、法规的规定，对社会或他人造成危害或可能造成危害，尚不够刑事处罚，依法应当予以治安处罚的行为。

二、治安违法行为的特征

治安违法行为具有如下特征：

第一，具有一定的社会危害性，是治安违法行为的最基本的特征。治安违法行为的社会危害性，是以多种形式表现出来的：既可以表现为损害了社会利益，也可以表现为侵犯了公民个人的合法权益；既可以表现为对一定客体造成实际危害的实害性，也可以表现为未对一定客体造成实际危害，但存在危害的可能性。例如，“殴打他人的，或者故意伤害他人身体的”行为，表现出对他人造成实际危害的实害性；而“在铁路线路、桥梁、涵洞处挖掘坑穴、采石取沙的”行为，则只是具有危害社会的可能性，尚未造成实际的危害后果，但这种行为亦具有社会危害性。

第二，具有治安违法性。治安违法性是区别于其他行政违法行为或民事违法行为的标志。治安管理只是国家各种行政管理事项的一个方面。治安违法的具体表现，主要集中规定在《治安管理处罚法》中。关于违法的标准、程度、方法、手段，又大量分散规定在其他有关治安管理的法律、法规或规章中，或者需要从刑事法规中对犯罪行为的标准、程度等方面进行比较而得出。

第三，尚不够刑事处罚。违法行为人必须对自己的违法行为承担相应的法律责任，这是现代法治的内在要求。治安违法行为具有一定的社会危害性，但其社会危害性尚未达到构成犯罪的程度，不具有犯罪行为所具有的严重的社会危害性，不能对其进行刑事处罚。

第四，应当受到治安处罚。对该特征可以从以下两个方面来把握：首先，社会危害性是对治安违法行为质的规定；尚不够刑事处罚、应当受到治安处罚则是对其社会危害程度在量上的要求，它表明这种行为的社会危害性达到了需要用国家强制力加以制裁的程度，但尚不够刑事处罚。其次，对于有的治安违法行为本应予治安管理处罚，但由于法定情形的限定，可以不予处罚，而采取其他法定辅助措施或相应的说服教育方法，只有在治安违法行为应当受治安管理处罚这个前提下，才存在不予处罚的问题。

三、治安违法行为与犯罪的区别

我国法律制度将治安违法行为与犯罪行为视为具有本质区别的两种行为。治安违法行为是由治安管理法律规范所设定的一种违反行政管理秩序的行为，它的社会危害性较小，法律制裁措施是治安处罚，由公安机关决定对行为人的具体处罚内容，制裁程序是一种行政程序；犯罪是由刑法所设定的刑事违法行为，它的社会危害性严重，法律制裁措施是刑事处罚，由人民法院裁决对行为人的具体处罚内容，对犯罪的制裁程序是刑事诉讼程序。

对比《刑法》规定的犯罪和《治安管理处罚法》规定的治安违法行为，可以将所有犯罪行为和治安违法行为划分为三种类型。第一种类型的行为，行为的表现形式本身决定了其严重危害社会治安的性质，表明其社会危害性严重，只能依照刑法的规定构成犯罪。例如故意杀人、强奸妇女、抢劫、爆炸、投毒、劫持航空器等，由于此类行为性质恶劣，社会危害性严重，依照刑法的规定应当受到刑事处罚，故只能以犯罪论处的行为。第二种类型的行为，行为的表现形式本身决定了其较轻的行政违法性质，表明其社会危害性较小，不应当以刑事责任来追究，因而在刑法上未规定为犯罪，只由《治安管理处罚法》规定为治安违法行为。例如，饲养动物，干扰他人正常生活，将房屋出租给无身份证件的人等，由于此类行为性质本身就表明其社会危害性较小，不应当受到刑事处罚，只能以治安违法行为论处。第三种类型的行为，就行为的表现形式本身来看，难以直接确定其违法性质，其违法行为的社会危害性严重程序决定着它的违法性质，社会危害性严重的，由《刑法》规定为犯罪，应当受到刑事处罚，而社会危害性较小、不够追究刑事责任的，由《治安管理处罚法》规定为治安违法行为。这种类型的行为，其犯罪的罪名和治安违法行为名称上有相同或相似的情形，例如，殴打他人，轻者构成治安违法行为，重者构成伤害罪，侮辱、诽谤、抢夺、盗窃等都是这类情形。要划清这类行为中犯罪与治安违法行为的界限，必须严格依据《刑法》和《治安管理处罚法》的规定，从行为的方法、后果、对象，行为主体的情况，行为人的主观过错形式和主观恶性程度，以及行为的其他情节等方面，正确地把握犯罪和治安违法行为构成的具体条件，准确地估价其社会危害程度，从而准确地确定究竟是治安违法行为还是犯罪行为。

四、治安违法行为的构成要件

治安违法行为构成要件，是指《治安管理处罚法》所规定的决定某一行为的社会危害性及其行为的危害程度，而为该行为构成治安违法行为所必需的一切主客观要件的总和。某个行为只有具备了某一治安违法行为的全部构成要件，该行为才具有治安违法性。

治安违法行为构成要件可以概括为四个方面：行为客体，行为的客观方面，行为主体，行为的主观方面。

治安违法行为的客体，是指《治安管理处罚法》所保护的而为治安违法行为所侵害的社会关系。根据治安违法行为所侵害的社会关系的不同层次，在法理上往往把治安违法行为客体分为三种，即一般客体、同类客体和直接客体。根据治安违法行为所侵害的同类客体的不同，将治安案件分为五大类，即扰乱公共秩序案件、妨害公共安全案件、侵犯人身权利案件、侵犯公私财物案件、妨害社会管理案件。

治安违法行为的客观方面表明了治安违法行为是怎样侵害了客体，通过什么行为、在什么时间、地点，针对什么对象，造成了什么后果，达到什么程度等。客观方面不同，社会危害性也就不同。可以说，客观方面在治安违法行为的构成中居于核心地位。

治安违法行为的主体是指实施危害社会的行为、依法应当受治安处罚的行为人，包括自然人和单位。自然人需要具有治安行为责任能力。

治安违法行为的主观方面，亦称治安违法的主观要件，是指行为人对自己危害社会的行为及其危害社会的后果所抱的故意或者过失的心理态度，即主观过错。过错包括故意和过失两种形式。

五、治安违法行为的追究时效

治安处罚的追究时效，是指依照《治安管理处罚法》的规定，对治安违法行为人追究法律责任的有效期限，超过这个期限，就不再追究行为人的法律责任。

《治安管理处罚法》第22条规定："违反治安管理行为在六个月内没有被公安机关发现的，不再处罚。"也就是说，治安违法行为发生后，如果在六个月内公安机关都没有发现，则不再追究行为人的责任，行为人免受治安处罚。关于"发现"，应当以公安机关受案为标准。如果公安机关在六个月内已经受案，则不论是否能够查到治安违法行为人，公安机关始终具有调查治安违法行为、追究行为人责任、给予其处罚的权力。

第二节　治安案件的证据与调查

一、治安案件证据

（一）治安案件证据概念的界定

治安案件证据是指当事人向案件查处机关提供的或者案件查处机关收集的意图证明案件事实的材料，其依一定程序和规则经审查判断被采纳为认定案件事实的根据。

（二）治安案件的取证规则

证据适格性又称为证据能力或证据可采性，是指证据可以为事实认定者接触，并作为认定待证事实依据的法律资格。证据材料可以被使用的资格包括两个层次：首先就是证据材料能够为事实认定者接触、认识的资格，其次，是已经为事实认定者感知的证据资料能够作为定案依据的资格。通过证据法或者其他法律、法规等规范性文件把不采纳或者排除不适格证据的要求规定下来，就构成了证据适格性规范或者称不适格证据排除规范。

在行政程序中，以效率、发现和保全事实真相为核心价值考量，兼顾人权保障等其他价值目标。其程序结构属于典型两方对立的二元结构，相对人对于事实、证据的质疑和辩驳的权利没有得到充分的展开；行政主体所认定的事实并没有最终权威性，还可能在之后行政复议与行政诉讼阶段被推翻。因此，在治安案件查处程序中，证据绝对排除的规定比较少。不过，出于规范程序运行，保障相对人基本权利的目的，现行治安查处法律规范也确立了如下几项证据排除规则：

1. 相关性原则

所谓相关性原则是指没有相关性的证据不得被采纳，应当排除。根据相关性原则，办案人员在询问时，询问主体应当遵守相关性原则，不询问与本案不相关的问题；而被询问者也可以有权拒绝回答与本案不相关的问题。

相关性原则之所以被称为原则而不是规则，是因为在目前条件下，证据是否具有相关性主要依赖于裁决者的主观评价，而缺乏可以要件化的标准。其适用条件更类似于法律原则而不是规则。

2. 非法证据排除规则

非法证据排除规则是指非法获取的证据不得被采纳，应当排除。我国法律严禁刑讯逼供和以威胁、欺骗等非法方法收集证据。采用刑讯逼供等非法方法收集的违法嫌疑人的陈述和申辩以及采用暴力、威胁等非法方法收集的被侵害人陈述、其他证人证言，不能作为定案的根据。收集物证、书证不符合法定程序，可能严重影响执法公正的，应当予以补正或者作出合理解释；不能补正或者作出合理解释的，不能作为定案的根据。

3. 证据失权规则

证据失权规则是指超过规定时间提交的证据不得采纳，应该被排除。按照《办案程序规定》的要求，对行政案件进行调查时，应当合法、及时、客观、全面地收集、调取证据材料，并予以审查、核实。这就明确了收集证据的时效性。治安案件的办理有比较紧迫的期限规定，如果案件办理久拖不决，势必影响违法行为的查处和社会秩序的恢复，在有具体受害人的情况下，也会引起受害人的不满。及时收集证据是及时认定案件事实，查处案件的前提保障，在调查取证实务中必须认真贯彻该规则的要求。

《行政诉讼法》也规定，人民法院有权向有关行政机关以及其他组织、公民调取证据，但是，不得为证明行政行为的合法性调取被告作出行政行为时未收集的证据。这也从反向说明治安案件查处者不及时收集证据的后果，即丧失了以该证据证明己方行为合法的机会。

4. 最佳证据规则

最佳证据规则也称原件原物规则，是指不属于原始文件或原始物品的证据原则上不得采纳，除非有明确的例外规定。这主要是为了保障待证事实的真实性，因为复制品、复印件容易作假，并且随着复制环节的增加，失真几率也在增大。

第一，最佳证据规则的一般要求。《办案程序规定》明确要求收集调取的物证应当是原物，也明确要求收集、调取的书证应当是原件。原物和原件是理论上最好的证据，也是最值得在案件查处中提出、质辩、认定的证据。

第二，最佳证据规则的例外。首先，在有的情况下不易获取原件、原物，那么只能使用复印件或复制品。例如，在原物不便搬运、不易保存或者依法应当由有关部门保管、处理或者依法应当返还时，可以拍摄或者制作足以反映原物外形或者内容的照片、录像。在取得原件确有困难时，可以使用副本或者复制件。其次，物证的照片、录像，经与原物核实无误或者经鉴定证明为真实的，可以作为证据使用。书证的副本、复制件，经与原件核实无误或者经鉴定证明为真实的，可以作为证据使用。书证或者物证有更改或者更改迹象不能作出合理解释的，或者书证、物证的复制件、复制品不能反映书证、物证原件、原物及其内容的，不能作为证据使用。

二、治安案件中的证据调查

（一）治安案件证据的调取措施

治安案件证据调取措施的类型与证据种类有着密切关系，按照证据种类不同，治安案件证据的调取措施可以分为不同的类型。根据《办案程序规定》，治安案件调查中的证据包括如下种类：物证，书证，被侵害人陈述和其他证人证言，违法嫌疑人的陈述和申辩，鉴定意见，勘验、检查、辨认、现场笔录，视听资料、电子数据。

按照上述证据类型的划分，治安案件证据的调取措施也可以分为如下几种：询问违法嫌疑人，询问受害人，询问证人；鉴定、检测；勘验、检查、辨认；证据保全；秘密调查及其他治安案件证据的调取措施。现主要介绍如下：

1. 询问

询问，是指办案人员依照法定程序，就案件事实和其他与案件有关的问题，以言词方式对违法嫌疑人、证人和被害人进行提问并要求回答的一种调查行为。

询问地点上的要求。询问违法嫌疑人，可以到违法嫌疑人住处或者单位进行，也可以将违法嫌疑人传唤到其所在市、县内的指定地点进行。询问被害人或者其他证人，可以到其单位、学校、住所或者其居住地居（村）民委员会进行。必要时，也可以通知其到公安机关提供证言。

询问时间上的要求。对被传唤的违法嫌疑人，公安机关应当及时询问查证，询问查证的时间不得超过 8 小时；案情复杂，违法行为依法可能适用行政拘留处罚的，询问查证的时间不得超过 24 小时。不得以连续传唤的形式变相拘禁违法嫌疑人。

询问主体上的要求。询问违法嫌疑人应当由公安机关的办案人员进行，办案人员不得少于两人。

询问违法嫌疑人、被害人和其他证人应当制作笔录。询问结束后，询问笔录应当交被询问人核对，对没有阅读能力的，应当向其宣读。记录有误或者遗漏的，应当允许被询问人更正或者补充，并要求其在修改处捺指印。被询问人确认笔录无误后，应当在询问笔录上逐页签名或者捺指印。拒绝签名和捺指印的，办案人员应当在询问笔录上注明。

违法嫌疑人、被害人或者其他证人请求自行提供书面材料的，应当准许。必要时，办案人员也可以要求相关人员自行书写。

2. 鉴定、检测

鉴定，是公安机关在办理治安案件过程中，为解决案件中某些专门性技术问题，指派或聘请具有专门知识的人员或机构对此进行科学检验、分析判断，提出专业意见的一种办案活动。在治安案件中，一般有下列情形需要鉴定：物证、书证；人体伤害程度；赃物和损坏物品的价值；淫秽物品；精神病人的责任能力。

检测，是公安机关对有吸毒嫌疑的人、酒后驾驶机动车辆的人实施的确定其是否吸毒或酒后驾驶机动车辆的调查措施。对有吸毒嫌疑的人，公安机关可以依法对其进行人体毒品成分检测，以确定其是否吸毒。对有酒后驾驶机动车嫌疑的人，公安机关有权强制进行酒精度检测。

3. 勘验、检查、辨认

勘验，是指办案人员为了查明案情，对与案件有关的场所进行实地勘测检验的活动。“与案件有关的场所”主要是违法行为人实施违法活动的地点和遗留与违法活动有关的痕迹及其他物证的场所。勘验的目的是从中发现和收集涉嫌违法活动所遗留下的各种痕迹和物品，从而确认相关事实，为进一步调查提供帮助。

治安案件的现场勘验参照刑事案件现场勘验的有关规定执行。其内容包括：现场保护、现场实地勘验检查、现场访问、现场搜索与追踪、现场实验、现场分析、现场处理、现场复验与复查等。勘验应当按照现场勘验规则的要求拍摄现场照片，提取痕迹和相关物证，制作“现场勘验笔录”和“现场图”。勘验工作结束后，现场勘验笔录应当由参加勘验的人员、当事人或者见证人签名。

检查，是指公安机关在办理治安案件中，为了查明案情，在确有必要的情况下，依法对与违法行为有关的场所、物品、证件以及人身进行查看和检验（详见第二章）。

为了查明案情，办案人民警察可以让违法嫌疑人、被侵害人或者其他证人对与违法行为有关的物品、场所或者违法嫌疑人进行辨认。

4. 证据保全

(1) 扣押、扣留（详见第二章）。

(2) 查封。

对专门用于从事无证经营活动的场所、设施、物品，经公安机关负责人批准，可以依法查封。

对与违法行为无关的场所、设施，公民个人及其扶养家属的生活必需品不得查封。其理由与扣押、扣留的理由相似。

(3) 抽样取证。抽样取证可以包括人体生物组织、物品、场所等。通常，这类对象的样本数量非常庞大，无法逐一检验，只能以抽样的方式来取证。

(4) 先行登记保全。在证据可能灭失或者以后难以取得的情况下，经公安机关办案部门负责人批准，可以先行登记保存。需要证据保全的情形通常如下：证据有灭失的可能性，如了解案情的人因年老、疾病有可能死亡，如不及时询问，将无法取得其证言；具有证明作用的物品即将变质、腐烂或消失。证据有难以取得的情况，如了解案情的人即将出国；能够证明案情的物品因要转让而以后难以取得等。证据可能会被故意毁损、灭失，违法嫌疑人或其同伙可能毁灭证据。证据保全的对象必须是与被证明的案件事实具有相关性的证据。

（二）治安案件证据的审查认定

治安案件证据的审查认定，是指治安案件中的事实认定者对程序过程中经过质证的证据进行审查判断，依据规则、经验和逻辑确定其适格性和证明力的活动。

对证据的审查认定，应当结合案件的具体情况，从各证据与待证事实的关联程度、各证据之间的联系等方面进行判断。一般而言，对证据经过审查，认为证据确实、充分，办案民警对于证据所支持的案件事实的成立高度确信时，可以判断违法事实成立。具体包括如下条件：

第一，证据具有适格性。

在案件查处的认证阶段，应认真检查在传唤、询问、取证等各个环节收集调查的取证材料，获取证据、制作各种法律文书时所履行的法律手续是否完备、有效。如果发现有遗漏之处，不应急于认定证据，必须设法补充完善，否则，就有可能违反非法证据排除规则，而使调查取证工作前功尽弃，或给处罚工作带来困难。

第二，证据确实、充分。

证据材料确实、充分，是保证案件查处质量的根本。所谓证据确实，是指案件的各种证据必须经过查证属实，经得起反复审核、检验；来源清楚，能够反映案件事实；证据之间相互吻合，连接起来能形成一条既相互联系又相互印证的完整的证据链条，从而对案件事实认定有据、否定有理，科学地、正确地证明案件事实。所谓证据充分，是指对嫌疑人是否实施了治安违法行为，其时间、地点、手段、经过、后果等基本要素都有足够的证据加以证明，足以认定或否定某种作案事实。证据充分并不等于证据齐全，只要所收集的证据已经足以认定案件性质和种类，即为充分。

第三，证据所支持的案件事实的成立可以被高度确信。

主要事实和情节包括作案人（含作案人的一贯表现），作案时间、地点（含发案环境）、动机、目的、手段、情节，造成的后果、危害等。如果是共同治安违法的案件，要查清各个作案人的情况，他们之间的关系（包括各自在违法活动中的地位和作用），以及有关的共同活动情况。如果是单位治安违法的案件，不仅要查清直接责任人员的责任，还需要查清单位主管人员的责任。

（三）治安案件证据调查的终结与终止

1. 证据调查的终结

证据调查终结，是指治安案件经过依法调查取证、审查认证之后，证据的适格性和证明力已经符合要求，全案主要事实的成立可以被高度确信，法律手续齐备、有效，从而可以结束调查的一种状态。

通常，在调查终结后，治安案件就进入下一个阶段，即作出处理决定阶段。

2. 证据调查的终止

在有的情况下，经过证据调查，发现符合一定的特殊情况，继续办理治安案件已经不可能或者没有意义，那么应当结束全案的办理，这就是证据调查的终止。主要包括如下情况：（1）确认没有治安违法行为；（2）确认治安违法行为已过追究实效；（3）确认治安违法行为人已经死亡；（4）确认出现其他需要终止证据调查的情况。

第三节　治安处罚程序

一、治安处罚的普通程序

治安处罚的普通程序，也称一般程序，是指除适用简易程序（也叫当场处罚程序）以外的其他治安处罚所适用的程序。治安处罚的普通程序主要包括受案、传唤、调查取证、告知、听证、做出处罚决定等环节。

（一）受案

1. 含义

治安案件的受案，是指公安机关对报案、控告、举报或者治安违法行为人主动投案，以及有关机关移送的治安违法案件，予以接受、登记和审查以决定是否的法律活动。

2. 受案材料的来源

治安案件受案材料的来源主要有以下几种渠道：被侵害人的控告；个人或组织的举报、报案、扭送；公安机关在治安管理日常工作中的发现；公安机关其他业务部门移交；其他行政机关移送。

3. 治安案件材料接受后的处理

接受治安案件材料后，通过审查、分析案件材料所证明的事实或提供的线索，可以对治安违法行为的时间、地点、性质、后果进行初步认定。认为治安违法事实确已发生并应当予以治安处罚的，应当作出受理决定，并填制治安案件“受案登记表”，经办案部门负责人审查批准签字后予以受理。

经过初步审查，认为行为在性质上不属于公安机关管辖的，应当告知报案人、控告人、举报人、投案人，并应说明理由。行为在性质上属于公安机关管辖，但没有达到受理标准的，违法情节特别轻微，不需要追究行政责任，或者有其他依法不追究行政责任情形的等，不予受理；有受害人的，应制作“不予处理决定书”送达被害人。

4. 受理的条件

治安案件受理必须具备两个条件：

（1）有治安违法事实。受案的首要条件是已经存在实施终了的治安违法行为。首先，要受案的事实必须能够构成治安违法行为。这就要求应当划清治安违法行为与犯罪行为、与其他违法行为、与违纪（党纪、政纪）行为、与不道德行为等的界限。其次，必须有证据证明治安违法行为确已发生。如果是道听途说的消息，捕风捉影的材料，或者只有过某种犯意表示并没有付诸行动等，均不能作为受案的根据。

（2）治安违法行为需要给予治安处罚。也就是说，只有治安违法事实还不够，还必须是依法应当给予行为人治安处罚，才能受案。治安违法行为显著轻微，或者明显具有不处罚条件的（如已过追究时效、行为人不满 14 周岁等），就不应受理，而采取其他方法处理。

（二）证据调查

本章第二节有详细介绍，不再赘述。

（三）告知

处罚程序中的告知，是指公安机关在作出治安处罚之前用书面形式告诉被处罚人作出治安处罚决定的事实、理由及依据，并告诉被处罚人依法享有的权利的程序。

公安机关作出治安处罚决定前，必须告知当事人法律规定的内容，否则该处罚决定没有法律效力。对当事人来讲，告知是其享有的程序上的权利；对公安机关来讲，告知是其程序上必须履行的义务。

告知必须在公安机关执行治安管理处罚之前进行，告知的内容包括事实根据、处罚理由和法律依据，还有被处罚人应享有的权利：回避权、陈述权、申辩权、听证权、复议权、诉讼权、取得赔偿权等。

告知程序是治安处罚的必经程序，也是公安机关必须履行的程序性责任和义务，否则会导致治安处罚无效的法律后果。

（四）听取陈述、申辩

行政处罚程序具有单方面强制性，就公安机关来讲，实施治安处罚的机关和被处罚人的法律地位是不平等的，为了保护处于被追究法律责任地位的当事人的合法权益不受行政处罚的非法侵犯，同时也为制约行政处罚权的滥用，法律赋予了当事人陈述和申辩的正当的法律地位，当事人在处罚机关提出事实和证据证明其实施了违法行为的时候，有权利提出事实和证据为自己申辩，处罚机关有义务听取当事人的申辩和陈述。理由成立的，必须采纳，如果拒绝听取当事人的陈述、申辩的，处罚决定不能成立，同时不得因当事人的陈述、申辩而加重处罚。

（五）作出决定

1. 治安处罚决定

（1）治安处罚决定应具备的条件。

第一，有调查清楚的治安违法行为。对经过受案、调查取证，准备做出处罚决定的治安案件，应当符合证据调查终结的条件，否则不能作出治安处罚决定。

第二，依据《治安管理处罚法》能够对违法行为人实施处罚。首先，行为人的违法事实必须是违反了治安管理的法律、法规，依据《治安管理处罚法》和相关法律规定应当予以处罚或者追究有关法律责任。其次，对查清的违法事实，违法行为人还必须被查获归案。如果行为人逃避、隐匿、不在当地，则不能进行治安处罚。

第三，办案机关和办案人员具有法律授予的决定权。治安处罚决定权，必须由公安机关中分工负责管辖治安案件的部门及其办案民警实施。其他任何机关、部门、组织和个人，都不具有对治安处罚的决定权。非公安机关和组织不具有治安处罚决定权，即使是公安机关内部，也必须按照治安案件的管辖分工，依法行使处罚决定权。

(2) 治安处罚决定的法律手续。

首先，填写"治安管理处罚审批表"。"治安管理处罚审批表"是治安案件的办案人员根据治安违法行为的事实，依据《治安管理处罚法》和有关法律的规定，提出对治安违法行为人的决定意见，报处罚决定机关领导批示的法律文书。它是制作"治安管理处罚决定书"的依据。其次，制作"治安管理处罚决定书"。"治安管理处罚决定书"是公安机关适用一般程序依法对当事人作出行政处罚决定时使用的法律文书，它既是公安机关执行处罚决定的依据，也是治安案件的当事人不服处罚决定，向上一级公安机关提出复议申请或者向人民法院提起行政诉讼的凭证。最后，制作其他法律文书。其他法律文书，是指与处理治安案件有关的法律文书，如"治安管理处罚执行拘留通知书"、"收缴物品清单"等。

2. 其他类型的处理决定

治安案件进行调查后，发现不属于治安违法行为，或者情节显著轻微、不需要给予治安处罚的，或者需要采取其他类型措施的，可以作出其他处理决定：

(1) 构成刑事犯罪的，移交刑侦部门，按照刑事案件办案程序处理。许多治安案件与刑事案件有衔接、对应关系，它们之间的区别仅是危害程度或情节轻重的不同。有些虽然没有直接的衔接、对应关系，但如果情节或危害严重，也会构成其他相应的罪名，应追究行为人的刑事责任。如果是由治安部门负责调查取证的部分刑事案件，也应转由刑事案件办案程序办理。

(2) 采取强制措施。根据《治安管理处罚法》的规定，有赌博及为赌博提供条件行为，且屡教不改，根据《禁毒法》的规定，公安机关在查处治安案件中，对滥用毒品成瘾的人员，可以决定强制隔离戒毒等强制措施。

(3) 违法行为显著轻微，不够治安管理处罚的，对行为人进行教育；造成的损失或伤害需要赔偿或负担的，予以调解或者告知当事人向人民法院提起诉讼。

3. 对与案件有关的财物的处理

(1) 对违法所得、非法财物的处理。

违法所得、非法财物是违法犯罪行为的证据，在作出处罚决定前，应由办案单位扣押保存，并开具收据。案件需要移交其他单位处理的，违法所得、非法财物及收据应连同案件材料一同移交，并应按有关规定填写移交清单，注明票面面值和张数，由移交单位和接收单位的具体经办人签名盖章，写明移交的具体日期，存案备查。

(2) 对违禁物品和违法行为使用工具的处理。

办案中查获的违禁物品，原则上应一律收缴，并根据违禁物品的性质采取相应的处置办法。例如：对枪支、弹药、爆炸物品、剧毒物品等危险物品，可以拍成照片附卷，实物由治安管理部门统一保管或处理；对收缴的淫秽物品，应开列清单附卷，原物上交治安管理部门登记造册，统一保存、统一销毁。对收缴的海洛因、鸦片等毒品，应封存，除经有关部门批准交由指定的医药部门外，一律统一销毁。

对违法行为所使用的工具，如淫秽音像的制作、复制设备，各种作案器具等，属单位或他人所有被行为人擅自非法使用的，待结案后退还原主；同时，要求有关单位和个人加强使用管理。属行为人本人所有或虽属他人所有，但明知被用于进行违法活动而提供给行为人使用的，应予以收缴，按赃物的处理方式处理。

（六）执行

治安处罚决定的执行是办理治安处罚的最终程序，是依法实现治安处罚决定的法律活动。只有通过治安处罚决定的执行，才能使治安处罚以及有关处罚决定内容得以实现，使治安处罚决定的法律强制力得到充分体现。

二、治安处罚的简易程序

治安处罚的简易程序，也叫当场处罚程序，是指执勤公安民警对现场发现的治安违法行为，情节简单、因果关系明确、能在现场很快查清基本事实，不需要经过受案、进一步调查取证等环节，而当场作出治安处罚决定的一种法律活动。

（一）简易程序的适用条件

适用简易程序必须同时具备以下三个条件：

1. 违法事实清楚，证据确凿

当事人治安违法行为事实清楚，证据确凿，执法人员与被处罚人双方一般也都对此无异议。对于这些清楚、确凿的违法事实，无须再进行进一步的调查核实。这是运用简易程序的关键所在。如果事实复杂，双方争议较大，还有待于进一步调查核实的话，就不能适用简易程序。

2. 违法情节较轻，后果轻微

违法情节较轻、后果轻微是指治安违法行为较轻、社会危害性不大。如果某一治安违法行为已经造成了较严重的后果，具有较大的社会危害性，就不能适用简易程序，而应当适用普通程序进行处罚。

3. 符合法定处罚种类和幅度

适用简易程序处罚的种类是警告和罚款。罚款处罚的幅度是：对自然人处 200 元以下，对单位处 1 000 元以下。如果罚款超过上述规定数额，则不能适用简易程序。

上述适用简易程序的三个条件必须同时具备，缺一不可。以上三个条件同时具备以后，意味着具备了适用简易程序的条件，执勤民警是否最终决定适用简易程序要由执勤民警自己选择，他可以根据具体情形适用简易程序，也可以根据具体情形适用一般程序。

（二）简易程序的执法步骤

1. 表明执法身份

表明执法身份，就是通过一定证件或其他形式使相对人足以了解该执勤民警是在代表所属公安机关履行公务。只要能够达到表明执法身份的目的即可，一般情况下，身着警服、处于警察岗位、着有执勤标志、持有工作证件或执法证件等均是表明执法身份的形式。

2. 查清治安违法的事实

执勤民警在表明身份后，应向治安违法嫌疑人和被害人了解案情。如果在现场不方便，或者一时难以查清，可以将违法行为人口头传唤到公安机关询问，并制作笔录。

3. 告知违法行为人有关事项

告知的内容包括违法行为人的违法事实，给予治安处罚的理由，处罚的法律依据，以及被处罚人有陈述、申辩和救济的权利等内容。

4. 听取被处罚人的陈述和申辩

执勤民警对于当事人的口头陈述与申辩，应当充分听取，必要时还应口头给予回答，使当事人口服心服。

5. 填写“治安管理当场处罚决定书”

对治安案件事实清楚，证据确实的，应当填写“治安管理当场处罚决定书”。如果行为人有两个以上的违法行为，应当分别作出处罚决定，制作决定书。“治安管理当场处罚决定书”填好后，交给被处罚人，处罚决定即生效。如果有被侵害人的，还应将处理结果抄告被侵害人。

6. 收缴违法财物

如果违法行为中有违法所得的财物、作案工具和违禁品，如所偷窃的钱物、殴打他人的工具、赌博用的赌具等，应当予以收缴，并在“治安管理当场处罚决定书”上注明，不再另行开具收据。收缴的违法财物按照有关规定予以处理。

7. 送达与备案

当场处罚程序的处罚决定书应当场送达，当场交付被处罚人，而不用其他法律规定的送达方式来送达。处罚决定书除了当场交付当事人以外，还应当在 24 小时内报所在公安机关备案。

三、治安处罚中的听证程序

听证，是指公安机关依据法律规定，在作出某些治安处罚决定前，依法由非本案办案人员主持听取当事人对治安处罚决定的事实、理由、依据及结果的陈述、质辩的一种法律程序。听证程序是普通程序中的一个选择性程序，而不是每一个案件的必经程序，也不是独立的处罚程序。在听证时的相关陈述意见，仅供公安机关机关做出处罚决定时的参考，其不具有强制性的约束力。

（一）听证程序的适用范围

治安违法行为嫌疑人拟被裁决下列处罚时，有申请听证的权利：一是责令停产停业；二是吊销公安机关发放的许可证；三是较大数额罚款；四是法律、法规和规章规定违法嫌疑人可以要求举行听证的其他情形。其中较大数额罚款是指：对有治安违法行为的个人处以 2 000 元以上的罚款，对单位处以 1 万元以上的罚款；对违反边防出入境管理法律、法规和规章的个人处以 6 000 元以上的罚款。因为这几种处罚对当事人的权利影响较大，赋予违法嫌疑人申请听证的权利，有利于保证治安处罚的公正和保护当事人的合法权益。

（二）听证程序的具体规定

1. 听证会的组织机构、人员及职权

《行政处罚法》第42条第1款第4项规定，“听证由行政机关指定的非本案调查人员主持”，根据《办案程序规定》第98条的规定，治安案件的听证会一般由公安机关法制部门组织实施。公安机关内设机构依法以自己的名义作出行政处罚决定的，听证会则由该机构非本案调查人员组织听证。

2. 听证程序的具体阶段

（1）告知。公安机关在作出嫌疑人有权申请听证的处罚决定前，应当告知违法嫌疑人有要求举行听证的权利。

（2）申请。嫌疑人获知其有申请听证的权利后，有权申请听证的权利；如果当事人要求听证的，应当在公安机关告知后3日内用书面形式提出。

（3）受理。公安机关收到听证申请后，应当在2日内决定是否受理。认为听证申请人的要求不符合听证条件，决定不予受理的，应当制作不予受理听证通知书，告知听证申请人。逾期不通知听证申请人的，视为受理。

（4）准备。公安机关应当在举行听证的7日前，通知当事人举行听证的时间、地点。除涉及国家秘密、商业秘密或者个人隐私外，听证公开举行。公安机关应当以适当的方式公告听证会举行的时间、场所、听证事由、主持人姓名、参加人等有关事项，以便新闻记者、公民联系采访和旁听。

（5）举行。举行听证时，调查人员提出当事人违法的事实、证据和行政处罚建议；当事人及其代理人进行申辩和质证（列举理由及依据）。对当事人在听证会上的申辩和质证，应认真进行复核。

（6）结束。举行听证时应当制作笔录。在听证申请人、第三人和办案人员陈述最后意见后，听证主持人即可结束听证会，但结束听证时需要对听证笔录进行审核签名或捺指印。除听证笔录外，听证主持人应当写出听证报告书，连同听证笔录一并报送公安机关负责人。

第四节 治安调解程序

一、治安调解的概念

所谓治安调解，是指由公安机关主持的，以自愿为原则，通过说服教育的方法，促使因民间纠纷引起的治安违法情节较轻的案件的双方当事人友好协商，互相谅解，达成协议，从而解决争议的法律活动。

治安调解与法院民事调解、人民调解相比，具有如下特征。首先，从主持人来看，治安调解的主持人是公安机关，而法院民事调解的主持人是法院，人民调解的主持人主要是各类民间组织。其次，从适用对象来看，治安调解适用的案件范围是因民间纠纷引起的打架斗殴或者毁损他人财物等情节较轻的治安违法行为，包括治安争议及其附带的民事纠纷；法院民事调解、人民调解的适用对象都是民事纠纷。再次，从程序来看，治安调解和法院民事调解都必须遵守一定的法定程序步骤，而人民调解无须遵守法定程序。最后，从调解协议的效力来看。治安调解协议无强制执行效力，这与人民调解协议相似，而法院调解协议书具有强制执行力。

二、治安调解的适用条件

(一) 肯定条件

1. 治安违法行为由民间纠纷引起

所谓民间纠纷，是指公民之间、公民和单位之间，在生活、工作、生产经营等活动中产生的纠纷。这类纠纷发生在作为平等主体的公民之间、公民和单位之间，涉及人身权利、财产权利等各类权益，因此属于民事纠纷。民间纠纷既可以表现为侵权纠纷，也可以表现为违约纠纷。

2. 治安违法行为属于下列类型

(1) 殴打他人、故意伤害：此类违法行为损害的是公民的健康权等人身性权利。(2) 侮辱、诽谤、诬告陷害、侵犯隐私等：此类违法行为损害的是公民的名誉权、隐私权等人格性权利。(3) 故意损毁财物、非法侵入住宅、偷开机动车：此类违法行为损害的是公民的财产权。(4) 干扰他人正常生活，制造噪声、发送信息、饲养动物干扰他人正常生活，放任动物恐吓他人：此类违法行为损害的是公民的安宁生活的权益。

3. 治安违法行为情节较轻

所谓情节较轻，是指治安违法行为的手段不恶劣、后果不严重、违法后的认错态度好、违法行为人一贯表现良好等。由于违法行为情节较轻，因此，可以从轻、减轻处罚，最后违法行为人获得的处罚并不严重。在治安处罚中，这通常意味着违法行为人的违法行为会受到较小数额的罚款和警告的处罚。由于造成的损害比较小，所以受害者予以谅解的余地也就比较大。

4. 适用调解处理更易化解矛盾

例如：亲友、邻里、同事、在校学生之间因琐事发生的纠纷，属于熟人之间的纠纷，如果适用治安处罚的话，虽然能够惩处违法行为，但是不利于之后熟人之间长期相处，不利于社会生活的长久和谐。

又如：行为人的侵害行为系由被侵害人事前的过错行为引起的，如果被侵害人对侵害后果承担一部分责任，有利于其反省自己的过错，从而更容易接受调解。

5. 双方当事人同意调解

这是调解自愿原则的必然要求，特别要注意是否取得受害人的同意。如果受害人未同意就推行调解的话，则会有以调代罚、以调压罚的风险。

(二) 否定条件

按照《办案程序规定》的相关规定，有下列七种情形之一的，不适用治安调解：(1) 雇凶伤害他人的；(2) 结伙斗殴或者其他寻衅滋事的；(3) 多次实施治安违法行为的；(4) 当事人明确表示不愿意调解处理的；(5) 当事人在治安调解过程中又针对对方实施治安违法行为的；(6) 调解过程中，违法嫌疑人逃跑的；(7) 其他不宜调解处理的。

三、治安调解的程序

（一）普通程序

1. 受理案件

适用治安调解的前提需要有治安违法行为的存在，因此在正式开始调解程序之前，需要先受理案件。受理案件的来源包括八类，接警、出警、巡逻时发现是其中重要的来源。

2. 调查取证

调解前应当及时依法做深入细致的调查取证工作，以查明事实、搜集证据、判断本案是否适宜用调解来结案。调查取证还为判断纠纷各方民事责任大小奠定事实基础，并使办案民警对未来的调解方向心中有数，从而顺利地进行治安调解及附带的损害赔偿纠纷的调解。

3. 判断是否适用调解

办案民警在查清治安违法事实、了解民事违法事实的基础上，可以依照关于治安调解条件的规定，判断本案是否可以适用治安调解。对于不能适用治安调解的违法行为，应当及时进入处罚程序。如果仅有民事纠纷，尚不构成治安违法行为，应当告知当事人向人民法院或者人民调解组织寻求处理纠纷。只有完全符合适用治安调解诸条件并且排除禁止条件的案件才能进入治安调解程序处理。

4. 主持调解工作

治安调解可以由当事人申请开始，也可以由公安机关主动开启。

调解由办案民警负责主持。公安机关进行治安调解时，可以邀请当地居（村）民委员会的人员或者双方当事人熟悉的人员参加。

被侵害人可以亲自参加治安调解，也可以委托其他人参加治安调解。委托他人参加治安调解的，应当向公安机关提交委托书，并注明委托权限。违法嫌疑人不得委托他人参加调解。

当事人中有不满十六周岁未成年人的，调解时应当通知其父母或者其他监护人到场。但是，当事人为年满十六周岁以上的未成年人，以自己的劳动收入为主要生活来源，本人同意不通知的，可以不通知。

治安调解一般为一次，公安机关认为有必要或者当事人提出申请时可以增加一次。对明显不构成轻伤、不需要伤情鉴定，或者损毁财物价值不大、不需要进行价值认定的治安案件，应当在受理案件后的3个工作日内完成调解；对需要伤情鉴定或者价值认定的治安案件，应当在伤情鉴定文书或者价值认定结论出具后的3个工作日内完成调解。对一次调解不成，有必要再次调解的，应当在第一次调解后的7个工作日内完成。

对违法行为造成的损害赔偿纠纷，公安机关可以进行调解，调解不成的，应当告知当事人向人民法院提起民事诉讼。通过公安机关的调解，很多赔偿纠纷能够得到解决，当事人可以不用到法院进行诉讼。这也是体现执法为民精神的一项措施。

5. 制作调解协议

在调解达成协议时，调解程序就宣告结束。整个调解过程应当制作笔录。

治安调解达成协议的，在公安机关主持下制作“治安调解协议书”，双方当事人应当在协议书上签名，并履行协议。

6. 调解协议的效力

第一，调解协议达成并履行的情形

调解协议履行期满三日内，办案民警应当了解协议履行情况。对已经履行调解协议的，应当及时结案。公安机关对治安违法行为不再处罚。

第二，调解不成的处理

如果双方当事人不能相互谅解，经调解未达成协议，公安机关应当依法处罚治安违法行为人，而不能息事宁人，使治安违法行为得不到应有的法律制裁。

如果双方当事人达成协议后反悔而不履行的，公安机关应当依法对治安违法行为人予以处罚；对违法行为造成的损害赔偿纠纷，公安机关可以进行调解，调解不成的，应当告知当事人向人民法院提起民事诉讼。

（二）简易程序

治安调解的简易程序就是指当场调解程序，当场调解程序如下：

首先，公安机关办案民警接警并在现场对治安案件进行初步调查。

其次，判断案件是否符合现场治安调解的条件：(1) 案件必须符合治安调解的肯定条件以及没有违反禁止性条件。(2) 在违法事实方面，应当是事实清楚、因果关系明确。(3) 在违法情节方面，应当是情节轻微。这比情节较轻要求更严格。(4) 在附带损失赔偿纠纷方面，应当不涉及医疗费用、物品损失或者双方当事人对医疗费用和物品损失的赔付无争议。(5) 在当事人自愿方面，应当是双方当事人同意现场调解并同意当场履行。

如果治安案件符合上述条件，可以考虑开启当场调解程序。

再次，公安机关办案民警对治安违法行为和损害赔偿进行调解，引导双方当事人达成调解协议并当场履行。如果双方当事人达不成调解协议或不能当场履行，则意味着现场调解失败。

最后，现场调解达成协议的，应当制作“现场治安调解协议书”并存档。

【导入案例简析】

本案的焦点在于，被告开发区分局是否在法定期限内履行了法定职责。

被告显然负有查处治安案件的职责，如果其拒绝履行这种职责，或者拖延履行、履行有瑕疵，就构成了行政法上的不作为。在本案中，被告是否存在着不在法定办案期限内履责而拖延履行的行为呢？应当从法律、法规规定的办案期限的长短及是否存在不计入办案期限的正当事由两个方面审查。

《治安管理处罚法》第 99 条规定，公安机关办理治安案件的期限，自受理之日起不得超过三十日；案情重大、复杂的治安案件，经上一级公安机关的批准，可以再延长三十日。这就意味着公安机关办理治安案件的一般期限为三十日，最长期限不得超过六十日。被告于 2013 年 9 月 22 日立案，至 2013 年 12 月 9 日作出行政处罚决定，办案期限超过了法律规定的最长六十日的办案期限，并且，被告没有提供本案有需要鉴定等不计算在期限内事项的证据，也没有提供报上一级公安机关批准延长办案期限的证据，因而，属于办案超期的情形。

根据《办案程序规定》的相关规定，对于因民间纠纷引起的殴打他人等违反治安管理行为，情节较轻的，可以调解处理，调解案件的办案期限从调解未达成协议或者调解达成协议不履行之日起开始计算，但调解不能成为公安机关不及时履行职责的借口。调解亦应当坚持自愿原则，当事人明确表示不愿意调解的，则不应适用调解处理。本案中，在沈某已经明确表示不同意调解的情况下，公安机关就应在三十日内依法作出处罚决定。对超过三十日办案期限的，应提供证据证明经过上一级公安机关批准延长。从原告沈某10月9日拒绝调解之日起至被告于12月9日作出行政处罚决定，长达六十一天，也超过了最长六十日的办案期限。被告也没有提供报上一级公安机关批准延长办案期限或者有不计入办案期限事项的证据。所以超期是明显的，被告办案未能遵循法定的期间。

综上，本案中被告开发区分局构成了拖延履行的不作为行为。

本案的典型意义在于：通过行政审判职能的发挥，对公安机关在治安管理领域的履责要求作出规范，有利于治安纠纷的及时化解。

【本章小结】

治安违法行为，是指违反《治安管理处罚法》和其他有关治安管理法律、法规的规定，对社会或他人造成危害或可能造成危害，尚不够刑事处罚，依法应当予以治安处罚的行为。

治安案件，是指违反治安管理，依据治安处罚法及有关法律的规定认为应当受到治安处罚，而由公安机关依法予以立案的法律事实。

治安案件证据是指当事人向案件查处机关提供的或者案件查处机关收集的意图证明案件事实的材料，其依一定程序和规则经审查判断被采纳为认定案件事实的根据。

证据适格性又称为证据能力或证据可采性，是指证据可以为事实认定者接触，并作为认定待证事实依据的法律资格。现行治安查处法律规范也确立了如下几项证据排除规则：相关性原则；非法证据排除规则；证据失权规则；最佳证据规则。

证明是一种运用证据来认定事实的活动，包括取证、举证、质证、认证等环节。治安案件的证明包括：治安案件证据的收集和提交、质辩和认定。其中认定治安案件证据还必须满足特定的标准。

治安处罚程序分为普通程序和简易程序程序。治安处罚的普通程序主要包括受案、传唤、调查取证、告知、听证、作出处罚决定等环节。

治安处罚的简易程序，也叫当场处罚程序，是指执勤公安民警对现场发现的治安违法行为，情节简单、因果关系明确、能在现场很快查清基本事实，不需要经过受案、进一步调查取证等环节，而当场作出治安处罚决定的一种法律活动。

听证，是指公安机关依据法律规定，在作出某些治安处罚决定前，依法由非本案办案人员主持听取当事人对治安处罚决定的事实、理由、依据及结果的陈述、质辩的一种法律程序。听证程序是普通程序中的一个选择性程序，而不是每一个案件的必经程序，也不是独立的处罚程序。

治安调解，是指由公安机关主持的，以自愿为原则，通过说服教育的方法，促使由民间纠纷引起的治安违法情节较轻的案件的双方当事人友好协商，互相谅解，达成协议，从而解决争议的法律活动。

【关键术语】

治安违法行为　治安处罚　当场处罚　告知　治安调解　证据　证明

【推荐阅读与学习资源】

1. 王宏君主编：《新编治安案件查处教程》，北京，中国人民公安大学出版社，2014。

2. 公安部治安管理局编：《中华人民共和国治安管理处罚法释义与实务指南》，北京，中国人民公安大学出版社，2013。

3. ［美］罗纳德·艾伦：《证据法》（第三版），张保生等译，北京，高等教育出版社，2006。

4. 何家弘：《外国证据法》，北京，法律出版社，2003。

5. 谢川豫：《公安机关在治安案件查处中的多重角色》，载《中国人民公安大学学报（社会科学版）》，2010（3）。

附　录

本书中英文关键词

（按中文汉语拼音排序）

安全风险评估 risk assessment of security and safety
爆炸物品 explosive materials；explosives
常住户口 permanent residents with Hu'Kou
常住人口 residents who have lived in a place for more than 6 months
出入境管理 exit and entry administration
传唤 calling for inquiring by police
大型活动 large-scale activities；mass gatherings
大型活动管理 large-scale activities administration
逮捕 arrest and then detain；arrest and then take into custody
当场处罚 punishment on the spot
当场盘查 interrogate and examine on the spot
道路交通管理 road traffic management
登记 register
典当业 pawnshop businesses
调查终结 conclusion of investigation
吊销许可证 revoke license；withdraw license
罚款 fine
告知 notify
公安机关人口管理 population administration by police organ
公安派出所 police station
公共场所 public place
公共复杂场所 some public places that have a higher risk of disorder problems
公共卫生事件 public health incidents
公共秩序 public order
公章刻制业 official seals making businesses

户籍 census register；files of permanent residents
户口 Hu'Kou；registered permanent residence
户口档案 archives of registered residence
户口登记 registration of residence
户口管理 administration of Hu'Kou；administration of registered permanent residence
户政管理 household registration administration
集会 assemblies
集会游行示威管理 administration of assemblies，processions and demonstrations
继续盘问 take someone to the police department to continue interrogating after an interrogation and examination on the spot
检查 examination
检测 test
鉴定 identification
监外罪犯 criminals who serve outside the prison
简易程序 summary procedure
交通管制 traffic control
紧急征用 urgent requisition；requisition in emergency；commandeer in emergency
禁止观看比赛 forbidden to enter stadiums for watching a certain sports games
警告 warning
警戒线 guard line
境外人员 the oversea visitors
居民身份证 identification card；ID card
扣押 seize；distrain
快速反应机制 emergency respond mechanism
流动人口 mobile population
旅馆业 hotel industry
民间纠纷 civil disputes；disputes between the residents
命令解散 command to dismiss
没收 confiscation
盘问 interrogating
普通程序 regular procedure
遣送出境 deport
强行带离现场 take someone away from the scene by force
强行遣送 send back home by force
强行驱散 disperse by force；scatter by force；clear out by force
强制拆除 remove and cleaning up by force；taking down by force
强制隔离戒毒 coercive quarantine for drug rehabilitation
强制医疗 compulsory medical treatment
强制执行 forcible execution；execute by force

驱逐出境 deport；deportation
群体活动 collective activities
群体性事件 civil disorder；mass incidents
人口管理 population administration
人身强制 coercive measure against personal rights
人身自由权 personal liberty
商品交易场所 trading places of commodity
社会安全事件 social safety incidents
社会治安防范组织 organizations for crime prevention
社区矫正 community correction
事故灾难 accidents and disasters
视听资料 audio-visual materials
示威 demonstration
受案 accepting cases
收缴 take over
书证 documentary evidence
搜查 search
特种行业 business that should be permitted by police organ
停业整顿 order to stop business for rectification
听证 hearing
突发事件 outburst events
违反治安管理行为 offense against public order；violation against public order
违禁物品 forbidden goods
危险物品 dangerous goods
物证 material evidence
现场管制 on-site control
现场勘验 inspecting the scene
限期出境 order to leave the country within a time limit
限期整改 order to improve and rectify within a time limit
消防监督 fire protection supervision
刑事拘留 criminal detention
行为权 rights of activity；rights of behavior
行政拘留 administrative detention
行政许可 administrative licenses
休闲服务场所 service and leisure places
询问 inquiry；interview
依法管理 to manage according to laws；administration according to law
以营利为目的的陪侍 escort
验证 examine and check

验证登记 verification and registration
应急处置 emergency handling
游览场所 sightseeing places
游行 parade；procession
娱乐场所 entertainment places；recreation places
约束 restriction
暂扣驾驶证 suspend driver's license
责令改正 order to correct
责令停止活动 order to stop activities
证据 evidence
证人证言 witness and testimony
治安 safety and order
治安案件 cases about offense against public order
治安处罚 public security administration punishments；administrative punishment by police organ
治安防范 crime prevention
治安防控 public order control and crime prevention
治安管理 administration of public security；public order control and maintenance
治安管理处罚法 Public Security Administration Punishments Law
治安管理基层组织 administration of public security organizations at the community level
治安管理机构 public security administration organ
治安管理学 the science of administration of public security
治安检查 check or examine by police
治安乱序 the chaos of safety and order
治安强制 coercive（or compulsory）administrative measure used by police
治安调解 administrative mediation by police
治安违法行为 offense against public order
治安问题 public security problems（or issues）
治安信息 information about public security
治安许可 permits by police
治安宣传 propaganda by police
治安巡逻 patrol
治安义务 obligation of public security
治安灾害事故 man-made disasters
治安秩序 public order；social order
治安状况 situation about public security
专群结合 conjunction of professional work and social（or community）work
追缴 take over；expropriate
自然灾害 natural disaster

图书在版编目（CIP）数据

治安管理学概要/谢川豫主编. —北京：中国人民大学出版社，2015.7
普通高等教育“十二五”应用型本科规划教材
ISBN 978-7-300-20911-1

Ⅰ.①治… Ⅱ.①谢… Ⅲ.①治安管理-中国-高等学校-教材 Ⅳ.①D631.4

中国版本图书馆 CIP 数据核字（2015）第 039242 号

治安管理学概要
主　编　谢川豫
Zhi'an Guanlixue Gaiyao

出版发行	中国人民大学出版社		
社　　址	北京中关村大街 31 号	**邮政编码**	100080
电　　话	010－62511242（总编室）		010－62511770（质管部）
	010－82501766（邮购部）		010－62514148（门市部）
	010－62515195（发行公司）		010－62515275（盗版举报）
网　　址	http://www.crup.com.cn		
经　　销	新华书店		
印　　刷	固安县铭成印刷有限公司		
开　　本	787 mm×1092 mm　1/16	**版　　次**	2016 年 3 月第 1 版
印　　张	11.25	**印　　次**	2025 年 7 月第 13 次印刷
字　　数	270 000	**定　　价**	45.00 元

版权所有　侵权必究　　印装差错　负责调换